大衝突

巨大国家群・対決の行方

池上 彰

People's Republic of China

Russian Federation

United States of America

European Union

Kingdom of Saudi Arabia

Japan

集英社

はじめに

巨大国家同士が衝突する時代を迎えています。かつての宿敵による新たな戦いもあれば、台頭著しい国家による新たな緊張もあります。冷戦後の世界が、新しい冷戦に突入しつつあるようにも見えます。北京オリンピック開催中にはじまったグルジアとロシアの戦闘は、そのことを思い知らせました。ロシアがソ連（ソビエト社会主義共和国連邦）だったころの版図は、たとえロシアに変わっても維持し続けるのだというプーチン首相の固い決意。欧米諸国は、対ロシア外交の見直しを迫られています。

では、日本は、どうすればいいのでしょうか。

北京オリンピックを「大成功」させたと自画自賛する中国。オリンピックの運営には海外メディアから数々の批判を受けましたが、中国政府は歯牙にもかけません。その一方、中国国民は、五輪成功の美酒に酔いながらも、宴の後の虚脱感にとらわれています。強烈な自我と自信に満ちあふれた中国は、次に、どの一歩を踏み出そうとしているのか。

それに対し、日本が国家としてとり得る戦略とは、何なのか。これからもアメリカ頼みが続くのでしょうか。

しかし、第二次世界大戦後の冷戦時代に、圧倒的な軍事力と共に魅力的なソフトパワーを保有していた巨大国家アメリカは、いまやその影もありません。アメリカの世界への影響力はすっかり弱体化しました。サブプライムローンの破綻で経済は混迷・疲弊し、金融不安が続いています。イラクとアフガニスタンの泥沼にも足をとられています。

世界にとって、以前ほどの魅力も脅威もなくなったアメリカ。日本は、そのアメリカとの間で、どのような間合いをとればいいのでしょうか。

アメリカの弱体化を見透かしたロシアの東欧への再進出。対抗するアメリカは、黒海に最新鋭の軍艦を送り込み、グルジアだけでなくウクライナ防衛の姿勢を示し、ポーランドとの間でミサイル防衛システムの構築を推進しています。東欧が新しい「戦場」になりつつあります。

そのヨーロッパは、EUという新しい巨大国家群として立ち現れています。そんな巨大国家、国家群の対決を「五つの対決」に絞って概観しようというのが、この本です。日本の進むべき道を考えながら読んでいただけると幸いです。

二〇〇八年八月　池上 彰

大衝突——巨大国家群・対決の行方　目次

はじめに――001

第1章 中国vs.アメリカ「太平洋をめぐる対決」――007

1 米中の軍事衝突はあるのか――008
2 米中の世界戦略――039
3 ドルvs.人民元――058
4 「握手しながら蹴り合う」関係へ――073
■中国vs.アメリカの対決の行方――三つの数字から今後を読み取る――089

第2章 ロシアvs.アメリカ・EU「異質な国との対決」――097

1 強硬姿勢が目立ち始めたロシアの外交姿勢――098
2 豊富なエネルギーを国家戦略に活用する――122
3 国際的な警戒感を呼ぶロシアの闇――140
4 ロシアの抱える問題点――166
■ロシアvs.アメリカ・EUの対決の行方――三つの数字から今後を読み取る――181

第3章 EU vs.アメリカ「グローバルスタンダードをめぐる対決」――187
1 国際社会の注目を集めるEU――188
2「世界基準」をつくるEUの変革力――219
3 EUは一日にしてならず――243
4 問題も山積みのEU――259
■EU vs.アメリカの対決の行方――三つの数字から今後を読み取る――268
第4章 サウジアラビア vs.アメリカ「中東への影響力をめぐる対決」――275
1 9・11テロ犯を「輩出」したサウジ――276
2 石油で結ばれたサウジとアメリカ――289
3 中東問題が影を落とす――310
4 サウジに流れ込む巨額の資金――314
■サウジアラビア vs.アメリカの対決の行方――三つの数字から今後を読み解く――318
第5章 中国 vs.日本「アジアの覇者を掛けた対決」――323
1 東シナ海めぐり緊張――324

2 食品の安全性で亀裂深まる――335
3 中国の「反日」は和らぐのか――345
4 アフリカめぐり援助合戦――356
5 相互依存を深める日中経済――361
■中国vs.日本の対決の行方――三つの数字から今後を読み取る――366

結び 新たに生まれている対立――371
i サミットの限界――371
ii 北米vs.中南米――377
iii アメリカvs.イスラム――380
iv グローバリズムが世界を呑み込む――384
v そして日本は――386

主な参考文献――388

第1章

中国vs.アメリカ
「太平洋をめぐる対決」

太平洋の覇権をめぐって軍事的な対立を孕むアメリカと中国、落日の気配漂う大国・アメリカと、昇竜の勢いの大国・中国。

両国は、どのような関係にあるのか。

今後の力関係はどう推移するのか。

そして、両国の間に位置する日本はどうすべきなのか。

まずは、日本を挟む両国の「対立」を考える。

1 米中の軍事衝突はあるのか

二〇XX年X月二日、マニラ発外電

フィリピン海軍によれば、一日、南沙群島をパトロール中のフィリピン海軍のフリゲート艦が**消息を絶った**という。原因は不明。周辺海域の海は穏やかだったという。海軍幹部は、**「外国勢力」**との関係を示唆した。

二〇XX年X月三日、ハノイ発外電

ベトナム外務省はZ日、声明を発表し、南沙群島での中国海軍の行動を厳しく非難した。「一日、**中国海軍の艦船**がベトナム領海内に侵入し、**挑発**行為を行った」という。

二〇XX年X月三日、台北発外電

台湾政府は、南沙群島の**太平島**を警備している台湾海軍の艦艇が一日、**正体不明**の艦船と戦闘状態に入り、消息を絶ったと発表。急きょ、海軍と空軍を現場海域に派遣したことを明らかにした。

二〇XX年X月四日、ワシントン発外電

アメリカ国防総省は、東南アジアでの**「平和維持行動」**として、空母ニミッツと空母キティホークの二つの空母攻撃群を、南沙群島に派遣すると発表した。

二〇XX年X月四日、北京発外電

中国外務省は声明を発表し、「中国の**神聖な領海**である南沙群島において、外国勢力による不穏な活動が続いている」と警告。「中国政府は領土と領海を守るため、**断固たる措置を取る**」と言明した。

二〇XX年X月五日、東京

防衛省は、沖縄近海の東シナ海で**海上自衛隊が警戒態勢**に入ったことを明らかにした。

二〇XX年X月五日、ニューヨーク発外電

五日の**ニューヨーク株式市場**は、米中関係の緊張激化を嫌気して株を売る動きが広がり、全面安となった。また、中国が米国債を**売りあびせる**のではないかという観測から国債を売る動

き も拡大。国債価格が下落したため、金利は逆に上昇。米国経済への悪影響が懸念されている。

二〇XX年X月六日、東京

前日ニューヨーク株式市場が**暴落した**流れを受けて、六日の東京株式市場も株価が暴落。買い手が現れず、売り気配のまま値を下げる銘柄が続出した。

二〇XX年X月六日、台北発外電

台湾政府は中国海軍の新鋭空母が台湾海峡に入ったことを確認。米軍に対し**支援を要請**した。

二〇XX年X月六日、マニラ発外電

フィリピン政府は六日、アメリカに対し、**フィリピン海軍**への緊急支援を要請した。南沙群島での緊急事態に対応するためだという。

南シナ海をめぐる緊張

以上のシナリオは、私が勝手に作り上げたものです。南シナ海や南沙群島を舞台にして、いま

中国が南沙諸島のミスチーフ環礁に建てた建造物。中国は、人員をここに長期間置くことで、実効支配の確立を目指している(写真提供／共同通信社)

にも戦争が始まりそうな事態にあるわけではありません。しかし、中国が海軍力を増強し、南シナ海の全域を領海だと宣言している現状では、今後、十分起こりうるシナリオなのです。

南沙群島とは、中国とフィリピン、ベトナムに囲まれた南シナ海にあります。南シナ海には、東沙、西沙、中沙、南沙の四つの群島があり、東沙群島については中国と台湾が支配をめぐって火花を散らしています。西沙群島をめぐっては中国とベトナム、フィリピン、南沙群島をめぐっては中国、台湾、ベトナム、フィリピン、ブルネイ、マレーシアがそれぞれ領有権を主張して対立しているのです。

一九八八年には南沙群島で中国海軍とベトナム海軍が衝突し、ベトナム兵多数が死亡しています。中国海軍とベトナム海軍は、一九九四年にも衝突を引き起こしています。

一九九五年には、フィリピンが領有権を主張する南沙群島のミスチーフ環礁を中国海軍が占領し、軍事施設を建設しました。

一九九六年には、中国海軍とフィリピン海軍が銃撃戦を繰り広げ、一九九九年にはフィリピン海軍が中国の漁船を銃撃し、漁船が沈没しています。

過去には、このような紛争が相次いでいます。私の描いたシナリオが、決して荒唐無稽なものではないことがおわかりいただけると思います。

南沙群島の中心にある太平島は台湾が実効支配していますが、二〇〇七年一一月、中国の海南省政府は、中沙、西沙、南沙の三つの群島を合わせて「三沙市」という新たな行政単位に指定しました。中国が領有権を主張し、実効支配へ向け、着々と準備を進めているのです。

ちなみに、このシナリオには中国海軍の新鋭空母が登場しますが、現在の中国は空母を保有していません。

しかし、二〇〇二年、旧ソ連製の老朽空母「ワリヤーグ」を中国政府のダミー会社が購入して、解体修理中です。空母を解体してみることで、空母建造のノウハウを吸収中と見られています。まもなく中国独自の空母建造に着手するでしょう。

空母は多数の戦闘機や爆撃機を搭載できる「動く空軍基地」。台湾海峡周辺や南沙群島海域に中国の空母が進出すれば、周辺諸国との緊張は高まることになるでしょう。

台湾海峡めぐっても対決姿勢

二〇〇七年一一月、台湾海峡を通過した米空母「キティホーク」を中国海軍の潜水艦が約二八時間にわたって追跡し、米中が一触即発の事態になっていたことが、二〇〇八年一月、明らかになりました。

米空母は、空母を中心に、護衛の巡洋艦や駆逐艦、潜水艦などからなる攻撃群を構成しています。空母を護衛する駆逐艦や潜水艦は、空母の近くまで「敵」の潜水艦が近づかないように警戒しています。にもかかわらず、中国海軍の潜水艦が接近し、追跡を続けることができたということは、中国海軍にそれだけの能力があることを誇示したことになります。米海軍との偶発的な衝突の危険を冒してまで、「台湾海峡は中国の海だ」とアピールしたことを意味します。

「太平洋を山分けしよう」

アメリカ太平洋軍（司令部ホノルル）のティモシー・キーティング司令官は、二〇〇八年三月、米上院軍事委員会の公聴会で証言しました。この中でキーティング司令官は、二〇〇七年五月に中国を訪問した際、中国海軍幹部から、「太平洋をハワイから東はアメリカ、西は中国が管理しよう」と持ちかけられたことを明らかにしました。

「中国が空母を所有した場合」という将来の話として、太平洋を「分割管理」することで、「米中両国海軍が情報を共有すれば、アメリカはハワイの西側に海軍兵力を展開する労が省ける」という提案だったといいます。

キーティング司令官は、これを「冗談」と受け止めたとした上で、「冗談だとしても、人民解放軍の戦略構想を示すものだ」と語っています。

中国は遂に、西太平洋を自国の支配下に置こうという野望を隠さなくなったのです。

沿岸防衛型から西太平洋活動型へ

従来の中国海軍は、長い海岸線を防衛するという、「沿岸防衛型」の戦略を維持してきました。「偉大なる発展途上国」である中国に、それ以上の力はなかったからです。

しかし、近年のめざましい経済発展によって、中国は「海洋強国」になる方針を明らかにしています。沿岸防衛から徐々に海軍の活動範囲を東に広げ、西太平洋での活動能力を強化しています。西太平洋での活動範囲を拡大することで、中国沿岸部での外国海軍の活動を許さないという方針なのです。

この場合の「外国」がどの国を意味するかは、明らかでしょう。

図1　中国が想定する第1列島線と第2列島線

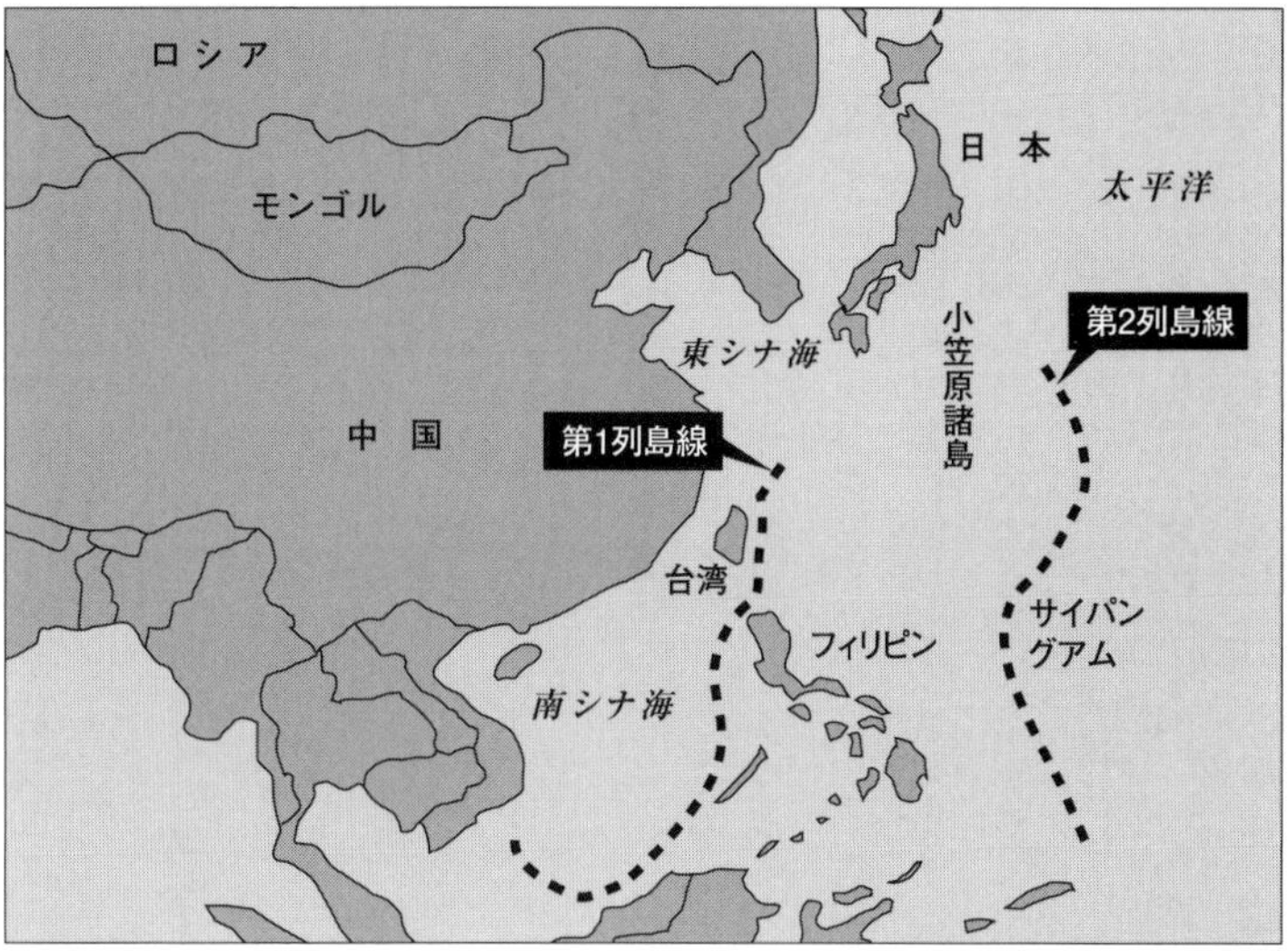

もし米中衝突という事態になった場合、グアムや沖縄に展開する米軍基地を先制攻撃して無力化する力をつけておこうとしています。「いざとなったら相手を簡単に無力化できる」という能力を備えることで、相手の恫喝に負けない交渉力を確保できるのです。

米海軍の覇権を許さず、制海権を維持するために、中国は「列島線」という概念を打ち出しました。

日本本土から沖縄、台湾、フィリピン、インドネシアを結ぶラインが「第一列島線」になります。

その外側の伊豆諸島、小笠原諸島、グアム、パプアニューギニアを結ぶラインが「第二列島線」です。この内側を、中国海軍の実効支配海域にしようという戦略です。

二〇一〇年までには第一列島線を確保して、二〇二〇年までに第二列島線までの制海権を確保できるように海軍力の増強を図っています。

日本の周辺海域が、気づくと中国海軍の支配地域になっている。その日が近づいているのです。いまのペースで中国海軍の増強が進むと、二〇〇九年には台湾海峡の制海権が中国に移りそうです。さらに二〇一〇年頃には制空権も中国が握る勢いです。台湾と向かい合う中国本土の沿岸には、台湾に照準を合わせたミサイルが多数配備されています。中国がその気になれば、いつでも台湾を手中にできる。そんな時代が、すぐそこまで来ています。

アメリカには「台湾関係法」

将来もし中国が台湾を「解放」しようと考えた場合、軍事行動に出るのでしょうか。中国には「反国家分裂法」（国家分裂防止法）という国内法があり、もし台湾が独立を宣言するようなことがあれば、中国は武力を行使してでも阻止することが法律で定められています。

しかし、中国が武力行使する気配を示せば、アメリカが黙っていません。

アメリカにはアメリカで、「台湾関係法」という国内の法律があるのです。

一九七一年、それまで国連の「中国」の議席を占めていた台湾に代わって、大陸の中華人民共和国が中国の議席を確保しました。これに抗議して台湾は国連を脱退。台湾を擁護してきたアメ

図2　中国vs.台湾の軍事力

		中国		台湾	
核・ミサイル戦力	主要装備	ICBM	26基		
		IRBM/MRBM	55基		
		SLBM	12基		
陸軍	兵力	63個師団		41個旅団	
		約160万人		約20万人	
海軍	艦艇	約107.5万トン		約20.5万トン	
		約780隻		約340隻	
	主要装備	駆逐艦、フリゲート	約70隻	駆逐艦、フリゲート	約30隻
		潜水艦	約70隻	潜水艦	4隻
		ミサイル高速艇	約40隻	両用戦艦艇	約210隻
		両用戦艦艇	約220隻		
	作戦機	約810機		約30機	
	主要装備	爆撃機		対潜哨戒機	
		H-6/6D	約30機	S-2	約30機
		H-5等	約100機		
		戦闘機			
		J-6/7/8	約550機		
		Su-30	約50機		
海兵隊	兵力	2個旅団		2個旅団	
		約1万人		約1.5万人	
空軍	作戦機	約2、720機		約500機	
	主要装備	爆撃機		戦闘機	
		H-6等	約210機	F-5B/E/F	約90機
		戦闘機		経国	約130機
		Su-27	約150機	ミラージュ2000V	約60機
		Su-30	約70機	F-16A/B	約150機
		J-8	約250機	空中早期警戒機	
		J-7	約760機	E-2T	6機
		J-10	約60機		

（出所）『平成19年版 防衛ハンドブック』

リカも、中国と国交を結びます。

しかし、この際、アメリカ議会は「台湾関係法」を制定しました。もし台湾が中国から攻撃された場合、アメリカは台湾防衛に乗り出すことを法律で義務付けたのです。

アメリカは、この法律の趣旨にもとづき、台湾の国防力増強に協力してきました。台湾に各種の武器を売却してきたのです。

また、一九九六年には、米海軍の空母が台湾周辺に派遣されるという事態も発生しました。この年の三月、台湾の李登輝総統は、総統選挙の制度を改革して、総統を初めて直接選挙で選ぶことにしました。中国はこれに強く反発します。住民の直接選挙は「台湾独立」に道を開くものだとして、台湾海峡で「上陸演習」やミサイル発射実験を展開しました。これに対してアメリカが空母を台湾周辺海域に派遣して、中国軍を牽制したのです。空母の名前が「インディペンデンス」(独立)だったのは、偶然にしろ大いなる皮肉でした。

台湾に親中派総統誕生

二〇〇八年三月二二日に行われた台湾総統選挙のときも、アメリカは、空母キティホークや原子力潜水艦を台湾周辺海域に派遣しました。中国が台湾の総統選挙に際して挑発行為をしないように牽制したのです。

この選挙では、親中派の国民党の馬英九が当選しました。

これまで台湾の総統は、李登輝、陳水扁ともに「独立志向派」でしたが、新たに当選した国民党の馬英九には独立志向はありません。むしろ大陸との関係改善を図ろうとしているので、台湾海峡をめぐる緊張状態は、当分の間、出現しないでしょう。

その代わり、西太平洋での覇権をめざす中国海軍の進出によって、東シナ海や南シナ海をめぐる緊張状態が発生する可能性は高くなりそうです。

中国海軍幹部から「太平洋の分割管理」を持ちかけられた米海軍のキーティング司令官は、「我々は太平洋を渡すつもりはない」と答えたということです。太平洋をめぐる米中の覇権争いが、今後一層強まることになりそうです。

「核兵器による反撃の覚悟を」

中国人民解放軍国防大学の朱成虎少将は、二〇〇五年七月、「米軍が中国領土内の目標をミサイルや精密誘導弾で攻撃すれば、中国は米国に核兵器を使用して反撃する用意がある。中国は西安以東の大多数の都市の破壊を覚悟しなければならないが、米国も西岸の百から二百の都市が中国から破壊されることを覚悟すべきだ」と語りました（参考／一橋総合研究所 website）。『フィナンシャル・タイムズ』や『ウォールストリート・ジャーナル』など英米四社の記者との会見で語ったものです。

米軍がたとえ通常兵器で攻撃しても、中国は核兵器で反撃する。つまり「核の先制攻撃」（先に核兵器を使って攻撃する）を考えていると明らかにしたのです。

英米四社の記者に語るかたちをとることで、アメリカに対する明白な警告をしたのです。

この直後、当時の李肇星・外相は、「中国は先制攻撃を行わない」と述べています。朱発言を意識したものでした。軍部の突出した発言に慌て、政治的に火消し発言をしたものとみられます。

朱少将は、その後、この発言の責任を問われて軍内部で軽い処分を受けたとも伝えられています。「先制攻撃は行わない」という対外的な国家の方針に逆らう発言を軍人が勝手にしたのなら、懲戒解雇など厳しい処分を受けて当然のはずです。

ところが、軽い処分で済んだということは、勝手な発言ではなかったのか。あるいは、軍部の暴走に対して、政治部門が毅然たる態度をとれないのか。

実は中国軍幹部による「先制攻撃発言」は、これに留まりません。一九九五年にも、熊光楷・副参謀総長が、「米国が台湾防衛に武力介入すれば、米国は西岸のロサンゼルスが核攻撃の脅威に曝される心配をすべきだ」と語っています。アメリカが介入すれば核の先制攻撃がありうる。これが、中国軍内部のコンセンサスになっていることを示唆しています。

中国が、いかにアメリカに対抗心を燃やしているか、その猛烈さが明らかになっているのです。

中国の核、アメリカ大陸を標的に

ちなみに、中国軍首脳が米国の攻撃対象として、なぜワシントンやニューヨークではなく「ロサンゼルス」を例に出すかといえば、中国軍が保有する約三〇基の大陸間弾道ミサイル（ICBM）の射程距離は、アメリカ大陸の西半分をカバーする程度のものだからです。ワシントンやニューヨークなど東海岸を射程に収めることができないという、その事実を問わず語りに認めてしまっています。

大陸間弾道ミサイルの「大陸間」とは、中国大陸からアメリカ大陸に届く長距離という意味です。「弾道」というのは、弾丸を斜め上方に向けて発射すると、緩いカーブを描いて落下するコースのことを示します。弾道ミサイルは、発射した後、いったん宇宙空間に出てから落下してくるルートをたどるので、こう呼ばれています。

中国軍が保有する最新型の大陸間弾道ミサイルは「DF-31A」です。固定基地に設置するタイプではなく、車に積んで移動できるため、米軍の先制攻撃から逃れやすいとされています。固体燃料なので、いつでもすぐに発射できる態勢にあります。

中国軍は、この他に液体燃料の旧式核ミサイルも約六〇基保有しているとみられています。こちらは、固定基地に配備され、液体燃料を注入してからでないと発射できないので、あまり実戦的とは言えません。

さらに、新型の潜水艦発射弾道ミサイル（JL‐2）の配備も進んでいるとみられています。潜水艦に搭載すると、潜水艦がアメリカ大陸近くに潜伏していれば、アメリカ大陸のほぼ全域を射程に収めることができます。中国大陸から直接攻撃できるミサイルの射程距離は限られるものの、潜水艦に搭載することで、中国軍の核攻撃能力は飛躍的に高まっているのです。

また、中距離弾道ミサイルや短距離弾道ミサイルも多数保有していて、こうした核ミサイルは、グアムや沖縄の米軍基地を主な標的にしているとみられています。

中国軍は共産党の軍隊

中国の軍隊は、世界でも珍しい特徴を備えています。国家の軍隊ではなく、一政党の軍隊だということです。中国共産党の軍隊なのです。

通常、それぞれの国の軍隊は、国家の軍隊です。民主国家の場合、政権政党が替われば、軍の最高指揮官も替わります。米軍の最高指揮官は大統領。ブッシュ大統領は共和党ですが、次の大統領が民主党から選出されれば、民主党の大統領が米軍の最高指揮官に就任します。

これに対して、中国の「人民解放軍」は、中国共産党の軍隊です。中国共産党には中央軍事委員会があって、ここが軍の最高司令部になります。

胡錦濤国家主席の「国家主席」とは大統領のこと。胡錦濤は国家組織としては国家主席の座にありますが、そもそもは中国共産党のトップである総書記のポストにあるから、国家主席にも就任できるのです。

通常、中国共産党の総書記は、同時に中央軍事委員会主席でもあります。胡錦濤は、国家主席としてではなく、共産党中央軍事委員会主席として、中国軍を動かすのです。

国家の組織としての軍隊であれば、国家の憲法や法律に従って行動します。しかし、一政党の軍隊であれば、国家の憲法や法律に関係なく超法規的行動が可能だということでもあります。

飛躍的に増大する軍事費

中国の軍事費（国防予算）は、二〇〇八年度で約四〇九九億元。日本円にして約六兆五三〇〇億円です。前年度比一七・七パーセント増という猛烈な増加ぶりです。

中国の軍事費は、二〇年間連続して二桁の増加を示しています。この間に軍事費は一六倍にも膨れ上がりました。

この額は、アメリカ、イギリスに次いで世界三位です。

ただ、中国は経済発展に伴ってインフレが進んでいます。インフレによる物価上昇分を差し引くと、中国の軍事費の実質的な水準は横ばいであるという計算にもなります。中国の軍事費増大は名目上のもの。それほど飛躍的には増えていない、という見方もできます。中国政府も、この主張を繰り返しています。

しかし、この数字はあくまで公表されたもの。実際には表に出ない軍事予算がかなりの額になるものと推定されています。米国防総省は、公表されないものも合算すると、中国の軍事費は、公表額の二倍から三倍に達しているだろうと推定しています。

もしそうであれば、中国の軍事費は、アメリカに次いで世界二位ということになります。中国軍は着実に力を蓄えつつあると言っていいでしょう。

中国軍、装備の近代化急ぐ

中国軍の陸上兵力は一六〇万人。日本の陸上自衛隊が一五万人弱ですから、その一一倍の兵力です。

これに海軍、空軍、戦略核ミサイル部隊を合計した総兵力は二二五万人に達します。

さらに中国の場合、準軍隊組織である「人民武装警察」が一三〇万人、予備兵役が八〇万人、民兵一二〇〇万人が控えています。

中国軍の陸上兵力は、一九九六年段階では二二〇万人を擁していました。それが一六〇万人に減少しているので、兵力削減と言えなくもないのですが、これは水ぶくれしていた兵力を近代化する過程なのです。伝統的に人海戦術に頼ってきた軍に最新兵器を導入することで近代化を進め、兵力を〝筋肉質〟に改革しようとしています。

たとえば中国空軍が保有する航空機は約三五三〇機と、数だけでいえば米軍に匹敵するだけの機数ですが、その大半は、旧ソ連の時代に開発された時代遅れの機種です。米軍と対等に戦えるだけの能力を備えた近代的な第四世代の戦闘機の数は三二〇機程度。現在は、この最新鋭の戦闘機の大量生産に着手しています。

電子戦能力が急激に向上

近代戦に欠かせないのが電子戦（サイバー戦）です。インターネットで敵の中枢部のコンピューターシステムに侵入し、貴重なデータを収集したり、データの内容を書き換えたりします。それればかりではなく、相手のコンピューターにコンピューターウイルスを送り込み、コンピューター制御されているシステムをダウンさせてしまいます。

中国軍は、このサイバー戦部隊の育成に力を入れています。既に、「戦闘演習」とみられる不正侵入がたびたび報告されています。二〇〇七年六月には米国防総省、九月にはイギリス外務省のコンピューターシステムが中国から不正侵入されました。中国軍のサイバー戦部隊の行為だったのではないかと推測されています。

米国防総省は、中国の軍事力に関する二〇〇八年版の年次報告書で、中国からのサイバー攻撃に警戒感を表明しています。

この危機感を背景に、二〇〇八年三月には、国土安全保障省やCIAなど一八の連邦機関と、イギリス、オーストラリア、カナダの各国政府機関も参加して、サイバー攻撃に対処する能力を検証する大規模訓練を実施しました。

中国軍にとって、優秀な頭脳さえあれば、サイバー戦には多額の装備費がかかりません。「安上がりな兵器」としてのハッカー育成やコンピューターウイルス開発が進められているものとみられています。

防衛型軍隊から攻撃型軍隊へ

かつて毛沢東の時代の中国軍は、人海戦術をとっていました。「人民の海で敵を溺れさせる」という戦術です。

敵と真正面から戦わず、あえて自陣営内の奥深く誘い込み、包囲殲滅するというわけです。これは、「防衛型軍隊」の特徴です。日中戦争や国共内戦で、この戦術を駆使しました。

中華人民共和国成立後は、朝鮮戦争に介入したり、チベットに進駐したり、インドやベトナムを攻撃したりと、自分から攻撃を仕掛けるケースが多かったのですが、建前としては、防衛型の軍装備を維持してきました。

しかし、現在のように、核ミサイルや潜水艦を増強し、空母を建造し、最新鋭の戦闘機を配備するという方向は、いわば「攻撃型軍隊」へと変身を遂げようとしていることを意味します。

台湾を軍事力で圧倒して吸収し、「太平洋を米軍と山分けする」という野望が、具体的な軍の近代化によって、実現に近づいているのです。

太平洋の支配維持めざすアメリカ

西太平洋でも存在感を強めようとしている中国。これをアメリカは黙認できません。そこには、太平洋をアメリカのものにするという「使命感」があるからです。

アメリカという国家は、かつてイギリスなどヨーロッパ諸国のキリスト教徒が、新天地を求めて本国の抑圧から逃げてきて築かれました。このキリスト教徒にとってアメリカとは、「新しいイスラエル」なのです。

イスラエルというのは、中東に存在する国家名ですが、同時に『旧約聖書』に登場する国家でもあります。エジプトで捕囚の身だったユダヤ人たちが、預言者モーゼに率いられてエジプトを逃れ、「神から与えられた約束の地」に建設した国家です。

アメリカに移住してきた人々は、自らを『旧約聖書』の故事にたとえ、北米大陸を「神から与えられた約束の地」と考えました。この地に、「キリスト教徒の民主主義国家」を建設することが、神から与えられた「使命」だったのです。

彼らの「神の国」建設は東海岸から始まり、先住民（ネイティブアメリカン）を故郷から追い払いながら、西海岸に達しました。

彼らの「使命」は、ここで終わることなく、さらに太平洋をめざしました。スペインからフィリピンを奪い、中国大陸への干渉まで行ったのです。自分たちの「理想」を世界に伝えるというのが、アメリカ人の「善意」でした。

日本が中国大陸に進出すると、中国大陸での自らの利権が失われることを恐れたアメリカは、蔣介石を支援しました。第二次世界大戦後、中国大陸が中国共産党の支配下に落ちたとき、アメリカは大いにうろたえ、影響力が復活する日を待ちました。

そんなアメリカにとって、太平洋は、「自分たちの海」でなくてはならないのです。太平洋をめぐって中国と対立するのは、当然のことだったのです。

「米国と軍事的に対立する」

米国防総省は二〇〇六年二月、『米軍戦力構成の四年次見直し』（ＱＤＲ）の報告書を連邦議会に提出しました。米軍は、今後どんな戦略をとり、世界のどこに、どのように軍を配置するか、四年ごとに見直しをしています。その最新版が明らかになったのです。

この中には、中国に対する脅威が強く滲み出た表現が随所に登場します。

中国は「米国と軍事的に対立する最大の可能性があり、将来は、米国が対応可能な戦略を持てず、それまで保持してきた軍事的優位を相殺するような妨害的軍事技術を実用化する可能性がある」（江畑謙介『〈新版〉米軍再編』）と、中国の軍事能力に対する懸念を表明しています。

さらに、「中国は軍事力の増強に大きな努力を払い、その中でも戦略兵器や自分の国境の遥か遠方にまで軍事力を投入できる能力の改善に力を注いでいる」（同書）と指摘しています。

「自分の国境の遥か遠方にまで軍事力を投入できる能力の改善に力を注いでいる」というのは米国も同じだろう、と突っ込みを入れたくもなりますが、中国が米国にとっての最大の脅威に成長しつつあるという認識を示しています。

アメリカ政府の内部には、「対中融和派」の国務省と、「対中警戒派」の国防総省という基本的な対立がありますが、米軍とすれば、当然のことながら、中国を最大の「仮想敵国」と考えているのです。

中国と軍事的に対峙する場所は、どこか。太平洋です。

米軍、太平洋への軍事力強化へ

米軍は、ブッシュ政権誕生以降、全世界で再編成に取り組んでいます。ラムズフェルド国防長官が辞任する前の音頭によって、世界のどこにでも短時間で出動できる機動性の高い組織作りが始まったのです。

この一環として、米軍は太平洋での海軍力の増強を図っています。米軍は、二〇〇六年に発表したQDRの中で、太平洋に常時六隻の空母と全潜水艦の六〇パーセントを配備・展開することを明らかにしています。現在、米国海軍の空母は全部で一一隻ですから、その半分以上を太平洋に展開します。米軍の太平洋重視の方針がわかります。

太平洋の米海軍の近代化も進められます。日本の横須賀基地に配備される米空母は、二〇〇八年、従来の通常推進（ディーゼルエンジン）型の「キティホーク」から、原子力空母「ジョージワシントン」に交代しました。原子炉を積んだ原子力推進型の空母は、長期間燃料を交換することなく作戦行動をとることができるので、日本周辺海域での行動半径が広がることになります。

日本を「不沈空母」化

かつて中曽根首相は、訪米した際、「日本を不沈空母化する」と発言し、大きな政治問題となったことがあります。米軍が中国やロシア（当時はソ連）、北朝鮮と対峙する際、日本列島を基地として使ってもらうという趣旨を説明する際、日本列島を空母にたとえたのです。

米軍の再編成に伴い、日本列島の「不沈空母化」が進んでいます。神奈川県の米軍座間基地には、アメリカ本土から陸軍第一軍団司令部が移転します。強力な陸軍を指揮する司令部本体が、これまで置かれていたワシントン州のフォートルイスから移転してくるのです。米陸軍第一軍団司令部は、配下に大規模な戦闘集団を持つわけではなく、司令部機能のみです。何かあれば、アメリカ本土から大挙して応援に駆けつける戦闘部隊の受け入れを担当します。朝鮮半島や台湾、中国大陸で緊急事態が発生した場合、ここで総合指揮を執ることになります。

一方、日本の陸上自衛隊の中央即応集団司令部も同じ座間基地の中に移転します。日本周辺で緊急事態が起きたとき、日米が密接な連絡をとりあって対応する体制を整えていることがわかります。日本列島は、アメリカにとっての「不沈空母」なのです。

沖縄からグアムへ戦力移転

米陸軍の司令部は座間へ前進待機する一方で、沖縄に駐留する米海兵隊はグアム島の米軍基地に移転します。

米海兵隊の司令部要員、海兵隊員など計八〇〇〇人と、その家族九〇〇〇人の計一万七〇〇〇人が、二〇一四年までにグアム島の米軍基地に移転します。これも、米軍の対中シフトの一環です。

沖縄は、台湾や朝鮮半島で有事の際は、米軍が緊急展開する拠点となります。朝鮮半島や中国大陸に近いという地の利を生かすことができます。

その反面、もし米軍が中国軍と本格的に事を構えることになりますと、かえって近すぎることが不利に働きます。

沖縄の米軍基地は、中国大陸本土からの多数のミサイルの標的になるからです。そこで、グアム島まで後退すれば、到達可能な中国軍のミサイルの数は限られます。

その一方、米軍のステルス戦闘機や爆撃機は、グアムから中国大陸への直接攻撃が可能な能力を持っています。

つまり、敵の射程距離外にいて敵を狙う、という態勢をとることができるのです。

米海兵隊の沖縄からグアム島への移転は、一見平和のための再編に見えますが、実態は、より戦いやすい態勢のための移動なのです。

衛星をミサイルで破壊した

二〇〇七年一月、中国は、四川省西昌にある衛星発射センターから弾道ミサイルを発射し、自国の気象衛星を破壊しました。老朽化した衛星を標的に、宇宙での戦闘が可能な能力を示したのです。

この実験を最初に報じたのはアメリカの航空宇宙専門誌。中国側からは何の発表もありませんでした。アメリカや日本が騒ぎだして初めて、実験から一〇日後に、中国政府は実験したことを認めました。もちろん事前の通報はありませんでした。

破壊された気象衛星は多数の細かいデブリ（宇宙ゴミ）となりました。衛星は、宇宙空間を高速で飛んでいます。デブリになっても、ゴミのひとつひとつが高速飛行を続けます。別の衛星や宇宙ステーションに衝突し、穴を開ける危険性があります。

それればかりでなく、「宇宙空間は平和利用する」という各国の申し合わせにも違反する行為でした。

標的になった気象衛星は、高度約八五〇キロの宇宙空間にありました。中国から見れば宇宙空間に停止しているわけですから、破壊することにそれほど高い技術が必要なわけではありませんが、他国の軍事衛星（スパイ衛星）も容易に破壊できることを示したのです。

日米ミサイル防衛への対抗策

中国による衛星破壊実験は、日米の軍事当局者に衝撃を与えました。日米が共同開発しているミサイル防衛システムを、根本から揺るがす出来事だったからです。

ミサイル防衛システムは、仮想敵国の周辺上空に多数の偵察衛星を配備し、ミサイル発射の熱を感知して、迎撃ミサイルの発射基地に通報。迎撃ミサイルが発射される仕組みになっています。もし事前に偵察衛星が破壊されてしまうと、相手がミサイルを発射したことを察知するのが遅れ、有効な対抗手段が取れなくなってしまいます。

中国軍が気象衛星を破壊できたということは、偵察衛星も撃ち落とせる能力を持っていることを示したのです。

日米が共同開発しているミサイル防衛システムは、直接的には北朝鮮が発射した弾道ミサイルを途中で迎撃する仕組みですが、結果的に、中国が日米に向けて発射するミサイルを撃ち落とすことも可能になります。

中国軍は、日米によるミサイル防衛システムが完成すると、中国軍の核ミサイルによる威嚇や抑止力が無力になってしまうのを恐れ、システム破壊の実験をしたものと見られています。

中国軍の一撃によって、宇宙空間での軍拡競争に火がついてしまいました。

有人衛星も軍事目的

中国の宇宙開発技術は、既に高度なレベルに達しています。二〇〇三年一〇月一五日には、有人宇宙飛行を成功させているからです。

甘粛省酒泉の衛星発射センターから打ち上げられた「神舟5号」は、空軍の中佐一人を乗せ、地球を一四周して、翌一六日に内モンゴル自治区の草原地帯に着地しました。

有人宇宙飛行は、旧ソ連、アメリカに次いで史上三番目の「快挙」でした。旧ソ連もアメリカも、初飛行成功は一九六一年のこと。実に四二年ぶりに、三番目の国が現れたのです。

中国・内モンゴル自治区の酒泉衛星発射センターから打ち上げられた有人宇宙船「神舟5号」(写真提供/新華社=共同通信社)

この人工衛星打ち上げでは、宇宙空間で偵察衛星(軌道モジュールと呼ばれた)が切り離され、有人衛星部分が帰還した後も、半年にわたって地球を周回しました。軍事目的である ことが明白な計画です。

さらに二〇〇五年一〇月には二人を乗せた

「神舟6号」が打ち上げられました。このときは打ち上げの様子が中継されるなど、中国側の打ち上げ技術に対する自信を示しています。

月探査計画も実行

中国は、地球の周回だけでは満足できないようです。月探査計画も実行に移しています。「嫦娥《じょうが》計画」といいます。嫦娥とは、中国の伝説に出てくる「月に住む仙女」のことです。

計画の第一段階は、月を周回する軌道に衛星を乗せ、月面の観測を実施します。第二段階は月面着陸。探査車が月面を調査します。第三段階は、月面のサンプルを採取して地球に持って帰るというものです。

さらに将来は、宇宙飛行士を月面に送り、いずれは月面基地の建設まで視野に入れています。中国の宇宙開発は、国威発揚はもちろんのこと、軍事技術の開発と密接に結びついています。この点では、アメリカ、ロシアとも同じなのですが。

軍部が勝手に実行した？

中国軍が衛星破壊実験を実行した際、海外からの批判と説明要求に対して、中国政府の対応は後手に回りました。きちんとした説明が行われなかったのです。そこには、中国政府内部の当惑を感じさせるものがありました。衛星破壊実験を、政府関係者は軍部から知らされていなかったのではないかという疑惑があるのです。

中国では、すべては中国共産党の指示・指導の下に行われます。衛星破壊実験のような重要な問題は、実験前に党幹部に報告ないしはお伺いを立てるべきものです。それをせずに、中国軍が勝手に実行したのではないか。こうした重大な疑惑があります。軍部独走という危険な状態に入っているのではないかという危惧が生まれているのです。

「革命は銃口から生まれる」

中華人民共和国建国の父である毛沢東は、「革命は銃口から生まれる」と主張しました。軍の力があってこそ、権力を掌握できるという考えです。そこには、民主主義的な選挙によって政権交代が起きるという発想はありません。軍隊を押さえた者が権力を握る。この思想が、現在の中国共産党にも受け継がれています。中国の軍隊である「人民解放軍」とは、国家の軍隊（国軍）ではなく、中国共産党の軍隊なのです。

人民解放軍を指揮するのは、中国共産党の中央軍事委員会です。国家の中央軍事委員会も形式上存在しますが、メンバーは党の軍事委員会と同一です。先ほども述べたように、中央軍事委員会の主席（トップ）は、中国共産党総書記が兼務します。つまり胡錦濤なのです。

軍を運営する費用である軍事費は国家の財政で賄われているのに、その軍隊は党のもの。国家組織と党が同一視されていると言うべきか、公私混同ならぬ国党混同が行われているとでも言うべきなのでしょうか。近代国家では考えられない仕組みになっているのです。

独走を抑える仕組みが存在しない

毛沢東にしても鄧小平にしても、人民解放軍の前身の紅軍の出身でした。軍出身者が党の最高指導者に座る。その限りでは、党と軍の矛盾は表面化しませんでしたが、江沢民や胡錦濤のような、軍の出身者でない人物が中央軍事委員会の主席に就くようになりますと、党と軍の矛盾が表面化します。胡錦濤以外は軍人ばかりで構成される中央軍事委員会のメンバーが、胡錦濤を軽く見て、指導に従わないという風潮が存在します。ここには、近代国家に常識の「文民統制」(シビリアンコントロール) の発想はありません。

また、言論の自由が存在しない中国では、党の軍隊に対する外部からの監視の目は存在せず、すべては軍事機密の名の下に隠されています。軍がもし独走・暴走しても、それを指摘し、是正する仕組みが存在していないのです。これは、恐ろしいことです。

「経済発展に増長し沸騰するナショナリズムにおぼれ、軍事大国化の道を歩むことになれば、かつての大日本帝国と同じ運命が待ち受けているであろう」(清水美和『「中国問題」の内幕』)

2 米中の世界戦略

「ジェノサイドオリンピック」

北京オリンピックの芸術顧問として、開会式と閉会式の総合演出プロデューサーを引き受けていたハリウッドの映画監督スティーブン・スピルバーグは、二〇〇八年二月、芸術顧問を辞退しました。

スピルバーグは二〇〇七年四月、アフリカ・スーダンのダルフール紛争に関して、中国がスーダン政府に肩入れする政策を改めるように求める手紙を胡錦濤に送っていましたが、聞き入れられなかったとして、辞退を発表したのです。

実はスピルバーグが手紙を送る直前の二〇〇七年三月、アメリカの女優ミア・ファローが、スーダン政府を支援する中国が開こうとしている北京オリンピックを「ジェノサイド（虐殺）オリンピック」と批判し、スピルバーグに対しても、「虐殺に手を貸すな」と求めていました。スピルバーグは、この批判を受けて、胡錦濤に親書を送ったのですが、効果がなかったと判断したようです。ミア・ファローの言葉は威力を発揮。これ以降、アメリカではこの言葉で中国を批判する動きが加速します。二〇〇七年六月にはアメリカ下院本会議で、中国に対し、ダルフールでの大量虐殺をやめさせるようにスーダン政府に影響力を行使することを求める決議が採択されました。

スーダン政府を支援する中国

アフリカ北東部に位置するスーダン。この西部のダルフール地方では、大虐殺が進行中です。

ダルフール地方では、二〇〇三年に黒人主体の反政府組織が反乱を起こして以来、政府軍と反政府組織による内戦状態が続いています。この内戦がさらに民族浄化にまでエスカレートしました。反政府組織の地盤と目される黒人集落を、アラブ系遊牧民の民兵（ジャンジャウィード）が襲撃。これをスーダン政府軍が全面支援しているのです。

黒人の多くはキリスト教徒です。対する武装民兵やスーダン政府は、アラブ系イスラム教徒です。政府による反政府運動弾圧が、アラブ系イスラム教徒による黒人キリスト教徒絶滅作戦の様相を呈しています。

二〇〇三年から二〇〇七年までに二〇万人もの人々が殺害され、二一〇万人が難民となっています。難民の一部は西隣のチャドに流れ込み、今度はチャドが政情不安に陥っています。

国連はスーダン政府に対して虐殺をやめるように求めていますが、停止される気配はありません。

スーダン政府の態度に怒ったアメリカやヨーロッパ諸国は、怒りの矛先を中国に向けました。

中国がスーダン政府の最大支援国だからです。

二〇〇七年、中国はスーダン政府に一七〇〇万ドルもの無利子融資を決定し、さらに大量の武器をスーダンに売却しました。この武器が、黒人住民の殺害に使われていると見られているのです。

米英両国は、国連の場でスーダンに対する経済制裁を下そうとしてきましたが、その都度、中国の反対で挫折しました。中国は国連安全保障理事会の常任理事国。拒否権を持っていますから、国連安保理としての方針を打ち出すことができません。中国はスーダン政府の後見人を任じているのです。

アフリカに投資する中国マネー

中国は、なぜ世界の反対を押し切ってまでスーダン政府を支援するのか。理由は明快。資源目当てです。

急激に経済発展を遂げる中国は、世界中で原油を確保するために血眼になっています。中でもアフリカを最重点に、資源外交を繰り広げています。

二〇〇六年一一月、中国は北京で「中国・アフリカ会議」を開催し、アフリカから四八か国もの首脳を集めました。アフリカへの経済支援を強化する一方で、アフリカの原油など資源の確保に努めています。

この会議で温家宝首相は、「中国の援助は誠実無私であり、いかなる政治条件もつけない」と演説しました。つまり、アフリカに多い独裁国家に対して、「独裁政治に文句をつけないから原油を供給してくれ」と働きかけたのです。

日本のＯＤＡ（政府開発援助）では、援助が軍事目的に使われないこと、人権を迫害している独裁政権への援助をしないことなどの条件がありますが、中国政府の方針に、そんなものはありません。「軍事に使ってもらっても結構、独裁者の懐に入っても構わないから、わが国に原油や資源を売ってくれ」というわけです。

アフリカからの輸入量は、いまや中国の原油輸入量の三分の一を占めるまでになっています。中でも、スーダンが輸出する原油の七割を中国は買い上げています。

さらに中国の中国工商銀行は二〇〇七年一〇月、南アフリカのスタンダードチャータード銀行の株式の二〇パーセントを取得すると発表しました。この銀行は、アフリカ各国を舞台に業務を展開しています。中国は、この銀行に資本参加して足場を築くことによって、アフリカへの経済進出を加速しようとしているのです。

エネルギー爆食の中国

猛烈な勢いで経済発展を遂げつつある中国。それに伴って、資源を大量に必要としています。

爆食という言葉がふさわしいかもしれません。たとえば原油の需要量は、二〇〇〇年段階では一日あたり四九〇万バレルだったものが、二〇二〇年には九四〇万バレルにまで増加しそうだと推定されています。実に二倍。かつては石油輸出国だった中国が、いまでは巨大な輸入国に変貌しました。

中国の経済構造は、効率性が低く、エネルギー大量消費型です。いずれエネルギー効率型に発展するにせよ、当分の間は、エネルギーをガブ飲みするしかありません。そのためのエネルギー源確保に血眼になっているのです。

問題は石油にとどまりません。中国は石炭の大量消費国でもあります。国内のエネルギー需要の実に約七割を石炭に依存しています。二〇〇五年には世界の石炭消費量の三七パーセントにあたる二一億七九〇〇万トンを消費しました。

中国の石炭は硫黄分の多い低位炭が多く、深刻な大気汚染を引き起こしています。今後は、燃焼効率がよく環境への悪影響も少ない高品位炭を大量に輸入することになるでしょう。石炭も中国が買いあさることになるのです。

「人権より資源」の中国

中国は、アフリカのスーダンばかりでなく、ムガベ大統領の独裁が続いてきたジンバブエに対しても大量の武器を輸出してきました。二〇〇八年四月には、中国からアフリカ内陸部のジンバブエに売却された武器を近隣の港に陸揚げしようとして、周辺各国から拒否され、武器を積んだ貨物船が中国に引き返す事態も起きています。

ナイジェリアにも接近しています。二〇〇六年には胡錦濤国家主席がナイジェリアを訪問し、経済援助と引き換えに、原油採掘の権益を確保しました。

ナイジェリアでは、「人民の共有財産である石油が海外に持っていかれる」ことに反発するゲリラがたびたび石油施設を襲撃。中国人労働者が負傷する事件も起きています。

アジアで人権問題が深刻なのは、東南アジアのミャンマーです。軍事政権による独裁が続き、いったんは選挙で勝利した民主勢力の国民民主連盟の活動を停止させ、指導者のアウン・サン・スーチーを自宅軟禁にしています。さらに二〇〇七年九月、ガソリンや軽油など燃料代の突然の値上げに怒った市民や僧侶が抗議デモをしたところ、軍事政権は軍を使って弾圧。取材中の日本人ジャーナリスト、長井健司さんが兵士に射殺されました。

この弾圧に対して国連の安全保障理事会が経済制裁を科そうとしましたが、中国はロシアと共に反対にまわり、制裁は実行されませんでした。中国は、国際社会の非難をよそにミャンマーの軍事政権との関係を強化し、ミャンマーでの二つのガス田の天然ガスの供給権を獲得しています。まさに「人権より資源」なのです。

アメリカと対立

中国は、さらに南米にも触手を伸ばしています。ベネズエラで石油鉱区の開発を進め、アルゼンチンやチリ、ペルー、ボリビアなどで鉄鉱石の開発交渉などを進めています。

南米では、ベネズエラのチャベス政権など反米色の強い政府が次々に誕生しています。こうした反米政権との関係強化に力を入れています。これがアメリカには気に食わないのです。中国は、中国が、将来アメリカと対立・対決することになる日を想定して、アメリカの手の届かない地域で資源を確保することを狙っているのではないかというわけです。

中国には、「中国石油天然気集団公司」（CNPC・ペトロチャイナ）、「中国石油化工集団公司」（SINOPEC・シノペック）、「中国海洋石油集団公司」（CNOOC・シーノック）の三大国有石油会社が存在します。この三社は、「中国版メジャー」と呼ばれています。この三社が先頭に立って、世界中で原油の権益を買いあさっているのです。

中国の資源開発としては、東シナ海のガス田もありますが、これは第5章「日本vs.中国」で取り上げます。

「鎖国」状態で長い停滞へ

国力を増強させつつある中国は、対外的に、どのような戦略で臨もうとしているのでしょうか。新生中国が誕生したばかりの頃は、社会主義陣営に所属し、当時のソ連の援助を得て、重工業化を進めましたが、やがて社会主義の路線をめぐってソ連と対立するようになります。厳しい中ソ対立が続き、ソ連は援助を打ち切りました。

東西冷戦の中で、アメリカとも対立していた当時の毛沢東の中国は、自力でやっていくしかありませんでした。その苦境に際して、毛沢東は、「自力更生」をスローガンにしました。ソ連からの援助を受けられなくなった段階で、援助を受けないのが方針なのだという理屈をつけ、自力でやっていくことにしたのです。これは、自国を「鎖国」状態にすることを意味しました。中国の経済は長い停滞の時代に入ったのです。

毛沢東によって中国は大混乱

さらに毛沢東は、中ソ対立が始まる前に、極端な経済政策を打ち出しました。「鉄鋼生産でイギリスに追いつけ」という方針でした。経済の実態に無知だった毛沢東は、鉄鋼生産の量を拡大すれば一足飛びに先進国の仲間入りができると考え（夢想し）、非現実的な工業化計画を策定しました。これが、「大躍進政策」です。

この政策は惨めな失敗に終わります。農民まで鉄鋼生産に駆り出され、農民たちは、農村地帯に小さな鉄鋼炉を多数建設しました。農作業より鉄鋼生産に全力を注いだため、農作物の生産高は激減します。しかも製鉄の原料がないため、鍬や鋤など農作業に欠かせない農機具を溶鉱炉で溶かしてしまう始末。できた鉄は、使いものにならない鉄クズの固まりでした。

溶鉱炉の燃料用に農民は森林を伐採してしまったため、全土がはげ山に。崖崩れなどの自然災害が多発するようになり、農地の砂漠化も進みました。

その結果は、数千万とも言われる餓死者の発生でした。

「大躍進政策」失敗の責任を取って、いったん第一線から退いた毛沢東は、奪還闘争に動きます。それが「文化大革命」でした。

毛沢東によって混乱した経済を建て直した劉少奇や鄧小平らは、毛沢東に操られた紅衛兵たちによって迫害されます。知識人たちは目の敵にされ、肉体労働へと追いやられます。全土の学校の授業は中止に追い込まれ、「毛沢東思想」の学習に費やされました。

「自分たちこそ毛沢東の忠実な弟子」と自負する紅衛兵同士が、「階級闘争」の名の下に武力闘争を各地で展開。多数の死者が出ましたが、警察は「階級闘争に介入するのか」という批判を恐れて黙認。全土に混乱が広がりました。

「鎖国」から「開国」へ

一九七六年、毛沢東が死去したことで、中国はようやく経済発展の道筋を歩めることになります。毛沢東によって失脚していた鄧小平は、毛沢東の死後、復活。中国の経済発展のためならどんな手段でも許されるという「市場経済」を導入しました。

外交政策でも同じ方針をとります。「鎖国」体制を解き、外貨の導入を進めました。「開国」することで、原則なき実利外交に走ったのです。

経済発展のためなら何でもあり。いまの中国の路線を築いたのが、鄧小平でした。

「開国」から覇権へ

中国の歴史を見ると、清の時代、アヘン戦争に敗北して香港をイギリスに奪われ、日清戦争に負けて台湾を日本に奪われました。中華民国の時代になっても、帝国主義列強が中国大陸に進出しました。中国にとって「苦難と恥辱の近代」だったのです。

それが、鄧小平の時代、香港とマカオを「回収」することに成功し、屈辱の歴史に終止符を打ちました。

これが江沢民の時代になりますと、「中華民族」という概念を強調するようになります。

毛沢東の新生中国も、国名に「中華」の文字を入れています。それでも毛沢東の時代は、建前としては多様な民族の存在を認め、多民族の共生を目標としていました。それが、マルクス・レーニン主義の思想だったからです。

ところが江沢民は、天安門事件での若者たちの反政府意識、反共産党思想に危機感を抱き、中国共産党の政治的正統性を強調する「愛国主義教育」を導入しました。

本来、マルクス・レーニン主義は、「プロレタリアート（労働者）に祖国はない」（つまり個々の愛国心にとらわれることなく世界の労働者全体の解放をめざす）という立場です。その立場を捨て、共産主義政党にとっては本来禁じ手のはずの「愛国主義」を導入したのです。

その際、「中華民族」という概念を強調しました。漢民族ばかりでなく、チベット人もウイグル人も、ひとまとめに「中華民族」という範疇に入れられました。「中華民族」という旗印の下に団結し、「愛国主義」の路線を走る。「民族」と「愛国心」のキーワードで国民を鼓舞するという、まるでかつてのナチスドイツのような手法を導入したのです。

それが、経済が発展した胡錦濤時代になると、世界戦略に変化が見えてきました。中国政府に自信がみなぎってきたのです。

胡錦濤国家主席は、二〇〇七年一〇月に開催された共産党第一七期（回）大会で演説し、「われわれは、各国の人々と共に、末永い平和と、共に繁栄する調和的世界の建設に努力していく」（「人民網日本語版」一〇月一五日）と述べています。「世界の中の中国」を強烈に意識し、国際協調の重視を打ち出すまでに余裕を持てるようになったのです。

台湾回収への野望捨てず

しかし、「平和」を語る中国にとって、戦争に訴えてでも譲れない一線があります。それが、台湾問題です。

中国共産党が国民党との内戦（国共内戦）に勝って政権を獲得した際、国民党は台湾に逃げ込み、「中華民国」を名乗り続けました。中国共産党にとっては、台湾も中華人民共和国の一部にしなくては、「革命」は終わらないということになります。

中国共産党の軍隊である「人民解放軍」という名称も、まだ「解放」すべき「人民」が残っていることを示しています。「解放」すべき「人民」は、台湾にいるのです。

二〇〇〇年に開かれた中国共産党の全体会議の「まとめ」に、「祖国の統一を完成させ」るという任務が掲げられています。二〇〇六年の全体会議でも、「祖国統一の大業を推進する」という表現があります。中国共産党にとっては、「祖国の統一」は為し遂げられていない目標なのです。

二〇〇五年三月、全国人民代表大会（中国の国会）は、「反国家分裂法」を成立させました。この法律では、台湾を平和的に統一することを目標とするものの、もしそれが無理になった場合、「非平和的な方式」をとることもあると明文化されました。つまり台湾が独立を宣言するようなことがあれば、武力侵攻に踏み切ることがあると宣言したのです。

台湾は二〇〇〇年から二〇〇八年五月まで、独立志向の強い民進党の陳水扁総統の下で、大陸の中国とは一線を画してきました。中国政府は、反国家分裂法を制定することで、陳政権の独立への動きを牽制してきたのです。

しかし、二〇〇八年五月に国民党の馬英九総統が就任したことで、事態は大きく変化しつつあります。国民党は、台湾の独立を認めない立場。これまでの陳政権とは打って変わって、中国との関係強化をめざしています。今後、経済交流が活発化するでしょう。

そうなれば、中国政府としては、台湾が「中国との関係が悪くなれば経済が立ちゆかない」ような状態にしてしまうことが一番です。今後、台湾と経済的に融合することで、やがては台湾を平和裡に吸収する方針に転じたかのようにも見えます。

アメリカに対抗する軸を形成へ

中国の胡錦濤国家主席は、共産党第一七期大会で、「中国は終始、平和的発展の道を進んでいく」(「人民網日本語版」一〇月一五日)とも述べています。「平和的発展」が、現在の中国の対外政策のスローガンです。

2005年８月に実施されたロシアとの共同軍事演習で、ミサイルを発射する中国海軍の軍艦。両軍事大国の結びつきが急速に強まっている（写真提供／新華社＝共同通信社）

しかし同時に胡主席は、こうも演説しています。「国際秩序が公正で合理的な方向へ発展するよう努める」（同）と。

つまり、既存の国際秩序をそのまま受け入れるわけではありません。中国にとって、「公正で合理的な」ものでなければいけないのです。それは、アメリカを主軸とする現在の国際秩序に対する不満の表明でもあり、中国も国際秩序のキープレイヤーの一員であろうとめざしていることを意味します。

アメリカに対抗する軸の形成。それが、「上海協力機構」（ＳＣＯ）です。

上海協力機構は、二〇〇一年に中国・上海で開かれた首脳会議で創設されたことから、こう呼ばれます。中国とロシア、カザフスタン、ウズベキスタン、タジキスタン、キルギスの六か国による地域協力組織です。

その後、二〇〇四年にモンゴルが準加盟国になり、二〇〇五年にはイラン、インド、パキスタンも準加盟国になりました。

発足当初の中央アジア四か国は、いずれもかつてソ連（ソビエト社会主義共和国連邦）の一員だった国々です。イスラム教の影響が強く、国内でイスラム過激派の活動も活発です。

中国も、新疆ウイグル自治区で独立運動を展開するウイグル族（トルコ系民族）のイスラム過激派に悩まされています。イスラム過激派に手を焼いているのはロシアも同じ。利害が一致して、地域のテロ対策組織として発足し、経済協力も深めています。

しかし、この組織の表向きの目的とは別に、その実態は、アメリカの一極支配に対抗する組織と化しつつあります。二〇〇七年八月にキルギスで開かれた首脳会議には、反米の立場を鮮明にしているイランのアフマディネジャド大統領と、就任したばかりのトルクメニスタンの独裁者ベルディム・ハメドフ大統領もオブザーバーとして出席しました。二〇〇八年になってイランが正式加盟を申し込むなど、反米機構の色彩を強めています。

アメリカが二〇〇一年以降、「テロとの戦い」と称し、カザフスタンやキルギスに米軍基地を置くなど、中央アジアに影響力を強めていることに対抗しているのです。

アジア諸国を経済的に「朝貢国」に

二〇〇八年三月に発生したチベット暴動と、それに対する中国当局の弾圧に対して、世界各国の首脳は、中国政府を非難したり、ダライ・ラマと対話するように求めたりする対応に出ました。ところが、アジア各国は、見事なまでに沈黙を守りました。とりわけ中国の隣国でチベット亡命政府を受け入れているインドですら、首脳は何のコメントも出しませんでした。

日本政府の対応も腰が引けたものでしたが、沈黙するだけだったアジア各国に比べれば、まだしも発言した方だと言えるでしょう。

強大な経済力を持つに至った中国に対して、アジア各国は、もはや批判的な発言をできないまでに弱い立場に置かれていることを如実に示した出来事でした。

中国の経済は、インドシナ半島でも力を増しています。インドシナ半島を流れるメコン川流域のカンボジア、ラオス、ベトナムでは、「メコン川流域開発計画」が進み、中国が積極的な支援・投資を実施しています。

ベトナムは、かつて紀元前二世紀から一〇世紀末までの一〇〇〇年以上にわたって中国の支配下にありました。ベトナム人の名前が、たとえばホー・チ・ミンと三語に区切られるのも、もともと該当する漢字があるからです。こうした歴史を背景に、中国は折にふれて、ベトナムを属国とみなす態度をとります。

一九七九年には、中国軍がベトナムに侵攻したという歴史もあります。当時、中国と友好関係にあったカンボジアにベトナム軍が侵攻したことに対する攻撃で、この攻撃について鄧小平は、「懲罰を加える」と言ってのけたほどです。こうした中国に対して、常に強烈な反発を見せてきたベトナムも、中国との交易で経済発展を遂げるようになった現在、もはや中国に対する反発を見せなくなっています。

ベトナム共産党内には、伝統的に中国派と反中国派（かつての親ソ連派）が存在しますが、中国派が権力を握るようになっています。

同じインドシナ半島のラオスは、ベトナムよりも遥かに中国の影響下にあります。中国のラオスに対する投資は、二〇〇七年に四億九〇〇〇万ドルに達しています。これは投資額で一位です。

ラオスは二〇〇九年、首都ビエンチャンで東南アジアのオリンピックというべき「ＳＥＡゲーム」を開催する予定です。この主競技場の建設は、中国が無償で進めています。ラオス政府はその見返りに、首都近郊の広大な土地の開発権を中国との合弁会社に与えました。大量の中国人がここに住むようになって、やがてチャイナタウンを形成するのではないかという見方が出ているほどです。

かつては、中国の周辺国家が中国の皇帝に定期的に貢ぎ物を贈り、中国から国家としての承認を得るという「朝貢」の制度がありました。これを「中華世界秩序」（チャイニーズ・ワールド・オーダー）と呼びます。インドシナ各国は、まさに現代版「朝貢国」と化しているのです。

中国が共産党の支配を受けるようになってからも、毛沢東はまさに「皇帝」として振る舞いました。鄧小平も江沢民も、そして胡錦濤も、現代版「皇帝」と化しています。

中国は、「皇帝」と、それを支える共産党が支配する「帝国」となり、アジアの覇権を握るという野望を持つまでになったのです。

米中「新冷戦」時代へ

中国が現代の「帝国」だとしたら、もう一つの「帝国」は、間違いなくアメリカです。太平洋の覇権を維持し、拡大しようとしているアメリカにとって、中国は、やはりアジアでの覇権を求める競争相手となります。より端的な表現を使えば、「敵になりうる相手」です。

覇権国家は、自国以外の覇権を認めようとはしません。中国が覇権国家として強大な力を持たないようにするため、アメリカは、対中封じ込め戦略を練ることになります。

かつて東西冷戦の初期の頃、アメリカ国務省のジョージ・ケナンは、「対ソ封じ込め」を提唱しました。ソ連は勢力圏の拡大を求めて、あらゆる手段を取ってくる。そのソ連に対して幻想を抱くことなく、封じ込めることが必要だと説き、アメリカ政府を説得しました。いまや、その「中国版」が必要だという考え方がアメリカ政界に台頭しています。「新冷戦」です。

かつての冷戦時代、「対ソ封じ込め」のため、アメリカは西ヨーロッパとの関係を強化しました。

では、「対中封じ込め」のために必要な連携相手とは。

もちろん、その第一は日本であり、韓国、台湾となります。さらにはインドやオーストラリアも含まれることになるでしょう。

しかし、オーストラリアに親中政府が誕生し、台湾までが親中政権になったいま、「対中封じ込め」に参加する国は限られます。アメリカの日本に対する圧力は、ますます強まってくるのです。

3 ドルvs.人民元

ペットフードでペットが死んだ

アメリカで奇妙な病気が発生しました。二〇〇七年三月、ペットとして飼われていた犬やネコが相次いで死亡していたことがわかったのです。被害は数千匹に及びました。いずれも腎臓の機能障害が原因でした。死亡したペットに共通していたのは、カナダのペットフードメーカー「メニュー・フーズ」の製品を食べたことでした。

この事態に、メーカーはペットフードの回収を開始。アメリカのFDA（食品医薬品局）が調査に乗り出し、問題のペットフードを検査しました。その結果、プラスチック製品の原料となるメラミンが含まれていることが判明しました。

このメーカーは、アメリカ国内の工場で生産していましたが、原料の小麦グルテン（蛋白質濃縮物）を中国から輸入していました。原因は、中国からの輸入品だったのです。

最初のうちは、「ペットの問題」だと思われていたのですが、この原料を使った飼料が、米国内の豚やニワトリにも与えられていたことが新たに判明すると、アメリカ中が大騒ぎになりました。

少なくとも六〇〇〇頭の豚と最大二〇〇〇〇万羽ものニワトリが食べていた可能性があったのです。

ＦＤＡでは、「メラミンは豚やニワトリの筋肉には蓄積されないので、人間が食べても大丈夫」としながらも、該当する農家に対して出荷を控えるように呼びかけました。

どうして小麦粉にプラスチックの原料が混入していたのか。ミスではなく、中国で故意に入れられていました。小麦グルテンにメラミンを入れると、食品検査で蛋白質の含有量が多いという結果が出るので高く売れる、というのです。

二〇〇七年四月二九日、アメリカの『ニューヨーク・タイムズ』は、「中国の飼料メーカーがメラミンを混ぜていることは中国では公然の秘密」と報じ、メラミンの塊の写真を掲載しました。五月一日にはＡＰ通信が、「中国では動物用の飼料にメラミンを入れるのはごく一般的なこと。お客の評判がいいんですよ」という中国の飼料メーカーの責任者の談話を伝えました。

この報道に、米農務省や米連邦議会が調査に乗り出しました。「中国からの農産物は危険だ」という警戒感がアメリカ国内に広がり、米中農産物摩擦に発展したのです。

アメリカ政府の抗議に対して、中国政府は当初、「小麦グルテンはアメリカ向けに輸出されていない」と全面否定。さらに「メラミンは動物に被害を与えない」とまで言い切っていたのですが、ＦＤＡの調査員が訪中し、農産物摩擦に発展しそうになって、ようやく重い腰を上げました。問題の小麦グルテンをアメリカに輸出した中国・江蘇省と山東省の業者が警察に拘束されたのです。

中国産食品の安全性については、従来からしばしばニュースになってきました。日本でも二〇〇二年に中国産ほうれん草から基準値を超える農薬が検出されて輸入を禁止したことがあります。二〇〇八年一月には、中国から輸入した冷凍餃子に高濃度の農薬が混入していて、多数の中毒患者が出たことは記憶に新しいところです。

二〇〇七年六月には、アメリカで販売されていた中国製玩具の「機関車トーマス」が、鉛の入った塗料で塗装されていたことが判明。子どもがなめれば危険なため、製品が回収されました。

人件費が安い中国の工場に製造を委託すれば、安いコストで製造できるため、先進国には中国製品があふれています。しかし、安全性に対する意識の低い中国での製造は、思いもかけぬリスクを引き起こしています。

「チャイナ・フリー」生活は無理

中国製品は危険。相次ぐ騒ぎに、アメリカでは、こんなイメージが広がりました。そこで登場したのが、「チャイナ・フリー」という発想です。

英語の「フリー」には、「禁止」や「使っていない」という意味もあります。「スモーキング・フリー」は「禁煙」であり、「シュガー・フリー」は「砂糖不使用」という意味。つまり、「チャイナ・フリー」とは、「中国製を使用していない」ということになります。

二〇〇七年夏頃から、アメリカの一部の食品会社が、自社の商品の包装に「チャイナ・フリー」のシールを貼って販売を始めたのです。しかし、この動きに対しては、「中国製に対する偏見を助長するだけだ」という批判も起きています。

この風潮を見て、アメリカでは「チャイナ・フリー」を、日常生活でも実行してみようとしたジャーナリストも登場しました。身の回りにあふれている中国製品を使わないで生活できるかどうかに挑戦し、その生活ぶりを報告したのです。

結果は、「アメリカでチャイナ・フリーの生活は、現実問題としては無理」という結論でした。スーパーマーケットの食料品から日常生活品まで、ありとあらゆるものに中国製が入り込んでいたのです。一見、アメリカ製に見える加工食品にも、中国産の農産物が含まれていました。「チャイナ・フリー」への挑戦は、アメリカ経済が中国抜きでは成り立たない現実を浮かび上がらせました。

中国は米にとって二位の貿易相手国

アメリカ経済は、中国抜きには成り立たない。それを示すのが貿易実績です。中国は、アメリカの貿易相手国として、隣国のカナダに次いで二位の地位を占めるまでになっているのです。

アメリカの連邦議会は二〇〇〇年、関税などの貿易の条件で中国を他国より不利な扱いをしないことを定めた「最恵国待遇恒久化法」を成立させました。それまでのアメリカは、中国の動きを見て、その時々で「最恵国待遇」を与えるかどうか判断してきました。いわば「最恵国待遇」をエサにしてきたのです。

しかし、最恵国待遇を恒久化することで、米中の経済関係は、一段と強化されることになりました。

その結果は、安価な中国製品の洪水でした。安い商品がアメリカに流れ込む一方、アメリカ企業も、中国の企業に製造の下請けに出すことで、大量の商品を輸入しました。

米中間の貿易不均衡が広がります。アメリカにとって、かつては対日貿易赤字が大問題でしたが、二〇〇〇年に主役交代。対中貿易赤字がトップに躍り出たのです。

図3　米中の貿易額の推移

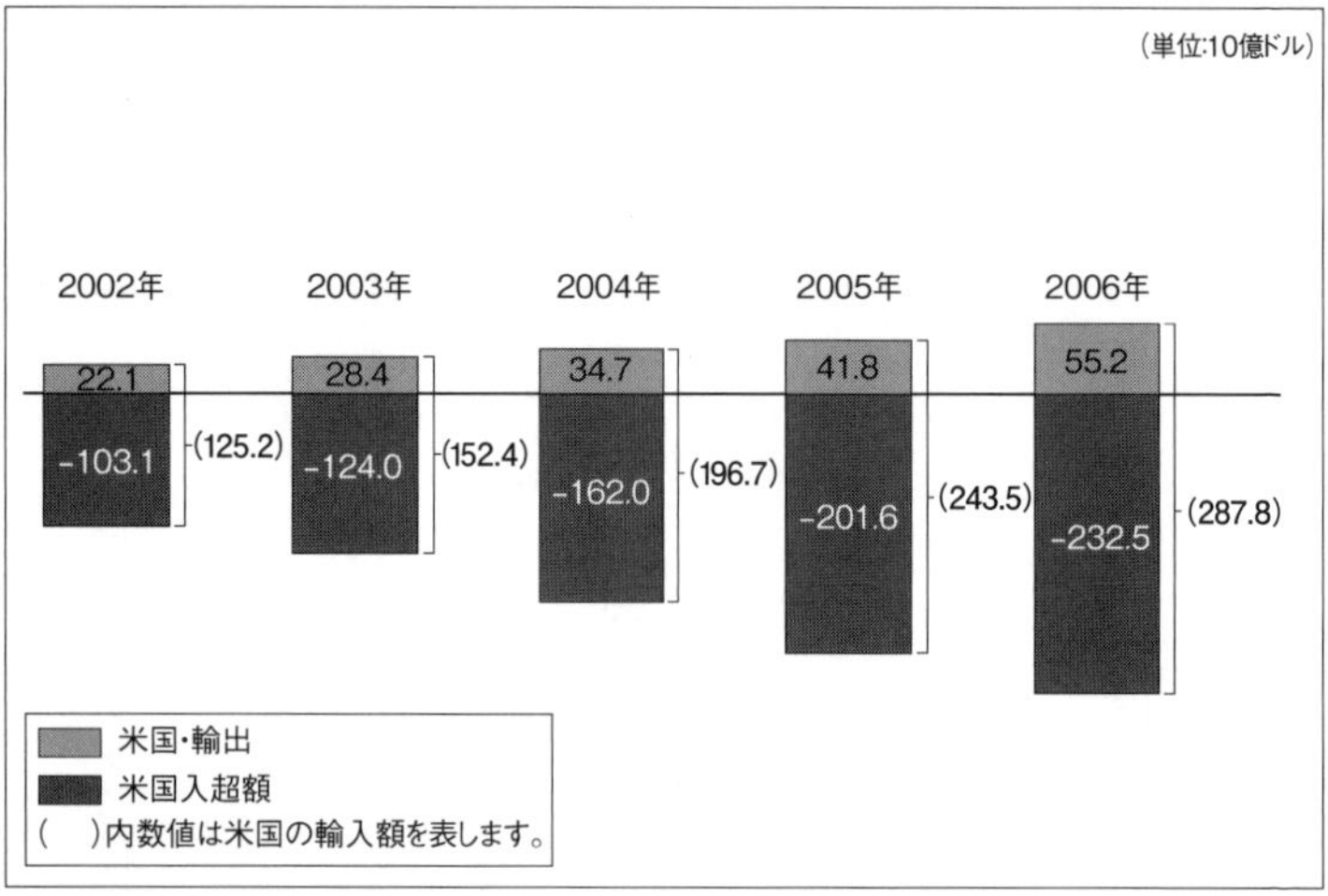

(出所)『敵国になり得る国・米国』より作成
(資料) 米国商務省資料

アメリカに「中国脅威論」高まる

アメリカ国内に「中国脅威論」が高まります。ただし、軍事ではなく、経済面で。「このままではアメリカ経済は中国製品に席捲されてしまう」という危機感でした。

とりわけ米国国内で爆発的にチェーン網を広げた安売りスーパーの「ウォルマート」の商品は、ほとんどが中国製。中国製品を輸入することで、安売りを実現できているのです。この有様を、よくウォルマートで買い物をしているアメリカ市民は、こう表現しました。「中国と戦争したら、ウォルマートで買い物ができなくなる」と。

中国は二〇〇一年一二月、WTO（世界貿易機関）に加盟しました。WTOは、加盟国の間での不公正な貿易をなくし、自由貿易によって互いに経済発展を実現しようという国際組織です。WTOに加盟できたということは、世界から「一人前」の国として認定されたことを意味します。

WTOに加盟すると、加盟国の間での貿易は低い関税が適用されるなど、得られる利益は大きくなります。もし加盟国間で貿易をめぐる紛争が発生すると、WTO内部の「裁判所」が判定を下すというルールもあります。

その一方で、WTOに加盟すると、輸入関税を引き下げたり、非関税障壁（関税以外で輸入を阻害する制度）を撤廃したり、知的所有権を保護したりしなければなりません。中国は、その点で不十分であることが多く、アメリカは、中国の模倣品、海賊版対策が十分でないとしてWTOに提訴しています。

人民元は緩やかに上昇へ

対中貿易赤字が拡大していることに対して、アメリカ政府はいら立ちを募らせています。中国の貿易黒字は二〇〇七年に二〇〇〇億ドルを突破。中国の貿易黒字の多くは、アメリカから稼いだもの。アメリカから中国に富が移転しつつあります。

アメリカ政府は、貿易赤字の拡大は、人民元が不当に低く抑えられ、価格が安くなっているためだと主張しています。

中国製品が安いから輸入が増加しているのですが、安いのは人為的だという主張です。中国の経済力は強くなっているので、外国為替を市場の動きに合わせれば、人民元はもっと高くなり、中国製品の価格も高くなるはずだという論理です。このため、ことあるごとに中国政府に対して、人民元の引き上げを要求しています。

中国の中央銀行である中国人民銀行は、二〇〇五年七月まで、一ドルをほぼ八・二八元に固定してきました。しかし、「人民元が安すぎる」というアメリカの批判に応え、管理相場制から「管理変動相場制」に切り替えました。対ドルのレートを固定せず、変動させることにしたものの、その変動幅は厳重に管理する方式です。これにより、人民元は、徐々に元高に誘導されています。
その結果、一ドルは八元を突破し、二〇〇八年四月には、遂に一ドル七元の壁をも突破して、六元台に達しました。

為替管理のため外貨準備高激増

日米など先進諸国は、外国為替を変動相場制にして、交換レートの決定は市場に任せていますが、中国は、中央銀行である中国人民銀行が、注意深く為替の動きを管理しています。かつて日本で急激な円高が進んで「円高不況」に陥った歴史を教訓にしているのです。

しかし、中国の今後の経済成長に期待して、外国勢が元を買う動きが強まっています。この「元買いドル売り」の動きを放置すると、元高が進み、中国の輸出産業にとっては打撃になります。そこで、「ドルを売って元を買う」動きに対して、中国人民銀行は、元を大量に発行してドルを買い取ります。

このコントロールを繰り返してきた結果、中国が保有するドル（外貨）は増加の一途をたどってきました。二〇〇八年八月には外貨準備高が二兆ドルにも達したのです。

中国国内にインフレ圧力高まる

しかし、中国人民銀行が大量に元を発行すると、それだけ市場に元があふれることになります。金余りです。余った資金は、株や不動産などの投機資金となって中国国内を席捲します。強烈なインフレ圧力になるのです。

物価の急上昇が進めば、中国国民の不満は高まります。また、元高が進めば、海外からの輸入商品の価格が下がり、インフレ抑制に効果を発揮します。中国政府は、国内のインフレ退治のためにも元高を容認せざるをえないのです。

この結果、これからも元高の傾向は進むでしょう。ということは、将来の元高を見越して、いまのうちに元を買っておこうという投機的な動きを誘発します。これがまた元高の圧力になるのです。

その一方、元高は、元のパワーが強くなることです。海外での購買力が上昇します。人民元のパワーが、アメリカ国内で発揮されるようになってきたのです。

ＩＢＭのパソコン部門を買収した

中国パワーをアメリカ人が痛感したのは、二〇〇四年、ＩＢＭのパソコン部門を中国の聯想（レノボ）集団が買収すると発表したことでしょう。

聯想集団は、一九八四年に中国の国家機関である中国科学院計算機研究所の研究員が設立した企業で、中国政府が筆頭株主です。ＩＢＭはパソコン事業部門の不振に苦しんでいたため、事業をまるごと売却したのです。売却額は一二億五〇〇〇万ドルという巨額なものでした。

聯想の売上げは二九億七五〇〇万ドルだったのに対して、ＩＢＭのパソコン部門は九六億ドルでしたから、「蛇が象を呑み込む」と評されました。

これにより、聯想集団はＩＢＭブランドの五年間の使用権を獲得し、自社の「レノボ」ブランドのパソコンと並行して販売を始めました。その後、ＩＢＭブランドの使用権が切れても更新しない方針を発表。パソコンは「レノボ」ブランドに統一されます。

ＩＢＭといえば、アメリカを代表する企業です。そのパソコン部門だけとはいえ、中国の企業による買収は、アメリカ人にとっては決して面白いことではありませんでした。

とりわけ連邦議会の議員の中からは、「ＩＢＭブランドのパソコンを使っていると、パソコンの中身が中国に流出する危険性がある。アメリカ国防総省はＩＢＭパソコンの使用を禁止すべきだ」という声が上がったほどです。「中国脅威論」が一層高まることになったのです。

アメリカの石油業界にも手を出したが

次に中国がアメリカに脅威を抱かせたのは、アメリカの大手石油会社ユノカルを中国海洋石油が買収しようとしたことでした。

ユノカルは一八九〇年に設立されたアメリカの老舗企業で売上げは全米九位。南部アラスカやメキシコ湾での天然ガス生産、さらに中央アジアでの石油パイプラインも運営しています。

二〇〇五年四月、ユノカルは同じアメリカのシェブロンに買収されることに同意したのですが、そこに中国海洋石油が登場しました。この年の六月、中国海洋石油は、ユノカル買収に一八五億ドルを提示したのです。

この提案に、連邦議会の議員たちが強く反発しました。ユノカルが買収されれば、アラスカやメキシコ湾など、アメリカ周辺の資源を中国に握られてしまうという危機感を持ったからです。六月三〇日には、連邦議会下院が、中国海洋石油によるユノカル買収に事実上反対する決議を採択しました。

そこには、「アメリカのエネルギー産業が、将来の仮想敵国である中国に握られるのは国家安全保障上問題だ」というアメリカの強い危機感がありました。

米中の政治問題にまで発展したことから、中国海洋石油は八月、ユノカル買収をあきらめました。ユノカルはその後、当初の予定通りシェブロンに買収されたのです。

中国が、あり余る資金を使って海外の企業を買いあさる。それが一般企業にとどまる限り、アメリカはたとえ不快ではあっても、「自由経済」の原則から介入しませんが、こと安全保障上の問題が出てくると、猛然と反発するのです。そこには、アメリカの本音として「中国は仮想敵国」、将来の強敵であるという認識があります。

中国、外貨準備運用会社を設立

アメリカを脅かすまでになった人民元のパワー。二兆ドルにまで増えた外貨準備高を、国家として活用しようという動きも強めています。

二〇〇七年九月、中国は、豊富な外貨準備高のうちの二〇〇〇億ドルを資本金にして、「中国投資有限責任公司」を設立しました。この会社は、いわゆる「政府系ファンド」です。世界中で投資先を探して投資しようというのです。まさに「世界を買う」勢いです。

この会社が設立される前の二〇〇七年五月、中国政府は、世界最大規模のアメリカの投資会社「ブラックストーン」に対して、発行済み株式の九パーセントに当たる三〇億ドルを出資していました。この投資を中国投資有限責任公司が引き継いだのです。

ただし、その後アメリカで発生したサブプライムローンの破綻で、ブラックストーンの株価は暴落。中国投資有限責任公司は相当の損失を出したものとみられます。政府が直接乗り出して金もうけをしようとするとうまくいかないというのは、世界共通なようです。

中国では、このほか政府系金融機関の国家開発銀行がバークレイズ銀行に二・六パーセントを出資して筆頭株主になりました。

さらに中国建設銀行は、バンクオブアメリカ・アジアを買収しています。豊富な資金で世界の金融市場に覇権を確立しようというわけです。

米国債保有でアメリカを牽制

中国が抱え込んだ多額の外貨準備。現金で保管しておくわけにはいきませんから、とりあえず資産として運用する必要があります。世界各国にとって、一番簡単で信用できる方法は、アメリカの国債を購入することです。アメリカの国債なら国際的に常に活発な売買が行われていますから、購入も売却も簡単です。

中国は、二〇〇八年一月末時点で四九二六億ドル分の米国債を保有しています。これは、日本の五八六九億ドルに次いで、世界二位の高い水準なのです。ちなみに、三位はイギリスの一六〇〇億ドルです。日本と中国の保有高が突出していることがわかります。

これだけ米国債を保有してしまうと、実はアメリカと運命共同体の様相を呈してきます。もしドル安になると、保有している米国債の価値が下がってしまうからです。

ドル安を嫌って米国債を大量に売却すると、需要と供給の関係で米国債の価格は暴落します。売らずに持っている残りの分の価格も下がってしまいます。売るに売れない状態になるのです。これが、いまの日本と中国です。

事実、かつて橋本首相が、「日本が持っている米国債を売りたくなる誘惑に駆られることもある」と発言した途端に米国債が暴落したことがあります。日本政府は、「米国債を売ることはない」と弁解に追われることになりました。

「米国債を売りたくなることがある」と発言するだけで、米国債は暴落。そうなりますと、中国としては、もし自国の損害を顧みなければ、アメリカに打撃を与えることが可能になります。

もし米中が激しく対立する局面に立ち至った場合、中国が保有している米国債を大量に売りに出せばいいのです。米国債の価格は暴落。誰も買い手がいなくなるため、アメリカは国債の新規発行ができなくなります。これではアメリカの財政は行き詰まります。どうしても国債を発行する場合は、高金利にしなければなりません。金利の支払い負担増はアメリカの財政を直撃。財政破綻の恐れすら出てきます。中国は、米国債を大量に保有することで、アメリカを経済的に牽制する力を得たのです。

アメリカ国内には、これに危機感を持つ政治家もいます。ヒラリー・クリントン上院議員は二〇〇七年三月、「中国などが米国債を大量に保有していることが市場に波乱を起こす最大の要因となっている。このままでは米国は中国や日本の経済政策の人質になってしまう可能性がある」と懸念を表明しています。

これに対してポールソン財務長官は、「外国政府が米国債を保有していることは外国人投資家が米国経済を信頼していることの証拠だ」と反論しました。さらにポールソン長官は、二〇〇八年四月、中国の英字新聞『チャイナ・デイリー』の取材に応じ、「中国がわが国の証券や国債に投資していることに感謝したい」と述べています。中国頼みのアメリカという構図になっているのです。

4 「握手しながら蹴り合う」関係へ

対中強硬派から対中融和派へ

アメリカの歴代大統領は、大統領選挙中は「対中強硬派」としてアメリカ政府の対中外交を批判するものの、いざ自分が大統領に就任すると、いつしか対中融和派に転じるという経過をたどってきました。

たとえば一九六九年に大統領に就任したニクソンは、反共主義者として中国に強硬な姿勢をとっていましたが、一九七二年には電撃的な中国訪問を果たし、米中関係の改善に動きました。

一九七七年に就任したカーター大統領も、「人権外交」を掲げ、中国の人権抑圧を批判していましたが、任期中に中国との関係を深め、一九七八年に米中国交正常化を果たしています。

一九八一年就任のレーガン大統領は親台湾派でしたが、途中で中国との関係改善に動きだしました。

一九九三年に大統領になったクリントンは、中国の人権問題を批判していたのですが、やはり途中で人権問題を批判しなくなり、人権問題と経済問題を切り離し、中国に対して最恵国待遇を与えました。中国を「戦略的パートナー」と位置づけたのです。

ブッシュ政権も変身した

そしてブッシュ大統領。クリントン政権時代の「戦略的パートナー」という位置づけを批判し、中国は「戦略的競争相手」であるとして、中国に対する警戒感を隠さなかったのですが、いつしか中国寄りの姿勢に転じていました。

どの大統領も、大統領に就任するまでは、中国の人権状況を懸念し、理想に燃えた外交政策をとろうとします。ところが、いざ現実の国際政治となると、地政学的にも経済的にも無視しえない力を持つ中国と敵対するわけにはいかなくなります。

やがて、中国の人権状況には目をつぶってでも友好関係を築いた方がアメリカの国益に合致するという現実主義者に転身。中国との関係改善に動くのです。

アメリカと中国の狭間に位置する日本としては、アメリカの大統領がどのように中国を非難しても、いずれ中国との関係改善に動くという現実を知っておくべきでしょう。

北朝鮮の核開発問題では協力

アメリカと中国の利害が一致し、協力関係にある問題もあります。北朝鮮の核開発です。アメリカにとって、核兵器を保有する国が増えることは許せないこと。ましてそれが友好国でなければ、自国の安全保障上、死活的な問題であると受け止めます。北朝鮮の核兵器保有は、韓国と日本に米軍を駐留させるアメリカにとって、大いなる危機なのです。

しかし、アメリカは北朝鮮との間にパイプがありません。北朝鮮の友好国である中国を通さなければならないのです。

北朝鮮にとっては、中国が唯一といっていいほどの友好国です。かつて朝鮮戦争で北朝鮮が崩壊の危機にあったとき、中国が派遣した中国軍（建前は中国義勇軍）によって国を救われた歴史があります。その後も、北朝鮮に対する経済援助を続け、その援助で北朝鮮はかろうじて国が存続できました。

一方、中国にしてみても、朝鮮半島にアメリカ寄りの統一国家が成立するのは、安全保障上の危機になります。韓国との間の緩衝地域として北朝鮮が存在した方が都合がいいのです。

中国も北朝鮮の核兵器は許せない

しかし、その中国にとって、北朝鮮の核兵器保有は誤算でした。中国にとっても、核兵器保有国が増えることは望ましいことではありません。

まして北朝鮮が核兵器を保有したことで、中国は、北はロシア、南はインド、そして東は北朝鮮と、隣接する三か国が核保有国になってしまいました。核保有国に包囲される。これは中国にとっての悪夢です。たとえ長年の友好国であっても、北朝鮮の核兵器は許されないのです。

そこで中国としては、「アメリカを怒らせるな」と、アメリカに責任転嫁する形で、北朝鮮に対する圧力を強めているのです。

米中で北朝鮮包囲網

北朝鮮の核開発を阻止する国際的枠組み。それが「六か国協議」でした。中国、ロシア、韓国、日本、アメリカ、そして北朝鮮の六か国で、核開発を中止する環境作りを進めるものでした。

しかし北朝鮮は、この六か国協議を受け入れながらも、核実験に踏み切りました。この行為は、中国のメンツをつぶすものでした。長年にわたり、北朝鮮の後見人役を自認してきた中国にとって、言うことを聞かない北朝鮮の態度は許すことができません。アメリカと共同歩調をとって、北朝鮮包囲網を形成しているのです。

そこには、「東アジアの秩序は米中で維持する」という、両国の暗黙の了解ができつつあります。

米中両国の共通の利害。それが、東アジアには存在するのです。

米中が共同で日本と戦ったことも

米中両国の共通の利害が、日本と戦うことだった時代もあることを、私たちは忘れてはならないでしょう。

日本軍が真珠湾を攻撃して太平洋戦争が始まる前、日本軍が中国大陸で日中戦争に入っていた時代のことです。

日本軍の中国大陸への侵略に怒ったアメリカは、当時の中華民国の蔣介石を支援するため、インドシナ半島から重慶まで物資を運びました。これは、援蔣ルートと呼ばれました。日本軍は、この援蔣ルートを阻止しようと、インドシナ半島深く部隊を進め、泥沼の戦いに入っていきます。多数の日本兵が、戦場で戦う前にインドシナ半島でマラリアなどの熱帯の病気で倒れていきました。

日本がアメリカと戦いを始める前、米中は、すでに共同で日本と戦っていたのです。日本軍による真珠湾攻撃が起きると、米中は一層緊密な関係を保ち、協力して日本と戦います。米軍は、太平洋戦線ばかりでなく、義勇軍の「フライングタイガー」戦闘機部隊が、中国・ビルマ戦線で日本軍と戦っています。

そうした歴史があるだけに、中華人民共和国が成立したとき、毛沢東は、米国に対して好意を持っていました。米国は中国を植民地にしたことがなく、日本との戦いを支援してくれたからです。

米中の密談があった

毛沢東や周恩来は、本来アメリカに好意を持っていること。それが、一九七一年、米中国交正常化のための秘密交渉で訪中したアメリカのキッシンジャー大統領特別補佐官と周恩来首相との極秘の会談記録に残っています。

この会談で、キッシンジャーは、次のように述べています。

「中国には伝統に由来する普遍的な視点があります。しかし日本の視点は偏狭です」「私は日本に幻想を抱いていません」

「自力で自らを防衛する日本は、周辺にとって客観的に危険な存在となるでしょう」「それゆえ私は、現在の日本の対米関係が、実際には日本を抑制しているのだと信じています」「もし日本が大規模な再軍備に乗り出すのであれば、中国とアメリカとの伝統的な関係が復活するでしょう」

(以上いずれも『周恩来　キッシンジャー機密会談録』宮城大蔵訳より)

なかなか驚くべき発言ではないでしょうか。アメリカは日本を心からは信用しておらず、もし大規模な再軍備が行われれば、米中が協力して、これを押さえ込もうと提案しているのです。

米中関係を考えるとき、こうした歴史があることも事実なのです。

チベットで再び暴動発生

現在の中国は、極めて不安定な国内事情を抱えています。その点を、簡単におさらいしておきましょう。

二〇〇八年三月に発生したチベット暴動は、中国政府による苛酷な弾圧で多数の死傷者を出しました。このため、この後始まった北京オリンピックの聖火リレーは、世界各地で、チベット弾圧に抗議する人たちによって妨害され、中国政府の面目はまるつぶれになりました。

一九四九年、中華人民共和国が成立すると、毛沢東は「チベットを解放する」と宣言。翌年、人民解放軍の大軍を送り込んでチベットを支配。それまで存在していたチベット政府は中国国内の一地方政府というかたちになりました。しかし、「チベットの自治は尊重する」という当初の約束とは異なり、中国共産党によるチベット支配が強化されたことから、チベットの住民の不満は高まります。

一九五九年には、中国によるチベット支配に反対する大規模な暴動が発生。混乱の中で、チベット仏教の最高指導者ダライ・ラマ一四世はインドに亡命し、亡命政権を樹立したのです。

亡命政権は、当初はチベットの独立を志向していましたが、その後、現実路線に転換。中国国内に留まって高度な自治が保障されるように求めています。

独立運動続く新疆ウイグル自治区

中国政府にとっては、チベットよりも新疆ウイグル自治区の方が、実は気がかりです。中国には五六もの民族が居住していますが、新疆ウイグル自治区のウイグル族はトルコ系民族で、イスラム教徒です。かつては「東トルキスタン共和国」の樹立を宣言したこともあり、分離独立運動が盛んです。

中には、国際テロ組織「アルカイダ」との関係を持つ組織もあり、中国国内でテロを繰り返しています。北京オリンピックの最中にも警察を襲撃しています。中国政府は、テロは起こさないチベット人に対してよりも、イスラム過激派に対する警戒心を強めています。

しかし、そのために新疆ウイグル自治区では住民に対する弾圧や、中国当局のイスラム教への無理解に対する住民の不満が高まっています。

深刻化する腐敗と住民暴動

二〇〇八年五月に発生した四川省の大地震。小中学校の校舎が多数倒壊して、授業中の児童生徒、教師が犠牲になりました。周囲の建物は無事なのに、校舎だけがペチャンコになっている映像は衝撃的でした。「おから工事」という呼び方が一気に知れ渡りました。まるで「おから」の

中国・四川大地震でのビル倒壊の現場。「おから工事」によって、ぺしゃんこになった建物も多かった（写真提供／共同通信社）

ように、スカスカの工事をしているという意味です。つぶれた校舎の柱から飛び出した細い鉄筋を見た親が、「これは鉄筋ではない、針金だ」と叫んだというニュースは、心を打ちます。

中国では、工事を請け負う建設業者と発注する役人の癒着が問題になっています。工事費を安く浮かせ、その分を役人にワイロとして渡す。こんな方式が蔓延しているため、校舎の倒壊が相次いだのではないかという疑惑が広がっています。

中国は、中国共産党による事実上の一党独裁。共産党は国家よりも上位に位置するため、警察も検察も裁判所も、共産党員を逮捕したり裁いたりすることができません。地方の役所の幹部は全員が共産党員。つまり、共産党員の汚職を摘発する仕組みがありません。

報道機関も共産党の指導下にありますから、汚職を報道することもありません。住民たちにとって救いがなく、鬱積した不満は、暴動のかたちをとって爆発します。中国国内では、年間一〇万件もの暴動が発生しているというのです。

しかし、こうした暴動の発生は、中国国内で報道されることはありません。香港の報道機関が現地からの情報を伝えて初めてわかるものばかり。住民の不満は、ますます高まっているのです。

進む環境破壊

中国の地方都市にも、最近は国際的なホテルチェーンの名を冠したホテルが増えてきました。ところが、浴槽に湯をためると、茶色く濁ってしまう。こんな経験をすることがあります。中国の大気汚染の深刻さは有名ですが、水質汚染も深刻なのです。

中国にも環境基準は一応存在していますが、地元の大手企業は、取り締まる立場の地方政府と癒着。それぞれのトップは共産党員ですから、癒着を摘発したり、汚染の実態を暴露したりする者はいません。かくして、環境汚染は進むのです。

急激に進む高齢化社会

一三億を超える人口を擁する中国は、「人口の多さ」ばかりが話題になりますが、実は近い将来、急激な少子高齢化社会を迎えます。中華人民共和国成立後、毛沢東は、「産めよ増やせよ」という大号令をかけました。人口が多いことは、国力の増強につながるという発想からでした。

しかし、急激な人口増加は食料不足を引き起こします。毛沢東の死後、中国は「一人っ子政策」に踏み切りました。子どもが一人に限られ、二人以上産んだ夫婦は、仕事を失ったり罰金を科せられたりしたのです。二人目を妊娠すると中絶を強制されることもありました。こうした強制的な手段によって、中国は人口増にブレーキをかけることができました。

しかし、そのツケは大きなものでした。伝統的に男子を求める家庭が多く、農村部では女児が生まれると生き埋めにして出産がなかったことにしたり、都市部では妊娠中に性別診断を受け、女児とわかると中絶したりする家庭が続出しました。

その結果、二〇〇五年の調査によると、新生児の男女比は、女児一〇〇に対して男児一一八・五八。男児の比率が異常に高いのです。このため、二〇二〇年には、二〇歳から四五歳までの結婚適齢期の男性は女性より約三〇〇〇万人も多くなる計算です。結婚できない男性が多数出現するのです。

また、平均寿命が伸びたことで高齢者が増加。六五歳以上の高齢者が一億人を突破しました。その一方で、一人っ子政策で若者の数は減るばかり。中国は、まもなく深刻な少子高齢化社会を迎えるのです。日本と異なり、中国は年金制度が整備されていません。農村部では、そもそも年金制度が最近まで存在しませんでした。社会は高齢化を迎えても、老人たちの生活を支える仕組みはありません。ここにも、中国の社会不安が存在します。

燃え上がるナショナリズム

ある国が勃興期に入ったとき、若者たちはナショナリズムに目覚めます。それが健全なナショナリズムならいいのですが、諸外国に対する屈折した思い、端的に言えばコンプレックスを持っていると、そのナショナリズムは、往々にして偏狭な民族主義に染まります。

北京オリンピックの聖火リレーが世界各地で妨害されたとき、世界中に散らばっている中国人留学生たちが、一斉に立ち上がりました。聖火リレーのコースに集まり、中国の国旗を振ったのです。チベットの人権問題に取り組んでいる団体がチベットの旗を持って駆けつけると、巨大な中国国旗でチベットの旗を隠してしまうという方法までとりました。

中国の若者たちのナショナリズムの高揚。しかし、それは、決して健全なものではありませんでした。アメリカの大学に留学している中国人女子学生が、中国人とチベット人のケンカの仲裁に入っただけで「売国奴」呼ばわりされる事件も起きました。中国国内のネットには、その女子学生のプライバシーが暴き出され、中国の実家に汚物が投げられるという被害が出ました。

問答無用の言論封殺。偏狭なナショナリズムの高揚は危険です。かつての日本でも、偏狭なナショナリズムが国内の政治テロにつながり、やがて日本を侵略戦争へと駆り立てました。中国にも、その危険性が高まってきたのです。

もし今後、中国と他国との関係が悪化した場合、若者たちは、政府に対して、断固たる処置を取るように求めるはずです。政府が、その要求に答えたとき、戦争の火の手が上がるのです。

「テロとの戦い」で協力関係

アメリカのブッシュ政権も、政権発足当初は、クリントン政権の中国融和策を批判し、厳しい対中姿勢を見せていました。それが激変したのが、二〇〇一年九月一一日に起きた同時多発テロでした。ブッシュ大統領は「テロとの戦い」を宣言。「テロとの戦い」を最優先させる外交政策をとるようになりました。それが、対中融和策への転換でした。

米中が、共通の利害関係を持つようになり、二〇〇二年にはＦＢＩ北京事務所が開設されました。お互いが、「テロリスト」と「テロ組織」の情報を交換し、対テロに力を合わせることを約束したのです。

事実、アメリカがアフガニスタンを攻撃した後、アフガニスタン国内のアルカイダの基地で、複数の中国籍の人物が捕まりました。新疆ウイグル自治区のイスラム過激派でした。彼らは、中国を脱出してアフガニスタンに入り、軍事訓練を受けていたのです。このとき、新疆ウイグル自治区内のイスラム過激派は、「米中共同の敵」になったのです。

テロ対策のためなら、自国の安全保障に関わる問題なら、対中強硬策など放棄し、中国との関係を強化する。これが、現実主義者であるアメリカの姿なのです。

アメリカ、台湾政策を見直し

アメリカは、中国に配慮して、台湾政策の見直しも行いました。ブッシュ政権は、反共の立場から、親台湾政策をとってきましたが、二〇〇三年から事態は大きく変化しました。台湾の陳水扁総統が台湾独立志向を強め、それに中国が反発すると、アメリカ政府は、次第に台湾から距離を置くようになりました。

イラク戦争、テロとの戦い、それに北朝鮮の核開発問題などを抱えたブッシュ政権は、台湾海峡での危機に対処する余裕がなくなってしまったからです。「アメリカに余裕がないときに、東アジア情勢をこれ以上緊張させる行動をとらないでほしい」。これが台湾に対する本音でした。

二〇〇三年一二月、中国の温家宝首相が訪米すると、ブッシュ大統領は、温家宝首相との共同記者会見の席上、「台湾の独立に反対する」と踏み込んだ発言をしました。

それまでのアメリカの公式見解は、「独立を支持しない」という、曖昧なものでしたが、それが大きく中国寄りの姿勢を見せたのです。

「ステークホルダー」の関係へ

これからの米中の関係を端的に表現する言葉。それは、「ステークホルダー」(利害関係者)です。二〇〇五年九月、アメリカのロバート・ゼーリック国務副長官がニューヨークで行った演説で、この用語を使い、注目を浴びました。

中国には、ステークホルダーとしての共同意識で、世界の問題に対して責任を持ってほしい。軍拡を続け、台湾を脅かし、アジアの覇権を求めるようなことでは、アメリカとのステークホルダーとは呼べなくなる、という文脈で使いました。

つまり、これまで東アジアを支配してきたアメリカは、急激に成長してきた中国を、もはや抑えることが不可能になったため、利害を共有する存在として認めようということなのです。

アメリカが「ステークホルダー」という用語を使い始めた背景には、もはや世界で唯一の大国と言っていられなくなったアメリカの諦観があります。世界秩序を維持する上で、太平洋の反対側に位置する強国に助けを求めなければならなくなっている現状を示しています。

しかし、アメリカから助けを求められた中国が、どこまで聞き入れようとするのか。表向きは聞き入れて協力するフリをしながら、その裏で、世界の覇権とりわけ東アジアの覇権を掌握しようと行動するのではないか。これが、世界が中国を見る目なのです。

米中ともに、表向きは相手国と握手しながら、裏の見えない所では、蹴り合っている。これが、二一世紀の米中関係なのです。

■中国vs.アメリカの対決の行方――三つの数字から今後を読み取る

最後に、米中の対決がこの先どのように展開していくのか、考えてみましょう。

大国同士が対決する場合、戦争以外の方法で、明確な勝敗がつくことはなかなかありません。しかし、関連の情報を検討することで、今後一〇年から二〇年の間に、両国の対決がどうなっていくのか、予想することはできます。

実際に、自国の対外戦略を検討する政府の担当官は、相手国の政治、経済から文化、歴史、国民の資質に至るさまざまな側面について詳細に調べ、自国の側面と比較して、今後の状況予測をしています。

私たちも、本書を通じてこれと似た作業をしていこうと考えています。

そこで各章の最後に、特に重要と思われる三つの数字を見ていきます。ここまでの本文の中で紹介した数字もあれば、新しく取り上げるものもあります。これらの数字から、両国の対決の行方を読み取っていきましょう。

アメリカの貿易赤字に占める中国の割合32・4パーセント（2007年）●『通商白書2008年版』

アメリカの貿易赤字の総額は、二〇〇七年に約七九〇〇億ドル（日本円にして約八五兆円）。そのうちの三分の一弱が中国との貿易によるものです。

同時期に、OPEC（石油輸出国機構）との貿易赤字は、全体の一四・三パーセント。EUは一〇・九パーセント。日本は一〇・五パーセントでしたから、アメリカが中国との貿易でいかに多くの赤字を生み出しているかがわかります。

このことは、二つの状況を表しています。ひとつは、両国の経済が密接に結びついているということです。アメリカ人は、中国の安い製品を買うことで、物質的に恵まれた生活を送っています。もはやそれなしには、人々の日常生活が成り立たないくらい、中国製品は経済の隅々にまで浸透しているのです。

一方、中国は経済の大きな部分を貿易に依存しています。二〇〇六年の数字では、GNP（国民総生産）に占める輸出額の割合（輸出依存度）は、三六・九パーセントでした。これは、アメリカや日本と比べて、かなり高い水準です。そのため、中国の経済にとって、大量の製品を購入してくれるアメリカの市場はなくてはならないものになっています。もしアメリカが、何らかの理由で中国製品を受け入れなくなったら、経済成長はストップしてしまうでしょう。

つまり、両国の経済はあまりにも密接に結びついているが故に、対決することはできない、と見ることもできるかもしれません。

本当にそうでしょうか。

巨額の貿易赤字のもうひとつの側面は、アメリカ国内での反発の高まりが懸念されることです。一九八〇年代から一九九〇年代前半にかけて、日本が、アメリカに対して巨額の貿易黒字を計上していた際、アメリカ国内で日本への反発が高まったことがありました。これと同様のことが起きる可能性があるのです。

元の対ドルレートをさらに高くしろ、という声も今後一層高まるでしょう。しかし、これは中国製品の価格が高くなり、競争力が弱くなることにもつながりかねません。中国政府としても、大幅な元の切り上げはできません。そうなると、アメリカ国内での反発が高まるでしょう。それが、深刻な対立に結びつかないとも限らないのです。

このように、巨額の貿易赤字から、ふたつの側面を読み取ることができます。

その一方で、国家間の対決は、こうした側面とはまったく別の要因から始まることもしばしばあります。

中国の軍事費　1030億ドル（2005年）
アメリカの軍事費　5050億ドル（2005年）
●『国際軍事データ 2007—2008』

次の数字は、ずばり軍事費です。アメリカの軍事費は中国の五倍。圧倒的にアメリカ優勢と見えるかもしれません。

しかし中国には、これ以外にも「隠された軍事費」が存在している可能性があります。また、中国の軍事費は、約二〇年にわたって年率一〇パーセント以上という急速な増加を示してきました。この先も、同様に増加を続けていくだろうと考えられます。

そうなると、中国の軍事費は少しずつアメリカの水準に近づいていくかもしれません。

もちろん、中国には二〇〇万人以上の正規兵がいて、膨大な数の旧式装備も残っています。そうした給与や装備の維持にも巨額の資金が必要ですから、軍事費のすべてが最新鋭の兵器システムのために使われるわけではありません。しかし、着実に最新の装備を増やし続ける中国軍の実力は、過小評価してはならないものです。

中国が、外交・軍事面で今後一〇年から二〇年の間に力を入れてくる分野は、台湾問題と、資源・エネルギーです。

国際エネルギー機関（IEA）の予測によれば、二〇三〇年における中国の石油自給率はわずか二〇パーセントほどになるといいます。体制の存続のためにも、自国の経済成長を継続させ、国民を豊かにし続けなければならない中国政府としては、こうした資源・エネルギーの獲得のために、全力を挙げてきます。また、資源・エネルギーを効率よく運搬するため、シーレーン（資源産出国から自国までの海上輸送路）の確保にも力を入れてくることは間違いありません。

こうしたシーレーンの確保や台湾問題解決に向けた動きは、東アジアのこれまでの秩序を不安定化させることにもつながりかねません。そうなれば、アメリカとの対立が大きく表面化する可能性もあります。下手をすれば、一触即発の事態ともなりかねません。そのとき、膨大な資金を注ぎ込んだ軍事力同士がぶつかり合わないとも限らないのです。

この先、一〇年から二〇年の間では、依然としてアメリカの軍事力が中国を圧倒しているでしょう。アメリカも軍事費を増大させ、新技術を開発し続けているからです。しかし、台湾などをめぐる地域的な紛争に対して、イラク・アフガニスタンで疲弊したアメリカにどこまでの余力があるのか、予断を許しません。

さらに、その後の対立の行方となると、予測がより難しくなります。両国が、巨額の軍事支出に耐えられるだけの経済的な条件を、どこまで保持できるのかわからないからです。

次に、この点について見てみましょう。

中国の高齢者の割合 2050年には人口の26・1パーセント

●『超長期予測 老いるアジア』

中国の今後の経済を考える上で、忘れてはならない要素が、人口問題です。

中国はいま、一人っ子政策の影響で高齢化が進行しています。子どもが減る一方で、高齢者の割合が急速に増えているのです。このままいくと、二〇二〇年から二〇二五年の間に、中国の人口がピークを迎えるという予測もあります。いまから約四〇年後には、人口の四人にひとりが六五歳以上の高齢者という社会になります。

中国は、こうした急激な社会構造の変化に耐えられるのでしょうか。

人口問題の研究者によれば、社会が少子高齢化に向かう過程で、一時的に子どもや高齢者の割合が減り、生産年齢人口（一五歳から六四歳まで）の割合が非常に大きくなる時期があるといいます。そのとき社会は、働き手の割合が多く、教育にも福祉にも巨額の資金を使わなくてすむため、経済が活性化します。研究者は、その時期を指して「人口ボーナス」と呼んでいます。

日本の人口ボーナスは、研究者によって少し期間が違いますが、一九五〇年から一九九〇年まで、あるいは一九三〇年くらいから一九九五年くらいまでの期間がそれにあたるといいます。太平洋戦争の時期を除けば、ほぼ日本経済が大きく成長していた時期です。

中国の場合、その人口ボーナスの終わりが近づいています。早ければ二〇一〇年、遅くても二〇一五年には終わってしまうと見られているのです。それ以降は、高齢化がどんどん進行していきます。

高齢化が進み始めた社会では、人口ボーナスが終わるまでに、医療や年金などの社会保障制度を確立させないと、社会不安が大きくなります。日本は、問題は多いものの、なんとか社会保障制度を整備することができました。果たして中国は、間に合うのでしょうか。

少子化に悩む中国政府は、一人っ子政策を徐々に見直しつつあります。しかし、これにも限度があります。再び急速な人口増加が始まってしまった場合、社会が一挙に不安定になるからです。中国政府としては、今後、少子化をなるべく食い止めつつ、人口爆発も起こさせない、綱渡りのような人口政策を強いられることになるでしょう。

もし失敗すれば、中国の経済は大きな問題に直面することになり、軍事費に巨額の予算を注ぎ込み続けることも難しくなるでしょう。

一方、アメリカは多数の移民を受け入れてきたことや、出生率が先進国の中でも高水準であることなどの理由で、今後も人口が増加していきます。二〇五〇年には、現在よりも一億人近く多い四億人弱にまで増えると予想されています。アメリカには、こうした人口を養うだけの広大な国土もあるのです。

このように人口に関していえば、アメリカの方が有利な条件を多く持っています。

米中逆転はあるのか？

そろそろ結論に入りましょう。

ここ一〇年から二〇年の間に、中国は急速な軍事力の拡大を行い、大量の資源やエネルギーの獲得を目指すと考えられます。しかし、これまでと同じような拡大をいつまでも続けることは難しいでしょう。元の対ドルレートの上昇や、人件費の高騰、社会の高齢化など、足下の経済を揺るがしかねない問題も現れてきているからです。

対決の行方を占うことは非常に難しいことですが、中国の順調な発展を楽観視することはできません。一方、サブプライム問題や中東問題に苦しんではいるものの、アメリカの潜在力は、非常に大きなものがあります。一〇年、二〇年という期間では、状況を逆転する可能性は低いでしょう。

第2章

ロシアvs.アメリカ・EU

「異質な国との対決」

ソ連崩壊後、一時は悲惨な経済状態だったロシアは、資源国の強みを生かし、石油価格高騰と共に経済力を回復した。アメリカやNATOに対抗する軍事力の強化に乗り出している。その一方で、資源を武器に周辺国に対する締め付けを強めている。いまロシアから目が離せない。

1 強硬姿勢が目立ち始めたロシアの外交姿勢

二〇XX年X月八日、キエフ発外電

ウクライナの大統領は、ロシアに対し、クリミア半島のセバストポリ軍港に駐留するロシアの黒海艦隊について、来年から**基地貸与を打ち切る**方針を伝えた。二〇××年にNATO（北大西洋条約機構）に加盟したウクライナにとって、同国内でのロシア軍の存在は、大きな懸案事項であった。

二〇XX年X月九日、モスクワ発外電

ロシアの大統領は八日夜、ウクライナが同日発表した同国セバストポリ軍港のロシアへの基地貸与打ち切りを**非難し**、「ロシア海軍が同軍港を使用できなくなる事態が起きれば、ロシアの**安全保障上、大きな問題**が生じる」と述べた。

二〇XX年X月九日、キエフ発外電

ウクライナの外相は、来年からロシアへの基地貸与打ち切りが予定されている同国セバストポリ軍港を、近い将来、**NATOの基地として使用**する方針であることを発表した。

二〇XX年X月一〇日、モスクワ発外電

ロシア連邦軍の**参謀総長**は、ウクライナのセバストポリ軍港貸与打ち切りを強く非難し、「ロシアは自国の安全を保障するため、**軍事力行使を含む**すべての措置を取りうる立場にある」と言明した。

二〇XX年X月一一日、モスクワ発外電

ロシアの産業エネルギー相は、来年からウクライナ向けの天然ガスの輸出価格を**九〇パーセント値上げ**すると発表した。これにより、ウクライナ向け天然ガスの輸出価格は、EU向け価格と比べても三割ほど高くなると見られている。

二〇XX年X月一三日、キエフ発外電

ウクライナ東部の都市ハルキフなどで一二日、ロシア系の住民と、親EU派の住民による大規模な武力衝突が発生した。この事件で、**多数のけが人と複数の死者**が出た模様。ウクライナ東部には、もともとロシア系の住民が多く、最近の急速な西側諸国との関係強化の流れに対する不満が高まっていた。

二〇XX年X月一六日、モスクワ発外電

ロシアの国防相は、ウクライナ東部での暴動が依然**沈静化しない**事態を受けて、西側諸国の関与を示唆し、「今回の暴動は、親ロシア派住民の分断をはかり、NATOの影響力拡大をもくろむ**一部勢力の陰謀だ**」と述べた。

二〇XX年X月一七日、モスクワ発外電

ロシアの大統領は、ウクライナ東部の都市で起きた暴動を受けて、両国国境に特殊部隊を含む**多数の陸上兵力を配備**することを発表した。「国境付近の治安維持が目的」だとしている。

二〇XX年X月一八日、ワシントン発外電

アメリカの大統領は、ロシアのウクライナ国境への兵力配備を受け、NATO軍をウクライナ国内に増派することを発表した。「アメリカとNATOは、加盟国の安全を**断固として守る**義務がある」と説明した。

二〇XX年X月一九日、モスクワ発外電

ロシアの大統領は、ウクライナ東部の都市でロシア系住民約六〇人の死亡が確認されたことを受け、ウクライナ政府を厳しく非難した。今後、七二時間以内に事態が収束しない場合には、ロシア**軍の介入**もありうると示唆した。

二〇XX年X月二〇日、ベルリン発外電

ドイツの首相と**フランス**の大統領は一九日、共同で記者会見を開き、ロシアがウクライナへの軍事行動を示唆したことに対し、NATO加盟国であるウクライナに対する軍事的介入は、NATO全加盟国への**宣戦布告とみなす**と、強い調子で語った。両首脳は、ウクライナでの状況の緊迫化を受け、緊急会談を開いていた。

ウクライナへの天然ガス供給停止

二〇〇八年五月七日、ロシアに新たな大統領が誕生しました。元第一副首相で、四二歳という若さのドミトリー・メドベージェフです。

メドベージェフは、旧ソ連が崩壊し、ロシア連邦が誕生して以来、エリツィン、プーチンに次ぐ三代目の大統領です。彼の就任は、三月に行われた大統領選挙で七〇・二八パーセントという圧倒的な支持を獲得したことによりますから、形式的には国民の幅広い支持を集めてのものということになります。ロシアにも、ようやく民主主義が定着してきたと見えるかもしれません。

しかし、このロシアに対して、アメリカやEUはたえず警戒の目を注いでいます。ロシアという国があまりにも異質だからです。

たとえば天然ガスの最大の生産国であるロシアは、この資源を周辺諸国との政治的な駆け引きにも使っています。

二〇〇六年一月、ロシアは、EUとNATOに接近しつつあるウクライナに対し、天然ガスの供給停止という非常手段を取りました。これは、EU諸国向けとの価格差を少なくするために値上げしたい、というロシアの要求が受け入れられなかったことによるとされていますが、その裏にはウクライナへの圧力という要素があったことは明らかです。

ロシアから天然ガスを送るためのパイプラインは、ウクライナを経由してEU諸国に延びています。EU諸国は、ロシアからの天然ガスに大きく依存しています。たとえばドイツでは、天然ガス輸入量の三分の一近くをロシアに頼っていますし、東欧諸国でも消費する天然ガスの多くをロシア産のものが占めています。

ロシアは、こうした状況下で、パイプラインで送る天然ガスを、ウクライナに送る総量の一部を減らしたうえで供給したのです。しかし、ウクライナは途中で天然ガスをパイプラインから抜きました。その結果、EUに行くはずの天然ガスが少なくなってしまい、パイプラインのガス圧が低下してしまいました。これによって、EUの関係各国に動揺が広がりました。

結局、ウクライナが天然ガスの値上げ提案を受け入れることで、事態は決着を見ました。しかし、EUも含めた近隣諸国はこの事件を通じて、自国経済がいかにロシアのエネルギーに依存しているかを再確認しました。そして、ロシアという国が、ときには実力行使も辞さない国だということをはっきりと理解したのです。

黒海艦隊の問題が、ロシアと西側の火種に

現在、このウクライナとロシアの間で、ヨーロッパの安全保障を脅かしかねない深刻な問題が持ち上がっています。それが、冒頭で紹介した、ウクライナのクリミア半島にあるセバストポリ軍港をめぐる問題です。

セバストポリは、帝政ロシア時代から、黒海に臨む軍港として重要視されてきた都市です。一九世紀半ばにトルコとの間で戦われたクリミア戦争や、第二次世界大戦などでは、この都市をめぐって大激戦が繰り広げられています。ソ連はここに、長い間、黒海艦隊を駐留させていました。

ところが、ソ連が崩壊し、ウクライナが独立国となると、ソ連の黒海艦隊の帰属をめぐって、

ウクライナと、ソ連の主要部分を引き継いだロシアとの間で対立が起きました。結局、この対立は、ロシアが黒海艦隊の多くを譲り受け、ウクライナがロシア側に二〇年間基地を貸与することで決着しました。これが、一九九七年五月のことでした。

その後、ヨーロッパをめぐる状況は急展開します。東欧諸国が、次々と西側諸国の一員になっていったのです。一九九〇年代末以降、ポーランド、チェコ、ハンガリーなど、ほとんどの東欧諸国がEUやNATOに加盟するようになりました。こうした流れの中で、旧ソ連のウクライナでも、ヨーロッパ寄りのヴィクトル・ユーシェンコが大統領選挙に勝利し、政権の座に就きました。ここから、ウクライナは、急速に西側寄りの姿勢を鮮明にし始めました。現在、ウクライナは、NATO入りを希望しています。NATO加盟国の間でも、ウクライナの加盟を認める声が強くなっています。

NATOとは、北大西洋条約機構という軍事同盟です。東西冷戦時代、ソ連軍や東欧諸国の軍隊に対抗して結成されました。東西冷戦後は、ヨーロッパの安全保障体制として機能するようになりましたが、もともとソ連の軍事力に対抗するものだっただけに、ロシアとの関係はギクシャクしています。

NATO加盟をめざすウクライナ政府にとって、国内にロシア艦隊が駐留している事実は望ましくありません。ユーシェンコ大統領は、二〇〇八年五月、ロシア黒海艦隊へのセバストポリの基地貸与を、期限が切れる二〇一七年に打ち切る方針を固めました。それ以降は、どこかにお引き取りいただきたいというわけです。これを聞いて、怒ったのがロシアです。ロシアは、あらゆる手段を使って、ウクライナに脅しをかけようとしています。

ウクライナ国内にも、不安定要因があります。ウクライナの東部には、ロシア系の住民も多く、歴史的・経済的にもロシアとの深いつながりがあります。そのため、東部の住民のなかには、ウクライナの西側への急速な歩み寄りに対し、快く思っていない人たちもいます。ロシアへの基地貸与打ち切りの動きに代表されるように、今後もロシア離れが続いていけば、ロシア系住民などの間に不満が高まる可能性もあります。

その際、ロシアが水面下で不満を焚きつけ、情勢がいっそう不安定になることも考えられます。ロシアは、それを口実にウクライナ情勢に介入するかもしれません。そうなれば、NATOやEUも黙って見てはいないでしょう。一気に緊張が高まりかねません。それが、章冒頭のシナリオです。

旧ソ連に所属していた国が、次々にEUやNATOへ走る。自国の勢力圏が狭まることへのロシアの焦り、怒りが高まっているのです。

2008年５月にモスクワ「赤の広場」で行われた軍事パレードを観閲するメドベージェフ大統領（右）とプーチン首相（中央）（写真提供／ロイター＝共同通信社）

一七年ぶりの軍事パレード

二〇〇八年五月九日。モスクワ赤の広場で、第二次世界大戦の対独勝利を祝う大規模な軍事パレードがおこなわれました。参加した将兵は、約八〇〇〇人。移動型のＩＣＢＭ（大陸間弾道弾）トーポリ、ミサイル迎撃用ミサイルＳ３００、Ｔ90戦車、戦略爆撃機のＴｕ１６０やＴｕ１９０といった、ロシア軍の誇る最新鋭の兵器が次々に登場しました。また、兵士の制服が一新されていることにも、内外の注目が集まりました。

このパレードを観閲していたのが、新大統領のメドベージェフと、首相に就任したばかりのプーチンです。二人が、ときおり親しげに話し合うシーンもテレビで放映され、ロシアの強大さと政権の安定感を世界に伝えました。

こうした大規模な軍事パレードの開催には、巨額の費用が必要です。そのため、ソ連崩壊後、経済の悪化に苦しんできたロシアでは、一度も開催されていませんでした。一七年ぶりという軍事パレードの開催は、ロシアの復活を全世界に印象づけたのです。

ロシアは近年、エネルギー価格の上昇で、石油・天然ガスの輸出による収入が膨れ上がり、経済が急速に伸びています。それにともなって、政府の財政状況も大幅な改善を見せています。そこで、ここ数年、ロシア軍の近代化が進みつつあります。ロシア軍は、最新兵器の導入を加速し、兵士の意欲を高めるための待遇改善にも乗り出しています。一新された制服は、そのシンボルでした。ロシアは再び大国になる。大規模な軍事パレードの挙行は、この宣言でした。

始まった通常戦力の増強

ロシアの軍事予算は、ここ数年、急増しています。二〇〇五年には、軍事予算の総額は約六〇〇億ドルに達しました。この金額は、アメリカの国防費支出である五一六五億ドル（二〇〇七年度）よりは小さい数字ですが、EU各国に比べるとかなり大きな規模です。

二〇〇六年に発表された数字では、ロシアの陸軍兵力は推定約四〇万人。アメリカの約五〇万人よりは少ないのですが、EU主要国と比べるとその二倍以上の規模になります。

図4　ロシアvs.アメリカ・EU諸国の軍備状況

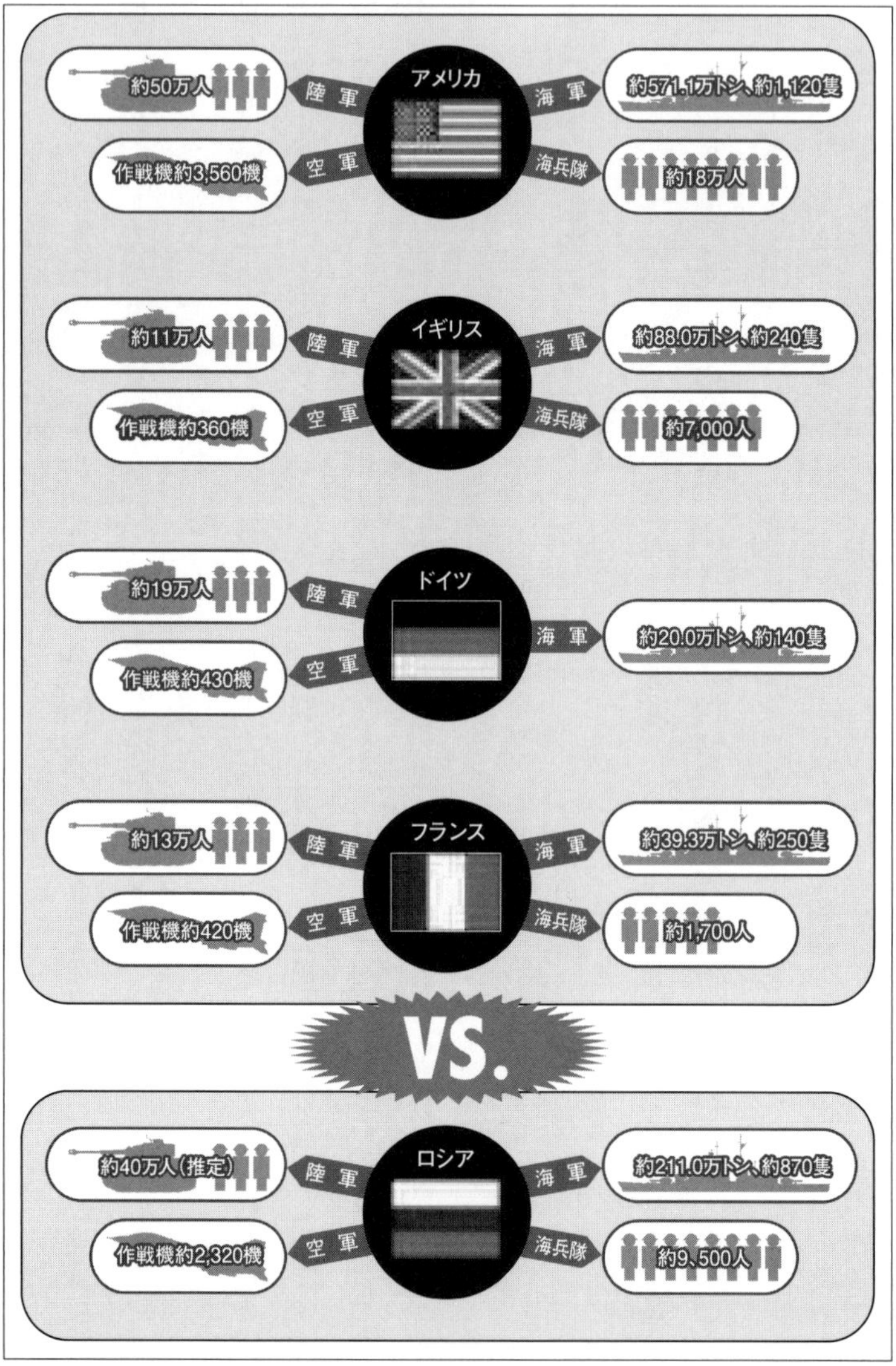

（出所）『平成19年版 防衛ハンドブック』より作成

また、空軍の作戦機の数は約二三二〇機。アメリカの約三五六〇機よりは少ないものの、EUの中心であるドイツですら約四三〇機であることを考えると、この規模はEU各国にとって大きな脅威です。

海軍兵力でも、ロシアは約八七〇隻（約二一一万トン）の艦艇を保有しています。これは、アメリカ海軍が持つ約一一二〇隻（約五七一万トン）の艦艇と比べると少ないものの、EU諸国との比較では圧倒的に勝っています。

ロシアは、核兵器以外の通常戦力でも、大幅な増強を進行中です。二〇〇七年二月には、総額で一八九〇億ドル相当という大規模な軍再建計画を発表しました。その中では、新型の航空母艦や、レーダーに映らないステルス性などを特徴とする最新鋭の「第五世代戦闘機」の開発も謳われています。原油価格高騰によって潤う国家予算を投入し、戦力の大幅増強に踏み切りつつあるのです。

巨大な核戦力の脅威が増す

さらに、ロシアの場合、大きな脅威となるのが、その核戦力の大きさです。二〇〇六年初頭の時点で、ロシアが持つ核弾頭の数は五六八二にのぼります。これは、射程が五五〇〇キロ以上で威力の大きな「戦略核」三三五二、それよりも射程が短く威力もやや小さい「戦術核」二三三〇

図5　ロシアvs.アメリカの主要な核戦力

		アメリカ		ロシア	
ミサイル	ICBM（大陸間弾道ミサイル）	550基		506基	
		ミニットマンⅢ型	500	SS-18型	86
		ピースキーパー	50	SS-19型	100
				SS-25型	270
				SS-27型	50
	SLBM（潜水艦発射弾道ミサイル）	432基		252基	
		トライデントC-4型	144	SS-N-18型	96
		トライデントD-5型	288	SS-N-20型	60
		（弾道ミサイル搭載原子力潜水艦14隻）		SS-N-23型	96
				（弾道ミサイル搭載原子力潜水艦15隻）	
長距離（戦略）爆撃機		114機		80機	
		B-2	20	Tu-95（ベア）	64
		B-52	94	Tu-160（ブラックジャック）	16

（出所）『平成19年版 日本の防衛—防衛白書—』より作成　（資料）『ミリタリー・バランス2007』他

を合計した数字です。それに対し、アメリカは戦略核五〇二二、戦術核五〇〇の合計五五二二ですから、ほとんど拮抗しています。それもそのはず、ロシアは旧ソ連時代からアメリカと条約を結び、核兵器の数をお互いに制限してきたのです。それでも、両国は、世界を何度でも破壊できるだけの大量の核兵力をお互いに持っていることには変わりありません。

　また、核弾頭をつけて飛ぶ長距離弾道ミサイルのＩＣＢＭの数も、ロシア五〇六基、アメリカ五五〇基とほぼ同じです。

　相手国の近くまで行き、至近距離から核ミサイルを発射する潜水艦の数も、アメリカとほぼ同数。合計二五二基のＳＬＢＭ（潜水艦発射弾道ミサイル）を積んだこれらの潜水艦は、探知されにくい海底で、発射命令が下るのをじっと待つ役割を担っています。ロシアの圧力を直接感じるEU諸国、さらにはアメリカにとっても、これらは非常に大きな脅威なのです。

こうした状況の中で、二〇〇二年、アメリカのブッシュ政権は、ロシアとの間で結んでいた「弾道弾迎撃ミサイル制限条約」(ABM条約)の破棄を宣言しました。この条約は、自国に飛んでくる核弾道ミサイルを撃ち落とすミサイルの設置を、首都あるいは軍事施設の一か所だけに限定するという内容のものです。

このところイランや北朝鮮といった国もミサイルの開発をおこない、将来的には核ミサイルを持つ可能性が生じてきました。そこで、アメリカ政府は、こうした国などからミサイルが飛んできたときに、それらを撃ち落とせるミサイルの開発・配備を進める決定を下したのです。こうして始まったのが、「ミサイル防衛(MD)計画」です。そのためにはABM条約が足枷になる。これがブッシュ政権が条約を破棄した理由です。

しかし、これは米ロ間がこれまでに築き上げてきた「核戦略の均衡」という状態を崩しかねません。

核兵器を持つ国同士が対立している場合、核兵器を使って先制攻撃をかけた国は、相手国の首都や軍事施設などに壊滅的な被害を与えることができます。そのため、もし対立関係がエスカレートすると、相手国が核兵器を使う前にこちらが使ってしまえ、という声が大きくなるかもしれません。そうなると、核戦争が起きるハードルはとても低くなってしまいます。米ソ、あるいは米ロ間でこうした核戦争が起きれば、どちらも勝者にはなれず、人類の滅亡につながりかねない事態になるでしょう。

米ソ、米ロは、こうした状況を避けるため、冷戦中から条約を結び、相手からの核ミサイルに対してわざと脆い状態をつくり出してきました。具体的には「飛んでくる核ミサイルを撃ち落とすミサイル」を「配備しない」ことを約束したのです。国際政治では、これを「相互確証破壊」と呼んでいます。なんだか常識では考えにくいような話ですね。けれども、相手の核ミサイルに対して、両当事国が弱い状態であることで、お互いが核戦争をはじめることを思いとどまり、結果的にこれまで核戦争が回避されてきたことも確かなのです。

ところが、MD計画が進展すれば、アメリカや同盟国は、ロシアの核ミサイルに対しても強い防衛力を持つことになります。そうなれば、核ミサイルに対して弱いのはロシアだけということになります。ロシアは危機感を持ちました。そこで、ロシアは、核兵器を削減するため、アメリカとの間に結んでいた別の条約「第二次戦略兵器削減条約」(STARTⅡ)の無効を宣言し、核戦力の増強を明らかにしたのです。

これまで、ロシアは、ひとつの核ミサイルに複数の核弾頭を取りつける「多弾頭核ミサイル」の廃棄を進めてきました。しかし、STARTⅡの無効化にともない、この廃棄を取りやめることにしました。多弾頭核ミサイルは、相手国の近くまで核ミサイルが飛び、そこから核弾頭が別々に発射されて、違う目標に落ちていくという兵器です。少ない核ミサイルで、たくさんの目標を破壊することができますから、その存在自体が相手国には威圧となります。

また、最新兵器の開発・導入も着々と進んでいます。発射台が、アメリカの衛星が探知しにくいように自由に動き回れ、かつ従来型と比べてより高速で飛ぶ新型核ミサイル「トーポリM」が、二〇〇六年から配備されるなど、いっそうの近代化が始まったのです。

ロシアはもともと、アメリカと比べて劣勢な通常戦力を補うために、核戦力を重視してきました。今後、この姿勢がますます強化される可能性が出てきたことは、国際社会にとって大きな不安材料となっています。

「上海協力機構」を使ってアメリカに対抗

ロシアは、自国の軍事力をより強大化するだけでなく、周辺諸国への影響力を強め、この地域の盟主となることで、アメリカやEU各国に対抗しようとしています。

カザフスタンとの国境に近いロシア・チェリャビンスク。二〇〇七年八月、ここにロシア、中国、それにカザフスタン、ウズベキスタンなどの中央アジア四か国から約六〇〇〇人の兵力、一〇〇〇両の装甲車、軍用機が集結し、大規模な軍事演習が行われました。

2007年８月に、ロシア・チェリャビンスクで実施された上海協力機構加盟６か国による軍事演習の模様（写真提供／新華社＝共同通信社）

「平和の使命二〇〇七」と名づけられたこの演習では、実戦さながらの軍事作戦が展開され、この六か国が持つ強大な軍事力が誇示されたのです。

ロシア政府に近い『コムソモリスカヤ・プラウダ』紙は、この演習を評して、「今回の軍事演習によって、分離主義やテロリズムに対抗する組織から、ユーラシアへの進出を目指すアメリカに対抗する軍事同盟へと変わっていく展望が開けた」と述べています。

軍事演習に参加した六か国は「上海協力機構」（ＳＣＯ）という安全保障に関する政府間組織を結成しています。演習の成功によって、この組織が強力な軍事同盟になりうる可能性が出てきたというのです。

ＳＣＯは、一九九六年に締結された「上海

協定」という条約の参加国が母体となっています。この条約には当初、ロシアと中国に、カザフスタン、キルギス、タジキスタンの五か国が参加していましたが、二〇〇一年にはウズベキスタンも加わり、ここから政府間の共同組織としてのSCOが動きだしたのです。現在は、パキスタン、インド、イランもオブザーバーとして参加しています。第1章でも取り上げたように、イランは正式参加を表明しています。

ロシアは、最初のうち、周辺地域の安全を確保し、アフガニスタンからの麻薬密輸を防ぐことをSCOの大きな目標のひとつとしていました。しかし、SCOはその後、共同で大規模な軍事訓練を行うなど、急速にあり方を変えていきました。

図6 上海協力機構加盟国

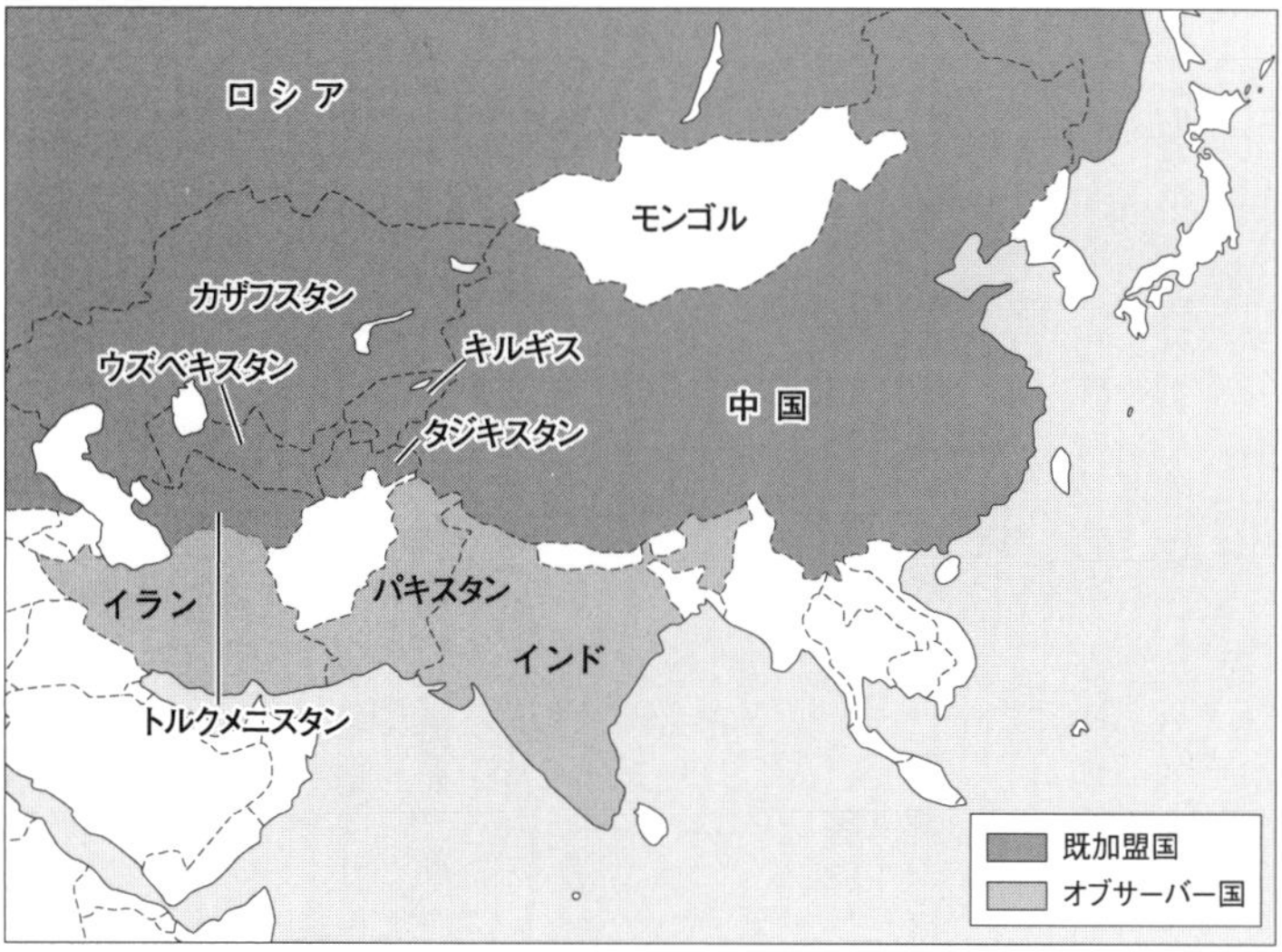

二〇〇五年八月には、SCOの活動の一環として、史上初のロシア、中国による共同軍事演習が実施されました。中国の山東半島沖でおこなわれたこの演習には、中国側から八〇〇〇人、ロシア側から一八〇〇人が参加し、潜水艦、対潜水艦駆逐艦を含めた約一四〇隻の艦艇も作戦に加わったのです。

ロシアからは、大型対潜駆逐艦「マーシャル・シャポシュニコフ」、ソブレメンヌイ級ミサイル駆逐艦、戦略爆撃機Tu95MS、Tu22M3、戦闘機Su27SMといった最新鋭の艦艇や航空機が投入されました。中国側からも、複数の原子力潜水艦などを擁する強力な部隊が参加しています。

明らかになりはじめた共同演習の目的

この演習は、公式には通常の平和維持や対テロ活動が目的とされていました。しかし、参加した兵員の数やその兵器類は、テロ活動を鎮圧するには規模があまりにも大きすぎます。演習の行われた地域なども考慮すると、台湾攻撃を想定していたという見方もあります。

この演習後、ロシアが中国に対して兵器や軍事技術を供与する大規模な契約が、両国の間で結ばれています。そのため、演習には、中国に対する軍事的な技術や兵器の実演という意味もあったといわれています。

この時期、中国は、各国との間で進みつつあった最先端兵器の購入計画が、アメリカの圧力によって次々と失敗させられました。たとえば、イスラエルから購入した無人偵察・攻撃機の改造修理をイスラエル側に依頼していましたが、その改造修理と機体の引き渡しを拒否されてしまったのです。また、ウクライナとは、空母を破壊できる高性能のミサイルを積んだ駆逐艦の購入で合意していましたが、これもキャンセルされてしまいました。さらに、EUは対中武器輸出の解禁を延期しました。中国としては、最新兵器の調達先をロシアに頼るしかなくなっていたのです。

こうして結びつきを強めつつあるロシアと中国の両国は、経済的な成長が続いていることもあって、国際社会における存在感が急速に拡大しています。二〇〇七年に行われた演習では、対テロ活動という表看板もとうとう捨て去り、「アメリカに対抗する軍事同盟」という真の姿を現し始めたのです。

実際、当時のプーチン大統領は、演習と同時に開催されたSCOの首脳会議で「グローバルな問題を単独行動によって解決しようとするいかなる試みも成功しない」と、名指しこそしませんでしたが、アメリカを強く批判しました。イラクやアフガニスタンに駐留し、中央アジアでも影響力を強めようとするアメリカに対し、敵意をあらわにしたのです。

また、二〇〇七年九月にはモスクワで、ロシア内務省の部隊と中国の武装警察の部隊が合同で対テロ演習を実施しました。これは、人質を取ったテロリストを掃討するための共同訓練で、両国から約六〇〇人が参加したといいます。中国の武装警察部隊の海外での合同演習参加はこれが初めて。両国の親密さがここからもわかります。ロシア側の司令官は、将来的にこの合同訓練をSCO全体に広げたいと、記者会見で語りました。

アメリカにとっても、SCOの動きは無視できません。アメリカは、九・一一後の対アフガン軍事作戦で、カザフスタン、タジキスタンなど中央アジア五か国に領空通過を認めさせました。しかし、その後、国内で起きた暴動への対応をめぐって、ウズベキスタンとアメリカの関係が悪化し、二〇〇五年一一月には米軍がウズベキスタンにある空軍基地からの撤退を余儀なくされました。すると、ロシアはすかさずこの後に入り、両国で相互安全保障条約が結ばれました。ロシアが、アメリカの影響力の排除に成功したのです。

そして、何と言ってもアメリカにとって気になるのは、イランがSCOのオブザーバーとして参加していることです。アメリカは、近い将来、イランが核兵器を持つのではないかと恐れています。そうした事態に結びつくイランのウラン濃縮作業に対しては、アメリカは一貫して非難し続けています。これに対して、イランの態度も強硬です。二〇〇八年五月には、アメリカも含めた国連安全保障理事会の常任理事国とドイツが、ウラン濃縮を停止した場合の経済的な見返り案を提示しました。しかし、イランの外務省報道官は、核開発は自国の権利だとして反発し、提案を拒否しました。

もしもイランが核兵器を持ってしまったら、アメリカはイランに対して打つ手を失い、膨大な石油資源と大きな軍事力を持つイランは、中東における影響力をさらに拡大するでしょう。そのイランが、SCOを通じてロシアや中国と手を結びかねないのです。アメリカにとっては、まさに悪夢のような事態だといえるでしょう。

ロシアの主役が交代した？

二〇〇八年五月、ドミトリー・メドベージェフ大統領のもとで、プーチンが首相になりました。ロシアでは、大統領が国家元首であり、閣僚の任命権と解任権を握っています。外交も、大統領の大きな役割です。それに対し、首相は、大統領の下で内政の実務に専念する存在とされてきました。それなら、首脳の交代で、ロシアの主役がメドベージェフに移ったと考えても不思議ではないかもしれません。

しかし、そう考える人は誰もいません。多くの人は、依然としてプーチンがロシアの頂点に君臨する存在であり、今後もそれが続くだろうと考えています。その証拠に、二〇〇八年五月に、プーチンは首相という身分でフランスを訪れましたが、フランス政府は彼を、エリゼ宮（大統領府）での夕食に招くなど、大統領時代と変わらないもてなしで迎えました。彼が、実質的な大統領ともいえる存在であることを知っているのです。

これは、なぜでしょうか。日本の政治であれば、首相よりもえらい首相経験者や自民党の長老などという存在がいましたから、わからなくはありません。自民党の幹事長だった小沢一郎も、海部内閣退陣後の自民党総裁選で、総裁候補三人を自分の事務所に呼びつけて話を聞くなどということをしています。しかし、欧米諸国やロシアでは、通常、こうしたことはありません。政治のトップの人間は、権限や責務という点で、やはり頂点にいる存在なのです。

双頭の鷲の旗の下に

プーチンが権力を握り続けていられることには、二つの理由があります。まず、プーチンの人気が圧倒的であることです。彼は、疲弊していたロシアの経済を立て直し、「衰退する昔の超大国」という意識に悩まされていた人々のプライドも回復させました。多くのロシア国民は、若く有能なプーチンが政治の実権を握っていれば、ロシアはこの先も発展していけると期待しているのです。二〇〇七年一二月に実施された下院選挙で、与党「統一ロシア」が圧勝し、二〇〇八年三月の大統領選挙でも、プーチンの支持するメドベージェフが約七〇パーセントという高い支持率を得ましたが、それらはひとえにプーチンの人気によるものなのです。

もうひとつの理由は、プーチンの権力基盤の強さです。あとでも紹介しますが、彼は、KGB(ソ連国家保安委員会)の出身者です。権力の座についてからは、KGB出身者でまわりを固め、ロシアを代表する企業の多くに関係者を送り込みました。今や、ロシアの政治・経済は、「シロビキ」と呼ばれる治安機関や軍出身の人間が支配しているといっても過言ではない状態です。

こうしたシロビキは、鉄の結束で知られています。裏切ったり、手向かったりする存在に対しては、容赦ない反面、シロビキの内部ではお互いの便宜をはかり合っているといわれています。

その一方、法学者出身のメドベージェフには、プーチンの支持以外、これといった権力基盤がありません。政治・経済の主要な部分をシロビキに押さえられているような状況では、彼にできることは限られています。プーチンよりもリベラルと見られるメドベージェフが大統領になったら、ロシアも変わっていくのではと期待する声もあります。が、その改革は、プーチンが認めた範囲でしか可能ではないのです。

プーチンは、大統領の一期目の任期が切れる四年後に、再び大統領選挙に出馬し、大統領に返り咲くのではないかといわれています。確かにその可能性も高そうです。それまでの間、プーチンは、慎重にメドベージェフをリードし、許される範囲で改革を進めさせるでしょう。

東ローマ帝国の後継を自任するロシアは、その象徴であった双頭の鷲を、長く自国の象徴としてきました。今後のロシアは、まさしくこの「双頭の鷲の旗の下」に統治されていくと考えられるのです。

2 豊富なエネルギーを国家戦略に活用する

空前の好景気を謳歌する

モスクワ・クレムリン近くの繁華街。この一帯に立ち並ぶ外国のブランドショップや高級レストランは、大勢の客でにぎわっています。道に停まった外車から、ブランドもののスーツやドレスなどを着た富裕層らしき男女が降りてくることも珍しくありません。彼らの多くは、カップルで優雅な食事のひとときを楽しむためなら、一晩で一〇〇〇ドル近く支払っても問題ないと考えるような人たちです。

現在、ロシアは空前の好景気を謳歌しています。GDP（国内総生産）成長率は、二〇〇三年以降、一貫して六パーセント台から八パーセント台を続け、外国製自動車の販売台数や携帯電話の所有数といった数字も、増加の一途をたどっています。

富裕層も急速に増加中です。いまやロシア全土では、資産一〇〇万ドル以上のミリオネアが一〇万人近くもいるといわれます。首都モスクワでは、資産一〇億ドル以上のビリオネアの数が、世界一のニューヨークと肩を並べるまでになりました。

こうした好景気は、主に大都市部のことであり、地方部は依然として貧しい状態が続いているのも事実ですが、ロシアの経済が全体として上向きなのは確かです。

たとえば、二〇〇六年の労働者の賃金水準は、二〇〇〇年にプーチン政権が誕生したときと比べると、五倍以上になっています。

こうした経済成長にともなって、ロシアが大国として国際舞台に復活してきつつあることが、世界中から注目されています。

エネルギー価格上昇がロシア復活を支える

ロシアといえば、旧ソ連崩壊後、大きな混乱に見舞われ、一九九〇年代全般を通して、経済が停滞し、国際的な地位も低下の一途をたどっていた国です。それが、なぜ現在のような復活を遂げたのでしょうか。

そのカギは、ロシアの持つ豊富な資源、中でも原油と天然ガスにあります。意外に思う人もいるかもしれませんが、実はロシアは、天然ガスの生産量、確認埋蔵量ともに世界一位、石油の生産量でも世界二位という資源大国なのです。

新興国の経済発展や、投資資金の動きなどによって、近年、エネルギー価格が国際的に急上昇しています。たとえば原油価格は、一九九〇年代後半、一バレル（一六〇リットル弱）当たり一一ドル前後でした。それが、二〇〇八年七月には、ニューヨークの原油先物市場での価格が一四〇ドルを突破しました。一〇倍以上にもなったのです。八月には一一〇ドル台まで下がりましたが、依然高水準です。

ロシアの場合、国際石油価格が一バレル当たり二五ドルを超えると、国内の石油企業は、それによって得た利益の約九〇パーセントを、税金として納めなければなりません。そのため、原油価格が一バレル当たり一ドル上がると、ロシアの国家収入が一〇億ドル増えると言われるほどです。これにより、赤字続きだったロシアの国家予算は、二〇〇〇年から黒字に転じています。

また、外貨準備高も急増しています。二〇〇八年一月には、中国、日本に次ぐ約四八四五億ドルという数字に膨れ上がりました。一九九九年には、わずか八五億ドルでしたから、一〇年弱の間に五〇倍以上になったことになります。今後、原油価格がさらに高騰すれば、この額はさらに増えることも予想されます。

もちろん、ロシアの成功の理由は、それだけではありません。政府のインフレ対策が功を奏したという面もあります。一九九九年当時のインフレ率を見ると、なんと約三七パーセントという高率でしたが、二〇〇三年には約一二パーセントにまで低下しています。この面での政府の功績は認めるべきでしょう。

しかし、ロシアの経済成長のもっとも大きな理由が、原油をはじめとするエネルギー価格の上昇にあることも確かです。石油関連企業の高利益や国家収入の安定化が、経済を発展させ、人々の生活環境も押し上げていったのです。

ロシアに豊富な天然ガスは、現在、世界のエネルギー消費の約二四パーセントを占めるという非常に重要な資源となっています。この天然ガスの消費量は、世界で急速に増えています。米エネルギー省などは、二〇三〇年までに先進国における天然ガスの消費量が、石油の消費量に並ぶと予測しているくらいです。

天然ガスは、世界一位のロシアと、二位のイランを合わせると、世界の埋蔵量の半分以上を占めると言われています。しかし、イランは現在、豊富な石油資源の方をより重要視し、天然ガスの産出にはあまり力を入れていません。そのため、ロシアの天然ガスの動向が、世界のエネルギー消費に大きな影響を及ぼすようになっているのです。

ベラルーシへの強引な値上げ通告

ロシアは、この天然ガスを政治的な道具としても使っています。戦略的な活用といってもよいかもしれません。問題はそのやり方がきわめて強引な場合が多いことです。

二〇〇六年三月。ロシアは、ベラルーシに対し、天然ガス価格の値上げを通告しました。ベラルーシ向けの天然ガスの価格は、当時一〇〇〇立方メートル当たり四六・六八ドルでしたが、それをＥＵ各国並みの二〇〇ドルに上げるというのです。ＥＵがこの時期にロシアから買っていた天然ガスの価格は、二四五ドルから二八五ドル程度でしたから、二〇〇ドルへの値上げは理解できなくもありません。

しかし、ロシア側は、二〇〇七年一月一日までに受け入れない場合、天然ガスの供給をストップすると脅しました。ウクライナのケースと、非常によく似ています。エネルギー源の多くをロシアに頼るベラルーシに対して、一方的な要求を突きつけたのです。結局、両国は、期限直前になって、一〇〇ドルへの値上げというかたちで合意に至りました。

事態はこれで終わりませんでした。今度は、石油が値上げの対象になったのです。ロシアは、二〇〇七年一月からベラルーシ向けの石油に、これまで免除してきた輸出関税をかけると通告しました。これに、ベラルーシは猛反発。ロシアから自国内のパイプラインを通ってＥＵ各国に送られる石油に対し、新たな関税（通過関税）をかけるといって対抗しました。怒ったロシアは、ＥＵ各国向けの石油の供給を二日間止めました。

最終的に、ベラルーシは通過関税を取り下げ、ロシアも輸出関税を大幅に下げることで、合意が成立しました。この交渉の中では、貿易額の半分以上をロシアに頼るベラルーシに対し、ロシアへの製品輸出時の関税を引き上げるという脅しもあったと、報道されています。こうした強硬な姿勢は、周辺諸国やＥＵ各国に、ロシアに対する強い警戒感を生みました。

サハリン2の天然ガスを支配下に置く

ロシアが、このような高圧的な姿勢が取れるのも、多くの天然ガスを押さえているからこそのことです。そのためロシアは、周辺各国と矢継ぎ早に交渉を行い、より多くの供給を確保しようとしています。

「サハリン2」。この言葉を以前、新聞や雑誌などで眼にした人も多いかもしれません。三井物産と三菱商事が、欧州のロイヤル・ダッチ・シェルと組んで出資・開発していた、サハリンにおける石油・天然ガス事業の名称です。

サハリン2から出る天然ガスは、液化され、LNG（液化天然ガス）としてタンカーで各地に運ばれます。もちろん、日本も主要な相手国のひとつです。今後、サハリン2から送られるLNGの量は、日本が海外から輸入するLNG全体の一五パーセントにもなる可能性があると見られています。資源に乏しい日本が、地理的にも近いロシア極東地域でのエネルギー開発に参加した事業ですから、サハリン2には関係者の大きな期待がかかっていました。

しかし、二〇〇六年九月、ロシア天然資源省は突然、この事業に対し、環境を破壊していると言って業務停止命令を出したのです。驚いたのは、事業関係者です。企業側と当局との間で、交渉が続けられ、翌二〇〇七年四月にようやくこの事業主体であるサハリンエナジーの環境改善計画が承認されました。ただし、その条件として、ロシアの巨大エネルギー企業であるガスプロムに、サハリンエナジーの株式の五〇パーセントプラス一株を有償で譲渡しなければなりませんでした。これまでやっとの思いで進めてきた開発事業が、最後の最後でロシアの管轄下に入ってしまったのです。「環境破壊」は単なる口実だったことがわかります。

この結果、ロイヤル・ダッチ・シェルの持ち株は五五パーセントから二七・五パーセントマイナス一株に、三井物産は二五パーセントから一二・五パーセントに、三菱商事は二〇パーセントから一〇パーセントにと減ってしまいました。その対価は、総開発費二〇〇億ドルの半分にも満たない七四億五〇〇〇万ドルでした。ロシアは、外資の資金で開発を

図7　サハリン1、サハリン2

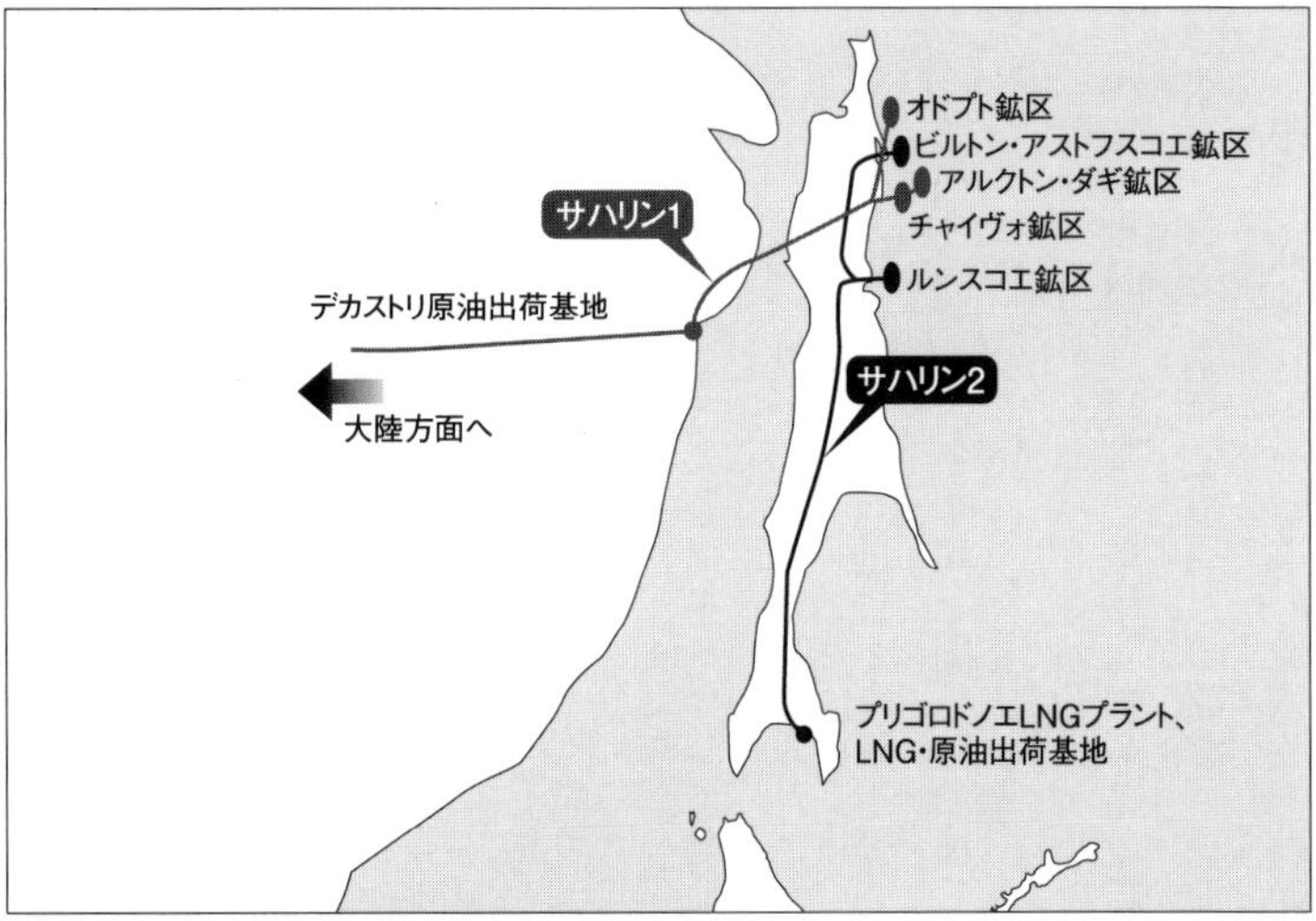

（出所）『21世紀のエネルギー地政学』、日本経済新聞より作成

進めた末に、安い価格で事業の主導権を奪い、将来的に得られる利益の半分を手にしたのです。

この事件では、外資側にも失敗がありました。ロイヤル・ダッチ・シェルは、それ以前から、自社の権益の四分の一を、ガスプロムが西シベリアに持つガス田の権益の半分と交換する交渉を続けてきました。交渉が妥結し、それを発表した直後に、サハリン2の開発コストが、実は当初予定の二倍の約二〇〇億ドルに達する見込みだと公表したのです。シェル側は、ガスプロムに、サハリン2の開発には予想以上のコストがかかることを知らせないまま、交渉を続けていたのです。こうした姑息なやり方は、当然ながら、ロシア側を怒らせました。

しかし、ロシアがサハリン2を管轄下に置いたのは、単にそれだけの理由ではありません。日本の商社も含めた外資系の企業が、ロシアでの資源開発に参加できたのは、一九九〇年代の経済低迷期、開発資金の不足するロシアが少しでも外資の力を借りたかったからです。当時ロシア側は、外資を呼ぶために、事業にかかった費用が完全に償却されるまでは外資に課税しないなど、外資にとって有利な条件を出していました。

ところがロシアは、経済発展によって潤沢な資金を手にすると、この条件を何とか変えたいと考えるようになりました。さらに、資源価格が上昇する中で、自国で産出するエネルギー資源を自国で押さえたいとも思うようになりました。こうしてロシアは、国際的な批判を呼ぶことを覚悟の上で、外資が開発した資源を取り上げたのです。

米エクソン・モービルや日本の丸紅、伊藤忠などが開発を進めるサハリン1。フランス系企業トタルなどが開発するロシア北部のハリャガ油田。イギリス系企業BPなどが開発権を持っている東シベリアのコビクタ・ガス田。こうした事業も、そう遠くないうちに国家の統制下に置かれる可能性があります。

このように、ロシアは、さまざまな手段を使って、エネルギー供給体制の確立を目指しているのです。

供給の確保と独占的な販路開拓を進める

二〇〇七年五月、ロシアとカザフスタン、トルクメニスタン両国の間で、ひとつの合意がありました。カスピ海沿岸を通り、ロシアと両国を結ぶパイプラインを建設することになったのです。同時に、既存のパイプラインを全面的に修復することでも合意がなされました。両国は、天然ガスの大きな産出国です。この合意によって、ロシアは、両国で産出される大量の天然ガスをいったんロシアに引き入れ、そこからEU諸国に供給することが可能になりました。

周辺の中央アジア諸国からロシアへの天然ガス輸送量は、今後、二〇一二年くらいまでの間に、数倍に増えていくとみられています。ロシアは、周辺国の天然ガスの確保にも成功したのです。

着々とエネルギー資源を確保していく一方、ロシアは、供給先のEU諸国に対しても積極的な働きかけを行っています。

たとえば、イタリアに対しては、イタリア企業をロシア国内の石油開発プロジェクトに参加させる代わりに、ロシアの巨大天然ガス企業ガスプロムがイタリアのエネルギー関連企業を買収することを認めさせました。

また、ハンガリーに対しては、ロシアとトルコを結んだパイプラインを延長し、ブルガリア、ルーマニア経由でハンガリーと結ぶことで合意しました。これによって、ロシアからの天然ガスなどを、トルコだけでなく、ハンガリーなど東欧諸国にも大量に供給することが可能になったのです。

ロシアはいまや、EUのエネルギー需要における存在感を急速に拡大させています。さらに、これまでEUとは全体で一括して供給

図8 中央アジア周辺のパイプライン（2006年8月時点）

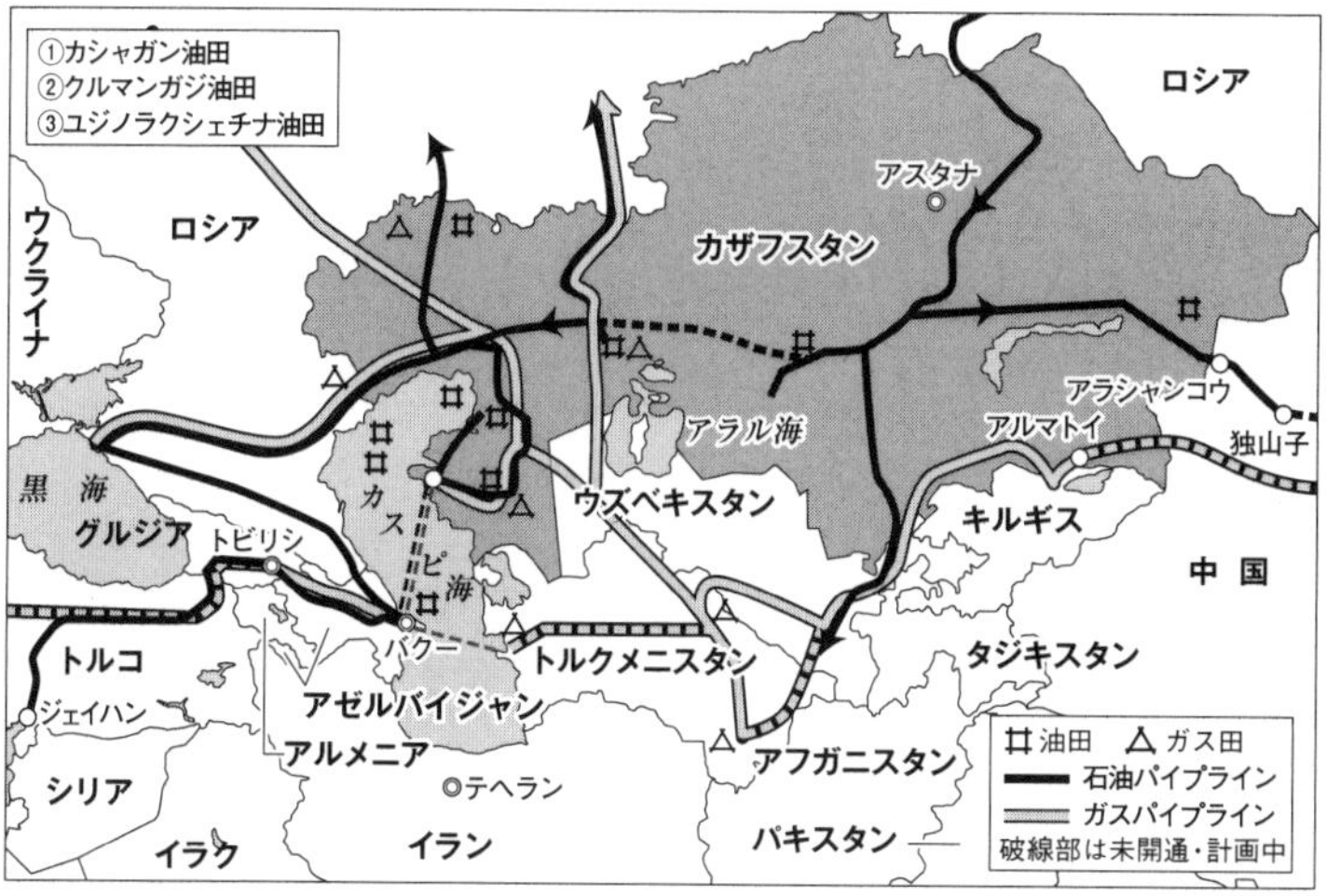

中央アジアでは、各国の石油・天然ガスのパイプラインが錯綜する

（出所）『Foresight』2006年9月号

契約をしてきましたが、イタリアや東欧諸国などに対しては、個別に働きかけをおこなっています。こうした動きに対しては、EUを分断する戦略だと警戒する声も出ています。

さらに近年、ロシアの関係者からは、OPEC（石油輸出国機構）にならった「ガス版OPEC」の創設を、という意見も聞こえてきます。天然ガスを産出する国々が集まってカルテル組織をつくり、産出量や供給価格を独占的に決めるものです。もし、そうした組織ができたら、EU各国をはじめ、ロシアの天然ガスに頼る多くの国々は、いままで以上に、ロシアの意向に敏感にならざるを得なくなってしまいます。

このように、ロシアは、大量の天然ガスの供給確保と独占的な販路の開拓に成功しつつあります。今後、ロシアが天然ガスの供給量や価格を一方的に決めたり、政治的な駆け引きに使ったりするようになる事態がますます多くなることでしょう。

北極海のエネルギー・資源を虎視眈々と狙う

資源獲得にかけるロシアの執念は、これだけにとどまりません。ロシアは、将来的に北極海に眠る膨大なエネルギー・資源の獲得を目指しています。

二〇〇七年八月、ロシアの海洋調査隊の深海調査船が、北極点の下、海底四二六一メートルの地点にロシア国旗を打ち立てました。プーチンも、これを快挙だとして賞賛の言葉を贈りました。国際的な取り決めによって、南極はどこの国にも属さないようになっていますが、北極は違います。北極海においては、通常の国際的取り決めによって、「領海」や沿岸国が資源開発などができる「排他的経済水域」の範囲が定められています。ロシアは、その北極点周辺海域を、国際社会に向かって、ロシアの領有だと半ば公然と宣言したのです。それに対して、北極海沿岸各国は猛反発しました。国際社会では国旗を立てたことなどなんの意味も持たず、北極はロシアのものではないと、ロシア側の行動を非難したのです。

北極海の海底には、大量の石油や天然ガスが存在しています。その量は、全世界での未発見分の四分の一を占めるとも、石油に換算して約一〇〇〇億トンともいわれています。日本の年間石油輸入量が約二億トンですから、その多さがわかります。さらに、この地域には、金やプラチナ、ニッケルなどの資源も眠っていると見られています。

北極海のエネルギーや資源が注目されるようになったきっかけのひとつは、温暖化です。ここ数年、北極圏の海水温度が上昇し、氷の量が急激に減りつつあります。そのため、氷に閉ざされて開発の進まなかったこの地域の資源に、アクセスしやすくなったのです。

さらに、国際条約の規定もあります。各国の領海や排他的経済水域の範囲を取り決めた条約に、国連海洋法条約があります。そこでは、排他的経済水域を、沿岸二〇〇海里（約三七〇キロ）まで認めています。この範囲であれば、自国の領土内と同様に、資源を掘ってもよいというのです。さらに、沿岸に大陸棚が広がっている場合、条件が整えば、排他的経済水域を沿岸三五〇海里（約六五〇キロ）まで認めることにもなっています。

ロシアは、この大陸棚の規定を、最大限に活用しようとしています。北極点の海底に旗を立てた際に、そこの土壌を持ち帰り、ここが自国の大陸棚の一部であることを証明しようとしているのです。もし、これが認められて、北極点周辺がロシアの大陸棚に含まれるとされた場合には、この一帯がロシアの排他的経済水域に認められる可能性もあるかもしれません。そうなった場合、ロシアが獲得する排他的経済水域の大きさは、日本の総面積の三倍以上ともいわれています。もちろん、その下に存在するエネルギーや資源はロシアのものということになります。

ロシアのエネルギー・資源戦略は、いまや北極海をも視野に入れているのです。

政府系ファンドが巨額の資金を動かす

ロシアは、エネルギー価格の急上昇と、巧妙な資源獲得戦略によって、潤沢な資金を得ることに成功しました。現在、ロシアの外貨準備高は中国、日本に次ぐ世界三位。今後、こうした資金を次の目標のために使うことは明らかです。そのひとつが、二〇〇四年に設立した政府系ファンドの活用です。

政府系ファンド。最近よく耳にする言葉です。これは、資源の輸出といった貿易黒字などによって生まれた国家資金を、海外などに投資する基金のことです。たとえば、巨額のオイルマネーを、国外企業に投資することで運用する、といった手法を取ります。

この政府系ファンドを保有している国は、三〇か国以上あります。サウジアラビア、クウェートなどの中東諸国や、先進国のうちでも資源に恵まれたノルウェー、オーストラリア、メキシコなどが、政府系ファンドを使って自国の資金を運用しています。二〇〇七年には、中国も政府系ファンドを創設しました。

政府系ファンドの規模は、すべて合わせると一・五兆～二・五兆ドルくらいの規模だといわれています。二〇〇七年の数字で、世界六位のフランスのGDPが二・五兆ドル前後、七位のイタリアのGDPが二兆ドル前後ですから、それらに匹敵する規模です。

政府系投資ファンドの問題点は、国家の資金を運用するだけに、ともすればその政治的な意向を反映しがちなことです。もともと投資される資金の多くは、米国債などの安全な金融商品を中心に運用されていました。しかし、近年は、国家が手に入れたい資源や技術、情報などを持つ海外企業の買収のために投資が行われることも増えています。こうした政府系ファンドは、資金を集めるために金融市場で情報を公開する必要もありませんから、情報開示も充分ではありません。外部から見れば、ブラックボックスの中で決められた国策方針に沿って巨額の資金を投下する、不気味な存在でもあるのです。

ロシアが創設した政府系ファンドは、安定化基金と呼ばれています。現在、運用する資金は一四八〇億ドル前後だといわれています。世界の政府系ファンドの中でも、七番目前後の規模になります。

これから本格的な企業買収が始まる

ロシア安定化基金の運用は、当初、非常に慎重だったとされています。二〇〇六年までは、ファンドの資金を、ルーブル建ての預金というかたちでロシア中央銀行に預けていましたし、二〇〇六年以降も欧米政府の短期債券で運用していました。しかし、二〇〇八年二月には、ロシア安定化基金が分割されました。

そのひとつは、GDPの一割に当たる約一二〇〇億ドルを運用する準備基金。もうひとつは、残った約三〇〇億ドルの資金を運用する将来世代基金です。準備基金は、これまで通り慎重な運用がされる予定ですが、将来世代基金は違います。外国企業の株式なども含め、積極的な運用が行われる予定です。

ロシアでは、近年、国内の企業が外国企業を買収するケースが目立つようになりました。たとえば、ロシア最大級の鉄鋼メーカーであるセベルスターリは、二〇〇四年、破産の危機にあった米鉄鋼業界五位のルージュ・インダストリーズを買収しました。資金を投下することで、生産基盤を整え、利益を出せる体制へと変革が進んでいます。同時にセベルスターリにとっては、アメリカの鉄鋼市場に進出することが可能になったのです。さらに、同社は二〇〇五年には、イタリアの大手鉄鋼メーカー、ルッキーニも買収しています。

また、セベルスターリと一、二を争うロシアの大手鉄鋼メーカー、エブラズは、二〇〇六年、米オレゴン・スチールを買収しました。それによって、両社を合わせた粗鋼生産量は、世界のトップ一〇に迫る水準になっています。二〇〇七年一二月には、同社は米クレイモント・スチールの経営権も取得しました。

これは、ロシア企業が欧米で行っている企業買収の一例です。ロシアでは、エネルギー産業や素材産業などで大きな利益が上がっています。こうして得られた資金を、企業側は自社の規模拡大のために使っているのです。

政府系ファンドも、今後、同様のことをするようになる可能性があります。獲得した巨額の利益を使って、外国企業を買収し、その進んだ技術や経営ノウハウ、さらには資源の購入先や顧客なども手に入れようとするのです。ロシアが持つ天然ガスや石油、希少な鉱物。ロシアは、それらの資源が豊富に産出するいまのうちに、次世代のための産業基盤を確立しようとしているのです。

ルーブルを国際基軸通貨にしたい

これまで、ロシアが外国に対して天然ガスや石油などを売る際、その決済はドルかユーロである場合がほとんどでした。しかし、近年、ロシアはそれをルーブルでの決済に少しずつ移行しようとしています。

その狙いは何でしょうか。ずばり、ルーブルを基軸通貨のひとつにすることです。第二次大戦後、長い間、国際基軸通貨はドルでした。それは、ひとえにアメリカの強大な力によるものです。アメリカは、世界の中で経済力、軍事力、政治力どれを取っても圧倒的なパワーを誇っていましたし、他の国々も、しぶしぶあるいは積極的にそれを認めていました。圧倒的な力を持つ国があった方が、世界の秩序が安定し、海外からの製品を大量に買ってくれる開放された市場があった方が、自国の経済にも都合がよい。多くの国がそう思ったのです。

その結果、アメリカは、たとえ貿易赤字がどんなに増えても、大量の輸入品を購入し続けることができました。また、アメリカ人は、海外の多くの国で、ドルをそのまま使うことも可能でした。しかしそれも、ユーロの存在によって、揺れ始めています。国際基軸通貨は、いまやドルとユーロとに二分されつつあると言ってもよいでしょう。

こうした動きを絶好の機会として、ロシアは将来的に、自国通貨のルーブルを第三の基軸通貨にしようと考えています。ドル、ユーロ、そしてルーブルの三通貨が、世界貿易における中心の役割を果たすこと。これが、ロシアを世界に冠たる存在に押し上げたいプーチンの野望です。

エネルギー価格の上昇から始まったロシアの躍進は、ルーブルの基軸通貨化という壮大な夢を視野に入れるところまできたのです。

3 国際的な警戒感を呼ぶロシアの闇

ロシアの「失われた八年」

驚異的な発展を続けるロシア。その様子を複雑な面持ちで見ているのが、欧米諸国です。それは単に、強引なやり方でエネルギーを獲得し、それを使って周囲の国に圧力をかけているから、というだけではありません。この国があまりにも異質だからです。それについて触れる前に、まずは、このロシアという国がたどってきた道のりから、簡単に見ていきましょう。

一九九一年一二月、約七〇年間続いたソ連が崩壊しました。

その後、ロシア連邦が旧ソ連の主要な部分を引き継ぎますが、急激な市場経済の導入によってインフレや経済格差が広がり、大きな混乱が生まれました。

一九九二年には、旧ユーゴスラビアのボスニア・ヘルツェゴビナで紛争が始まり、宗教的にも近いセルビア勢力にシンパシーを感じるロシアと、ボスニア側に肩入れする西側諸国との間で緊張が高まります。

一九九四年には、反政府勢力を攻撃するという名目で、ロシア軍が自国内のチェチェンを攻撃しました。このとき、残虐行為などがあったとして、西側諸国はロシアを批判し、ここでも対立が起こります。

経済も混乱が続きました。一九九七年には、タイの通貨バーツ暴落を発端とした金融危機がロシア経済を襲いました。一九九七年一一月の一か月間で、ロシアの株式指数が約三二パーセントも下落するなど、経済状況は悪化の一途をたどります。こうした状況の中で、ロシアはＩＭＦ（国際通貨基金）からの融資を受け入れたり、イギリスとの間で債務返済を延期してもらうように交渉したりしなければならなくなりました。そこには、かつての超大国の面影はありませんでした。

ロシアは、その後も後遺症に悩まされました。一九九八年八月には、ルーブルの切り下げをはじめとする経済政策を実行しますが、これによってロシア経済は、逆に壊滅的な影響を被ることになります。多くの銀行が倒産し、膨大な個人の預金が失われたのです。

エリツィン政権下の八年間に、ロシアのＧＤＰは約四割も縮小し、国民一人当たりＧＤＰは先進主要国Ｇ７平均の約五分の一にまで落ちてしまいました。

ロシアの大国としての威信が失われ、経済的にも低迷したこの時代を指して、ロシアの多くの人々は「カオス」とか「失われた八年」とか呼んでいます。

プーチンの改革路線

八年間の任期の終盤となり、疲れ果てたエリツィンに代わって、その後継者となったのが、当時四六歳のプーチンです。彼は、一九九九年八月にエリツィンによって首相に任命された後、同年一二月に発表されたエリツィンの突然の大統領辞任を受けて大統領代行となりました。そして、翌二〇〇〇年三月に実施された大統領選挙で当選し、ロシア連邦大統領に就任したのです。

プーチン自身にとっても、エリツィンによる首相への任命は、まったく予期せぬことだったといいます。国際社会は、彼があっという間に頂点に上り詰めていく様子を、驚きの目を持って見守りました。

プーチンは、もともと情報機関のKGB（国家保安委員会）の職員だった人物です。冷戦期には、東ドイツにいたこともありました。ソ連崩壊の年、一九九一年にはKGBを離れ、出身地サンクトペテルブルク市の副市長を務めた後、知人の誘いでロシア大統領府の中堅幹部に就任します。そのときの仕事ぶりが評価され、首相に任命される直前は、KGBの国内部門を改組してできたFSB（ロシア連邦保安局）の長官をしていました。

彼が、その後、大統領として行ってきた足跡をたどると、KGBとの関係を濃厚に感じさせる部分が非常に多いことに気づきます。それは、彼のこうした経歴があるからこそなのです。

大統領就任直後、プーチンは、与えられた強大な権力を慎重に使っていきました。エリツィン時代の高官の多くを留任させ、欧米諸国のような市場経済を信奉するリベラル派のエコノミストたちを登用したのです。しかし、それと並行して、後に第一副首相になったセルゲイ・イワノフなど、KGB時代の関係者も徐々に政権に加えていきます。経済は、市場経済を謳うエコノミストに主導させ、自分の側近は、前述の治安機関や国防関係者などからなる「シロビキ」で固めていったのです。

その一方、プーチンは、ロシア国内各地に足を運び、数多くの国民とじかに話をしました。また、視聴者と電話で話すテレビ番組に出たり、記者会見で質問を巧みにさばく様子をテレビ中継させたりもしました。新しい指導者の活気あふれる姿は、酒に酔って足下もおぼつかないことも多いようなエリツィンに失望していた国民の大きな期待を集めました。大統領支持率は、エリツィン時代の一桁台から八〇パーセント前後へと、一気に跳ね上がったのです。

それだけではありません。この時期のプーチンは、経済改革にも非常に前向きで、土地の自由所有、労働者の保護などに関する法律や、行政関連法などをまとめ、欧米諸国並みの制度を作り上げることに力を注ぎました。中でも、土地の自由保有権の保障は、ロシア史上初めてという画期的なものでした。帝政時代から共産党時代を通じて続いてきた社会のあり方を、プーチンが変えたのです。また、WTO（世界貿易機関）への加盟に向けた国内制度の整備にも取り組みました。

プーチンは、就任早々から運にも恵まれていました。国際社会で取引される原油の価格が上昇し始めたのです。原油価格は、一九九〇年代後半の段階では一バレル当たり一一ドル前後でしたが、二〇〇〇年から二〇〇二年にかけて平均二〇ドル以上となり、その後、現在に至るまで上昇を続けています。

チェチェン人武装集団の多くが女性だった

国民から大きな期待を集めたプーチンの改革路線。しかし、これは、長くは続きませんでした。代わって現れたのが、その後、内政、外交を問わず繰り広げられるようになった強硬路線という道です。そして、この時点ですでに、多くの悲劇を生んだチェチェンへの攻撃は始まっていました。

二〇〇二年一〇月。モスクワ市内の劇場が武装集団によって占拠されました。犯人グループは、四〇人以上のチェチェン独立派で、ロシア軍のチェチェンからの撤退などを求めていました。武装集団は、劇場の占拠を五八時間にわたって続けますが、ロシア軍特殊部隊が強行突入し、人質約八五〇人のうち一二九人が死亡し、武装集団は全員が殺害されました。

このとき、人質の死因が、ロシア軍特殊部隊の使ったガスによるものだったため、各国から驚きの声が上がりました。自国民に対して毒ガスを使うなどということは、欧米諸国では考えられないからです。

さらに、人々が驚かされたことがもうひとつありました。武装集団のメンバーの多くが女性だったからです。ロシア軍に夫や息子を殺された女性たちが加わっていたのです。チェチェンでのロシア軍の振る舞いが推察できる出来事でした。

ソ連崩壊に乗じて独立を宣言する

チェチェンは、モスクワの南方、約一五〇〇キロの場所にあるロシア連邦を構成する共和国のひとつです。カスピ海と黒海にはさまれ、コーカサス山脈を仰ぎ見るような位置にあります。チェチェン人には、もともとイスラム教徒が多く、一八世紀後半から一九世紀半ばにかけてイスラム国家を樹立していたこともあります。そのため、チェチェンでは、ロシアへの帰属意識が薄く、チェチェンを独立国家のように見なしてきた住民も多くいます。

第二次大戦末期の一九四四年の冬には、チェチェン人が近隣のイングーシ人とともに強制的にカザフスタンに移住させられ、チェチェン人、イングーシ人合わせて数十万人といわれる人々が亡くなったという事件もありました。

これは、スターリンが始めた農業政策の失敗で、カザフスタンで多くの餓死者が出た事態に対処するためといわれています。また、チェチェン人がドイツに味方するのではないかというスターリンの被害妄想が嵩じ、故郷から根こそぎ移住させた結果でもありました。

その後、彼らは、フルシチョフの時代になって故郷への帰還が許されますが、こうした事件を通じて、チェチェン人のロシアに対する不信感は、いっそう増幅されていったのです。

一九九一年、ソ連が崩壊の危機に直面しますと、チェチェン人もその動きに乗じて、独立運動を展開しました。同年一〇月には、チェチェン人の代表からなるチェチェン民族会議が、首都グロズヌイにある政府の建物を占拠し、大統領選挙を実施するに至ります。

このとき、選ばれたのが、旧ソ連軍出身のドゥダーエフです。もともとはチェチェンとのつながりは薄かった人物ですが、独立の旗印にと、多くの人々が押し立てたのです。同時に、チェチェンはロシアからの独立を宣言しました。

これに対し、ロシアは、チェチェンの反政府グループを支援します。一九九四年一一月には、ロシアの支援する反政府グループが、グロズヌイを一時的に制圧しますが、これはチェチェン側によって撃退されました。

この失敗を受けて、当時のエリツィン大統領は、チェチェンにいる非合法な武装勢力の武装解除を行うとテレビで宣言しました。ここから、チェチェン紛争と呼ばれる悲惨な戦いが始まったのです。

ロシア軍は、チェチェンの多くの村で、武装勢力と民間人の見境なく攻撃を仕掛けました。ロシアとチェチェン独立勢力側との間で和平合意がなされるまでの一年半の間に、チェチェン側に一〇万人近い死者が出たと言われています。しかも、そのほとんどが民間人でした。

この戦争でドゥダーエフ大統領も死亡し、一九九六年八月、両者の間で和平合意が結ばれました。

謎を呼ぶ連続爆破事件

しかし、この和平合意は、長くは続きませんでした。一九九九年八月から、ロシア国内で立て続けに爆弾テロが起きたのです。このあたりから、ロシアの闇が顔をのぞかせ始めるのです。

一九九九年八月末。モスクワをはじめとする複数のロシアの都市で爆弾テロが起こりました。さらに、九月に入ってからも、ロシア連邦のダゲスタン共和国や、モスクワ市内にある軍用住宅やアパートに仕掛けられていた爆弾が爆発しました。犠牲者は、三〇〇人以上に及びました。

これに対し、ロシア当局は、この一連の爆破事件をチェチェン人の犯行だと断定し、九月二三日にはチェチェン領内への空爆を開始しました。和平合意は、三年にして破れたのです。

ところが、ここで不可思議な出来事が起きていたことが明らかになりました。一連の爆破事件のあった一九九九年九月。リャザンという地方都市で、警察に対し、アパートの地下室に袋を運び入れている不審な三人組がいると、目撃者からの通報がありました。一連の爆破事件があった時期なので、警察が急いで地下室に到着すると、そこには強力な爆薬と手製の起爆剤、バッテリー、電子腕時計、ケーブルなどがあったのです。爆破時刻は、翌朝の午前五時半にセットされていたといいます。爆薬の量から考えて、これが爆発すれば、建物を倒壊させていた可能性があります。

警察は、急遽、周囲の道を封鎖して、捜査を始めました。そのとき、電話交換手が、不思議な通話を受信しました。

その電話は、モスクワとの間でなされたものでした。

「町中、警官ばかりだ」「ひとりずつ脱出しろ」

この人物が電話をかけていた相手こそ、モスクワのＦＳＢ本部だったのです。

さらに、奇妙なことは続きました。リャザンにあるＦＳＢ支局が、爆発物はダミーであり、こうしたものを仕掛けたのは演習のひとつだったと発表したのです。事件から半年後の二〇〇〇年三月には、なんとテロリストとして捜査線上に浮かんでいた三人が公に姿を表し、これは演習だったと、ＦＳＢの発表と同じことを話したのです。爆発物とされていたものは、実は砂糖だったとも発言しました。

あまりに奇妙な出来事。「チェチェン人テロリストの犯行」とされたアパート爆破は、実はロシア治安当局（ＦＳＢ）の自作自演だったのではないかという疑惑がくすぶり続けるのです。

真実は、いまだ闇の中です。

チェチェン共和国の首都グロズヌイの破壊された建物。手前は、警戒にあたるロシア軍の兵士(写真提供/共同通信社)

残虐行為の続くチェチェン

一九九九年の連続爆破事件をきっかけに、チェチェン紛争が再び始まりました。チェチェンは、徹底的な空爆を受け、首都グロズヌイをはじめとする主要都市は大きく破壊されました。チェチェンの二五パーセントまでが爆撃の対象になったとも言われています。

チェチェン紛争では、ロシア軍による市民への残虐な行為も問題になりました。二〇〇二年には、メスケルユルトという村で、全戸で家宅捜索がおこなわれ、拘束された人々全員が拷問を受けて負傷したと報道されました。

家に突然押し入ってきたロシア軍によって、家族が拘束され、遺体となって帰ってくるケースもあります。アメリカに亡命したチェチェン独立派の指導者のひとりによれば、拘束された人間のうち、帰ってこられるのは約二割だけ。それも廃人同様になって戻ってくることが多いと語っています。

こうした残虐行為をする理由のひとつは、チェチェン人に無力感を与えて、抵抗の意思をなくさせることだといいます。さらに、もうひとつが、身代金だという説もあります。たとえば、二〇〇二年一〇月には、プリゴラドノエという村で、一二歳から七八歳までの男性全員がロシア軍によって拘束され、釈放してほしいなら一人当たり一〇〇〇ドルを持ってくるように家族に連絡があったという事件が報道されました。

ジャーナリストのアンナ・ポリトコフスカヤは、チェチェン紛争でいかに多くのロシア軍関係者が潤っているかについて告発しました。それによれば、将軍たちは、戦争資金の一部を自分の懐に入れている。中間の将校たちは、拘束したチェチェン人や拷問で亡くなった人の遺体を現金と引き換えに引き渡す、いわば身代金で稼いでいる。さらに、下っ端の将校たちは、民家を略奪することで潤っている。そして、将校全員が武器やチェチェンで産出する石油などの違法な取引に関わっている、と指摘しています。

こうした報道などが事実であれば、ロシアは、欧米とはまったく異質な国だということになります。

チェチェン独立派が学校を占拠した

ロシア側の攻撃に対し、独立派も手段を問わず、反撃に出ています。二〇〇四年には、チェチェン側武装勢力が、チェチェンの西に隣接する北オセチア共和国のベスランという町で、入学・始業式をしていた学校を襲いました。一二〇〇人以上の子どもと大人を人質に取り、ロシアなどに対して、チェチェンの独立承認とロシア軍の撤退、旧ソ連のＣＩＳ（独立国家共同体）諸国によるＰＫＯ（国連平和維持活動）の派遣を要求したのです。

結局、学校占拠から二日後に武装勢力とロシア軍特殊部隊との銃撃が始まり、三〇〇人以上の犠牲者を出して、事件は収束しました。この事件に対しては、チェチェン独立派の最強硬派グループが、犯行を認めています。

この事件は、多くの子どもの犠牲者を出したことで、国際的にも注目されました。チェチェン側の、なりふりかまわぬやり方に批判も集まりました。しかし、チェチェンの人々がここまで追いつめられていることに、衝撃を受けた人も多かったのです。

多くの流血を経て、現在、ロシアは、親ロシア派のアフマド・カディロフ元大統領の次男ラムザンを大統領に立てて、独立派を抑えようとしています。彼は、父親から引き継いだ強大な私兵を使った誘拐や殺人などで、人権団体のアムネスティ・インターナショナルなどから糾弾を受けている、いわくつきの人物でもあります。ロシアは、そうした人物をチェチェンの安定のために使おうとしているのです。しかし、状況は、チェチェン中のインフラが破壊しつくされた現在も、なお不安定なままなのです。

独立系テレビNTVの経営権を握る

チェチェン紛争に続き、ロシアの異質さを際だたせたのは、国家による一連のメディア統制が始まったことでした。

プーチンが大統領に就任して間もない二〇〇〇年五月。ロシア治安当局が、巨大メディアグループの持ち株会社メディア・モストの本社ビルを急襲し、家宅捜索を行いました。家宅捜索に参加した治安当局の隊員たちは、覆面をして迷彩服を身につけ、手には自動小銃を構えていました。その姿は、テロ実行犯を取り押さえようとしている特殊部隊さながらで、この映像や写真を見たロシアのメディア関係者は、震え上がりました。

家宅捜索の翌月には、メディア・モスト会長のウラジミール・グシンスキーが、突然、国家資産横領の容疑で逮捕されます。しばらくして釈放されますが、一一月には最高検察庁がグシンスキーを別の詐欺容疑の取り調べのために呼び出しました。それを聞いたグシンスキーはスペインに国外脱出したのです。

さらに、これと並行して、政府のコントロール下にある巨大天然ガス会社ガスプロムが、メディア・モストの支配権を握りました。その上で、緊急役員会を開き、メディア・モスト経営陣の交代が決議されたのです。メディア・モストは、政府の影響下にないＮＴＶ（独立テレビ）、ＮＴＶプラス、新聞『セヴォードニャ』、雑誌『イトーギ』、ラジオ『モスクワのこだま』などを傘下に抱える会社です。経営陣の交代によって、これらが名実ともに政府の管理下に入りました。ＮＴＶでは、新体制に反対する職員は解雇されたといいます。より政府の意向を反映した番組が作られるようになったのです。

政府が、メディア・モストの経営権を握った背景には、政府に忠実なメディアを作りたかったこと以外の理由もあったとみられています。たとえば、メディア・モスト傘下のメディアがチェチェン紛争を批判し、政府高官の汚職を追及し、さらにはＮＴＶが「クークリ」という番組で人形劇を使ってプーチンを風刺していたこと。一九九九年一二月の下院選挙の際、プーチン批判をしないように関係者から巨額の資金提供が提案されていたが、それを断り、批判をしたこと。グシンスキー自身も、資金提供の提案があったことを認めています。

また、二〇〇〇年六月に、当時のアメリカのクリントン大統領がロシアを訪れた際、『モスクワのこだま』に出演し、言論の自由の重要性を説いたこともありました。こうした一連の行動が、プーチン政権の意向に反するものだったというのです。

メディア界の大物を追い落とす

同様のケースは他にもあります。テレビ三大ネットワークのひとつ、ＯＲＴ（ロシア公共テレビ）などを所有していたボリス・ベレゾフスキーの追い落としです。

ベレゾフスキーは、ソ連の崩壊前後から政権と結びつき、急速に頭角を現してきた実業家です。旧ソ連で最初の億万長者とも言われています。彼は、一九九〇年前後からビジネスを始め、中古車販売会社を興したり、自動車会社や石油会社を経営したり、民営化後のアエロフロートの筆頭株主になったりと、徐々に成功の階段を上っていきました。その後、ＯＲＴをはじめテレビ局のＴＶ‐６、有力新聞の『イズベスチヤ』、『独立新聞』などの経営権を握ります。ロシアの下院選挙にも当選し、政治家としても活躍していました。

当時、プーチン政権は、高支持率にも支えられて、大きな権力を手にするようになりつつありました。この状況下で、ベレゾフスキーが所有するＯＲＴなどの番組は、次第に政権に批判的な論評を加えるようになったのです。この背景には、ベレゾフスキーとプーチンの確執もあったとも伝えられています。

政権に批判的なベレゾフスキーに対し、プーチン政権は圧力をかけました。ＯＲＴの株式全体の四九パーセントといわれる、彼の持ち分をすべて手放さないと、投獄すると伝えたといわれています。しかし、彼はそれを拒否し、下院議員を辞職するというかたちで抗議の意思を示しました。さらに、下院議員辞職の翌月、二〇〇〇年八月に原子力潜水艦「クルスク」沈没という事故が起きると、ORTなどに、プーチンの対応のまずさを非難させたのです。

これに対して、政権側はさらに水面下で圧力をかけたといわれています。脅えたベレゾフスキーは、二〇〇〇年一一月、ついに西側への亡命に踏み切りました。これを追うように、治安当局からはマネーロンダリングの罪で、ベレゾフスキーの逮捕状が出されました。その後、二〇〇一年一月には、彼が所有していたORTの株式は、ロシア政府に売り渡されることになったのです。

ほとんどのメディアが政権の御用機関に

こうして、ロシアの全国ネットワークである三大テレビ局は、すべてロシア政府の管理下に置かれました。独立系のNTV。半国営テレビ局ですが、一時は反プーチン報道を行っていたORT。そしてもうひとつは元から国営だったRTR（ロシア・テレビ）。これらのテレビ局は、いまや政権の広報活動の一翼を担う装置になっています。

主要なテレビ報道番組の担当者には、大統領府の報道関連部局から、報道の内容や表現の仕方などについて毎日、指示が送られるといわれています。大統領の演説があった日には、演説の中のこの部分を放映しなさい、ここはカットしなさい、といった細かい指令が来るのです。プーチンが大統領のときには、彼が自ら電話をかけ、指示を伝える番組もあったといわれています。

その結果、ロシア国内では、政府のチェチェン政策について批判的なテレビ報道は、姿を消しました。最近でも、二〇〇八年三月に実施されたロシアの大統領選挙では、メドベージェフの動向ばかりが放映され、対立候補の発言などはほとんど伝えられませんでした。プーチン政権は、世論を左右する報道機関という道具を手に入れたのです。

政権の意向に従わない報道関係者も姿を消していきました。たとえば、二〇〇五年一一月、REN-TVのオルガ・ロマノワというキャスターは、国防相の家族が関係した交通事故を報道すると、その後、解雇されました。政府高官にとって都合の悪い報道をしたからだといわれています。このように、政権ににらまれたため、解雇されたり、自ら辞めざるを得なかったりしたキャスターが大勢いるのです。

新聞も、公式には検閲を受けてはいないというものの、自己検閲が日常的に行われるようになりました。ラジオ局の多くも、クレムリンの意向には敏感になりました。例外は、発行部数の少ない新聞や経済紙、一部のラジオ局くらいもので、ほとんどのメディアが、すでに政権の御用機関となってしまったといわれています。

石油会社へも買収の手を伸ばす

政府の管理下に入りつつあるのは、報道機関だけではありません。ロシアに富をもたらす多くの優良企業が、政府の影響下に置かれたり、主要な資産を吸収されたりしています。

その代表的な例が、石油会社のユコスのケースです。ユコスは、国内第二位の規模を誇るロシア有数の優良企業で、多くの利益を上げ、規模を順調に拡大していました。経営者のミハイル・ホドルコフスキーは、多額の資金をバックに、連邦議会の議員たちにも影響力を持っていた人物です。二〇〇三年の下院選挙時には、自分の政策を実現する議員グループを組織しようとしていたほどです。彼は、事業拡大の過程で、国外向けの石油輸送用パイプラインの建設を計画したりと、多くの積極策を進めました。

しかし、エネルギー資源を政府の管理下に置きたいプーチン政権としては、民間のパイプライン建設などは望ましくありません。議員に対しても影響力を持つホドルコフスキーは、政権にとっての脅威でもありました。

そのため、政権側からホドルコフスキーに対し、資産を売って国外に出る、あるいは会社の経営だけに専念する、政治家に専念する、といったいくつかの選択肢の中から今後の身の振り方を選ぶように水面下で働きかけがあったといいます。これに対し、彼は選択肢をすべて拒否し、これまで通り国内で会社経営と政治分野の活動の双方を続けました。

これに対する政権の対応は露骨でした。二〇〇三年一〇月、政権側はホドルコフスキーを詐欺・

脱税などの容疑で逮捕したのです。彼は、結局、控訴審で八年の懲役刑を受け、ロシア極東の収容所に送られました。現在も、収監中です。

さらに、ユコスに対しては、総額二八〇億ドルという税金の支払いが命じられました。日本円にして約三兆円にものぼる巨額の税金は、ユコスにとっても、簡単に支払える金額ではありません。そのため、ユコスは、自社の主要な油田であるユガンスクネフチェガスを売らざるを得なくなったのです。

売却先は国営のロスネフチ社。プーチンのKGB時代からの友人が経営する会社です。ロスネフチ社は、ユガンスクネフチェガスの購入によって、ロシア最大手の石油会社になりました。これに対して一方のユコスの規模は一挙に縮小。プーチン政権は、ここでも、ライバルでもある実力者を排除し、優良な資産を奪うことに成功したのです。

こうした買収には、ロスネフチあるいはガスプロムといった、ロシア政府の管轄下にある巨大エネルギー企業の資金がしばしば使われます。資源・エネルギー関連企業を政権に近い人物が押さえ、それに反対する経営者を排除していく。欧米や日本では考えられない事態が、現在のロシアではすでに当たり前のことになっているのです。

放射性物質を投与された亡命者

二〇〇六年末、見た人をあっと言わせる写真が世界中に配信されました。ベッドに力なく横たわった中年の白人男性。しかし、その頭には、髪の毛がまったくありませんでした。ロンドンを拠点に反プーチンの活動をしていたロシア人亡命者が、放射性の薬物を投与された姿です。

彼の名前は、アレクサンドル・リトヴィネンコ。以前、ＫＧＢやＦＳＢ（ＫＧＢの後継機関）の諜報部門で、機密活動に従事していました。一九九八年一一月には、覆面をした同僚四人と一緒に記者会見を行い、上司からメディア界の大物ベレゾフスキーの暗殺を命令されたと暴露した人物なのです。

イギリスの警察当局による捜査の結果、彼が体調を崩して入院した日、彼がいた場所からは、ポロニウム二一〇という放射性物質が検出されたことがわかりました。イギリスの分析機関は、彼の体内に残っていたポロニウム二一〇を分析し、ロシアの原子力研究所で作られたものだと発表しました。誰かが、それを意図的に投与したのです。リトヴィネンコは、その後も体調がもとに戻ることなく、入院から三週間後に死亡しました。

リトヴィネンコの亡命は、ロシア当局からの度重なる圧迫の結果でした。記者会見から四か月後の一九九九年三月、リトヴィネンコは、職務怠慢、爆発物窃盗などの容疑で突然、逮捕されたのです。その後、八か月間、留置所に入りますが、裁判では無罪になりました。彼は出所後すぐ、汚職の疑いで再び逮捕されます。今度は、七か月間、牢獄に入ることになりました。そして、出所してまもなく、虚偽の調査報告をした容疑で、再度、身柄を拘束されることになったのです。

彼は、ここへきて、亡命を決意しました。二〇〇〇年八月、偽造パスポートを使い、ウクライナ、トルコ経由でイギリスに渡ります。そこで政治亡命が認められると、二〇〇六年一〇月にはイギリスの市民権も取得し、永住を考えるようになりました。そして、イギリスの諜報機関が経営し、ロシアへの工作拠点になっていたともいわれる警備保障会社で仕事を始めます。さらに、ベレゾフスキーがイギリスに持つ事務所にも出入りしていました。リトヴィネンコはこの時期、盛んにプーチン批判を行っています。

そうした一連の行動が、彼の暗殺につながったのかもしれません。二〇〇六年一一月の午前中、彼は、ロンドンにあるホテルの一室で、ＦＳＢの元幹部らと、投資などについて話し合うため、会合を持ちました。さらに、この日は、午後からもまた、この二人と落ち合い、行動を共にします。その後、深夜に帰宅すると、急に吐き気を催して倒れ、緊急入院をすることになったのです。数週間後には、髪の毛もすべて抜けてしまうほどの状態になりました。

プーチン政権は、この事件に対し、政権に反対する勢力が、政府を陥れるためにやったことだと非難しました。プーチン自身も、リトヴィネンコは何の機密情報も持っていないのだから、亡命などする必要はなかったと言って、事件はロシア政府と無関係だという立場を主張しました。

しかし、ロシアの関与が疑われる状況もあります。たとえば、二〇〇二年八月には、元ＫＧＢ

の同僚が、リトヴィネンコにモスクワから電話をし、用心するように伝えました。彼への警告だったのでしょう。また、二〇〇六年七月には、「国内外を問わず、ロシア体制の敵は暗殺してもよい」という極端な法律が、下院議会を満員一致で通過しました。プーチン批判を繰り返すリトヴィネンコは、その法律を適用すれば、「ロシア体制の敵」「暗殺してもよい人間」ということになるかもしれません。

さらに、同年一一月、内務省の精鋭部隊スペッツナズの練兵場で、射撃の標的にリトヴィネンコの顔写真が張られているところが、偶然、報道映像に映りました。メディアなどからの質問を受けた特殊部隊の隊長は、「売っていた写真だ」「リトヴィネンコとは知らずに使った」と釈明したのですが。

二〇〇七年五月、イギリスの検察当局は、FSBのアンドレイ・ルゴボイ元幹部による犯行を裏づける充分な証拠があると発表し、ロシアに対し、ルゴボイの身柄引き渡しを要請しました。ところが彼は、こともあろうに、二〇〇七年一二月の下院議員選挙で、極右政党の自由民主党から立候補し、当選してしまったのです。外国の当局から殺人の疑いをかけられている人物が、国会議員になったのです。こうなると、ロシア政府も、ルゴボイをイギリスに引き渡すようなことはしません。これがロシアの姿なのです。

アンナ・ポリトコフスカヤ記者を追悼する集会に参加した野党勢力の支持者（写真提供／ロイター＝共同通信社）

著名な女性ジャーナリストが殺害された

ロシアでは、自由な取材活動をするジャーナリストは、命の危険にさらされます。二〇〇六年一〇月、著名な女性ジャーナリストのアンナ・ポリトコフスカヤが、モスクワの自宅アパートのエレベーターで銃撃を受け、死亡しました。彼女は、『ノーヴァヤ・ガゼータ』という新聞の記者で、一九九九年以来、チェチェンで戦火に苦しむ住民の声を伝える記事を多数発表してきました。

彼女は、こうした仕事が評価され、二〇〇〇年にはロシア連邦ジャーナリスト同盟から「ロシア黄金のペン賞」、「黄金の銅鑼賞」、二〇〇一年には人権保護を訴えるNGOアムネスティ・インターナショナル英国から「世界人権報道賞」などを受賞した人物です。二〇〇二年のモスクワ劇場占拠事件では、武装グループから仲介役に指名され、治安当局との間で交渉にも当たっていました。

ポリトコフスカヤは、著書『チェチェン やめられない戦争』(日本語版、日本放送出版協会)の中で、現地の人々の悲惨な状況を伝えるとともに、戦争によって利益を得ているロシア軍人の実態について告発しました。さらに、『プーチニズム―報道されないロシアの現実―』(日本語版、同)では、プーチン政権下で行われてきた多くの悲惨な戦争の実態、マフィアと手を結ぶ腐敗した役人たち、軍隊による不法行為などについて報道し、批判をしています。

また、イギリスのBBC放送では、「プーチンはテロの高まりのせいにして、ロシアをスターリン主義に戻しつつある。プーチンは自分のロジック、KGBのロジックで事態を処理しているのです。そして、民主主義を生み出すのは難しいが、それが生み出されたのに、彼が殺している」(寺谷ひろみ『暗殺国家ロシア―リトヴィネンコ毒殺とプーチンの野望―』)と批判しました。

暗殺される直前には、彼女の名前が、極右政党である自由民主党の議員らが作った「ロシアの敵」のリストに入ったといいます。これは、政府が作成したリストではありませんが、自由民主党と政府との浅からぬ関係を考えると、政権側の判断が窺えます。生前のリトヴィネンコも、ポリトコフスカヤの暗殺はプーチンの命令によるものだと発言していました。

これに対し、プーチンは、この事件を、政権転覆を狙った敵対者のやったことだと非難しています。名指しこそしていませんが、海外に亡命し、反プーチン活動を続けるベレゾフスキーのことを言っていると、関係者はみな理解しました。

警察は犯人の〝捜査〟を続けていましたが、二〇〇八年六月になって捜査を打ち切りました。

議員や有力誌の編集者も狙われる

政権やそれにつながる特権階級などを批判する人物が暗殺された事件は、これだけにとどまりません。

二〇〇三年四月には、ロシア下院議員のセルゲイ・ユシェンコフが、自宅前で射殺されました。犯人は、消音器つきの銃で撃った可能性が高く、プロの犯行と見られています。ユシェンコフは、二〇〇三年一二月に実施される下院議員選挙に立候補し、第二次チェチェン紛争のきっかけとなったアパート連続爆破事件の独自捜査を公約にしていました。射殺の直前には、FSBの高官から脅迫を受けていたという報道もあります。この事件でも、FSBの仕業という説と、ベレゾフスキーの陰謀とする説が入り交じっていて、真相は謎に包まれています。

同様に暗殺された人物は、他にもいます。

二〇〇三年六月、議員兼『ノーヴァヤ・ガゼータ』誌編集長ユーリ・シチェコチヒン。放射性物質を使って毒殺されました。彼は、組織犯罪の専門家で、アパート連続爆破事件や、FSB長官の経営する家具会社の脱税などを調査していたといわれています。

二〇〇四年七月、ロシア版『フォーブス』誌編集長パーヴェル・フレブニコフ。社屋を出る際に襲われて、死亡しました。彼は、一部の特権階級が不正に入手した巨額の資金や新興財閥についての調査報道で有名でした。

同日、下院議員ヴィクトル・チェレプコフ。ウラジオストックで、手榴弾によって爆殺されました。彼は、貧困層の味方として名が知られ、ウラジオストックの市長選挙で選出される可能性がありました。

二〇〇六年一一月、元チェチェン特殊部隊幹部M・バイサロフ。モスクワ市内で、警察関係者によって射殺されました。彼は、チェチェン紛争に関するプーチン政権の暗部を知っているため、自分の身に危険が迫っていると周囲の人に話していました。

報道されているケースは、他にもまだたくさんありますが、ここまでにしておきましょう。ロシアでどれほどの暗殺事件が起きているか、その一端をわかっていただけたかと思います。これらの事件の真相は、この先も明らかになることはないでしょう。探ろうとしても、そこには、ただ深い闇が広がっているだけなのです。

4 ロシアの抱える問題点

外貨収入の大半がエネルギー輸出による利益

豊富なエネルギーを活用し、着々と影響力を拡大し続けるロシア。そのロシアに、死角はないのでしょうか。実は、このエネルギーへの極度の依存こそが、ロシアの大きな弱点なのです。

ロシアは、エネルギー部門が最大の産業です。ロシアの全労働者のうち、なんと約一四パーセントがエネルギー関連の仕事をしています。また、連邦歳入の約四割、鉱工業生産の三割以上を、この部門が担っています。さらに、海外からの直接投資の三割前後が、エネルギー関連事業に向けられたものなのです。

そして、何といっても、輸出による外貨収入の六割以上が、原油と天然ガスの輸出からきていることは見逃せません。エネルギー価格の高騰により、この割合はさらに増えつつあります。

エネルギー以外の分野を見てみると、ロシアの主要な輸出品は、金属や鉱物、木材、そして兵器やそのシステムくらいです。ロシアの産業は、防衛産業を除くと、広い国土から産出する資源に依存しきっているという状態なのです。

それ以外の部門は、あまりふるいません。ロシアの自動車あるいは機械メーカー、コンピューターやIT関連企業などで、多額の外資を稼げるほど大きな成功を収めた企業はありません。

自動車産業を例に取ると、ロシアにはアフトワズ、ガズなどといったメーカーがあり、合計で年間一〇〇万台以上の乗用車を生産しています。しかし、これらの製品は、海外では競争力を持っていません。周辺国にわずかな台数を輸出しているくらいです。また、外国からはフォードやGM、ルノーなどが進出し、トヨタも二〇〇七年一二月に、サンクトペテルブルクに工場を作りました。生産する乗用車の数は、国内メーカーの生産数を上回っています。しかし、それらの多くは、経済的な成功を収めたロシア国内の富裕層やそれに次ぐ人々が購入するものです。ロシアの自動車産業が将来、外貨を獲得できるようになるかは未知数です。

もしエネルギーなどによる収入が減った場合、それを埋め合わせられるだけの産業は、いまのところロシアには存在しないのです。

ロシアの天然ガス産出が頭打ち?

盤石に見えるロシアのエネルギー戦略ですが、問題点もあります。そのひとつは、ロシアの天然ガスの産出に翳りが見えてきていることです。ロシア最大のエネルギー企業、ガスプロムの持つ主要なガス田で、天然ガスの産出量が頭打ちになりつつあるといわれています。エネルギー資源の枯渇という事態は、ロシアにとって、恐怖以外の何物でもありません。

　ロシア政府が、二〇〇七年八月に、北極の海底に国旗を立てたのは、北極点周辺海底にある天然資源を何としても獲得しなければならないという、切実さの表れでもあるのです。しかし、北極海の天然資源をめぐっては、アメリカをはじめとする北極海の周辺国が、自国の権利を強く主張しています。ロシアの主張が簡単に認められるような状況ではありません。

　また、ロシアの周辺国のエネルギーをめぐっては、欧米企業や中国などを含めた関係各国による奪い合いが起きています。たとえば、二〇〇六年には、英石油大手BPなどによる石油パイプラインが稼働しました。このパイプラインは、アゼルバイジャンのバクーを起点に、グルジアを通り、トルコのジェイハンに至るルートをとります。カスピ海で産出された原油を、ロシアを経由せずに輸送しようとしているのです。

　二〇〇七年五月には、同じアゼルバイジャンとグルジア、カザフスタン、ポーランド、ウクライナ、リトアニアの代表が会談しました。そこでは、カスピ海産の天然ガスを、ロシアを経由せずにヨーロッパまで運ぶため、パイプラインの建設を進めることで合意がなされました。周辺の関係各国の間で、ロシアの影響力を減らそうという動きが出ているのです。

　さらに大きな問題は、トルクメニスタン製の天然ガスの動向です。ロシアからの天然ガス輸出量のうち、実はその半分近くがトルクメニスタンで産出されたものなのです。ロシアは、パイプラインを使ってそのガスを引き入れています。一〇〇〇立方メートル当たり約一〇〇ドルで仕入れ、ヨーロッパに二三〇ドルで輸出してきたのです。つまり、資源大国であるはずのロシアの実態を見ると、一〇〇パーセントの産出者ではなかったのです。

このトルクメニスタン産の天然ガスについては、当然ながら、周辺各国も注目しています。イランへはすでにパイプラインが敷かれ、天然ガスの供給が始まっています。中国との間でも、天然ガスのパイプライン建設の基本合意がなされています。さらに、欧米の石油メジャーも、トルクメニスタン産の天然ガスを、カスピ海横断パイプラインを建設することで、ロシアを経由せずにEU各国に運べるように働きかけを続けています。

二〇〇七年五月には、トルクメニスタンとロシア、カザフスタンの間で、新たなパイプライン建設の合意がなされ、一〇〇〇立方メートル当たり一〇〇ドルだったトルクメニスタン産のガスの仕入れ価格が上がりました。しかし、このときでさえ、トルクメニスタンのベルディム・ハメドフ大統領は、依然としてカスピ海横断パイプライン建設の検討を続けることを明らかにしました。もしこのパイプラインが建設されれば、EU諸国は、ロシアの脅威を減らすことができます。

水面下では、パイプライン建設をめぐる各国の駆け引きが続いています。中央アジアのエネルギー資源をめぐるこうした動きは、まさに現在の「グレートゲーム」だといえるでしょう。

ＬＮＧが世界中で注目される

ロシアの天然ガスには、ＬＮＧ（液化天然ガス）というライバルもいます。これは、天然ガスを、マイナス一六二度以下という極低温で冷却し、液体状にしたものです。通常の天然ガスがパイプラインで運ばれるのに対し、ＬＮＧは専用のタンカーで運搬されます。ロシアは、パイプラインによる天然ガスの供給体制を、戦略的にも重視していますが、世界の流れは、逆にＬＮＧに向きつつあります。

とくに、天然ガス埋蔵量で世界三位のカタールは、ＬＮＧの輸出に前向きで、多くの専用タンカーを使って、ＥＵ各国やアメリカ、韓国などに輸送しています。ＥＵ側も、ロシアの脅威に対抗するため、ＬＮＧの受け入れを増やそうと、専用の施設を増設しています。ＩＥＡ（国際エネルギー機関）によれば、二〇一〇年頃までには、世界の天然ガス消費量のうち、ＬＮＧの割合が約四〇パーセントを占めるようになるといいます。二〇〇〇年前後には、この割合は二〇パーセント強でしたから、急増しつつあります。

ロシアは、自国の政策上、こうしたＬＮＧ重視の流れに乗ることはできません。そのため、今後、ＬＮＧが世界の天然ガス市場における主役になるようなことがあれば、ロシアのエネルギー政策は、大きなダメージを被ることになるのです。

非効率な投資を余儀なくされるエネルギー企業

ロシアでは、政府の管理下にある企業の資金を使い、多くの企業の買収が行われています。しかし、これはあまり効率的ではありません。それどころか、政治的な理由などで行われる買収では、非効率なケースも多く、買収した側が大きな損失を被ることも目立ちます。

エネルギー企業のガスプロムは、ロシア最大の企業体でもあります。政権は、その豊富な資金を使い、企業買収を進めてきました。マスメディアからはじまり、銀行業、鉱山経営、建設業、スキーリゾート、さらにはロシアでも最大級の農地も保有しています。そこに、ガスプロムの約四割という多数の人員と、巨額の資金が注ぎ込まれています。しかし、こうした事業の多くは赤字を生んでいます。ガスプロムは、本業のエネルギー部門以外では、毎年数億ドルという単位で損失を出しているのです。こうした状態に対し、もしガスプロムが民営化され、関連会社を整理・再編すれば、業績ははるかに改善されると見る研究者が大勢います。

日本でも、政府の保護の下でぬくぬくと過ごし、経営努力を怠ってきた企業などの巨額の負の遺産に、国民がいまも苦しめられています。同様のことがロシアでも広範囲に起きているのです。日本では、その反省の上に、政治改革も少しずつではありますが行われています。しかし、ロシアではこうしたことは、メドベージェフ体制になったからといっても、なかなか起こらないでしょう。ある意味ではロシアの宝といってもよいガスプロムなどの企業が、政治的な都合で、食い物にされているといってもよい状態なのです。

二一世紀半ばには人口が一億を下回る

現在、ロシアでは、収入の二極化が問題になっています。一方は、行政関係者やエネルギー・資源関連企業の従業員、富裕層相手の企業の経営者や役員など、主に都市部で成功した人々。彼らは、高級輸入車に乗り、ブランドショップで買い物を楽しむような華やかな生活を謳歌しています。反対に、そうした繁栄とは無縁の人々も大勢います。都市生活者でも、生産性の低い従来型の仕事に就いている人々。あるいは失業者。都市部以外に住む、農業などの従事者や零細企業の職員など。数の上から言えば、国民のうち、より多くがこうした層です。ロシアでは、国家の繁栄にもかかわらず、貧富の格差が、依然として大きく存在しているのです。

ロシアの現在の状況は、低所得の人々にとっては、希望の持てない社会になっています。政府とのコネがなく、競争社会で生きていくだけの教育を受けなかった人々は、この先もなかなか成功のチャンスは訪れないと悲観しがちです。そのため、ロシアでは、多くの人々、とくに男性が酒に溺れています。アルコール中毒などによる中毒死は、年間七万人前後もいます。肝硬変で亡くなる人も約四万人。酒に酔った上での暴力も頻発し、主に飲酒がらみの殺人は、年間五万件前後にものぼっています。自殺者も、一年に六万人近くです。健全な社会というには、ほど遠い状態なのです。

また、医療体制も整備されていないため、心臓疾患などで死亡する人の数は、アメリカと比べても約三倍です。HIV（ヒト免疫不全ウィルス）の感染者は、国内に一〇〇万人以上いると見られていて、さらに増加の一途をたどっています。

このため、ロシア国民の平均寿命は驚くような数字を示しています。女性は七二歳ですが、男性はなんと五九歳。ネパール国民の平均寿命が男女とも約六一歳ですから、これよりも低いことになります。

ロシアの人口は、現在、減少を続けています。一九九三年以来、毎年七〇万人前後が減っているのです。さらに、二〇一〇年以降には毎年一〇〇万人以上減少するともいわれています。そのため、現在の約一億四〇〇〇万の人口は、今世紀半ばに約一億に減ってしまうと予想されているのです。

軍隊に入るのは貧しい若者だけ

社会の二極化状態は、軍隊の質にも関わってきています。ロシアには二年間の兵役義務があるのですが、ある統計によれば、兵役のための徴兵検査を受ける若者の九割近くが、採用担当官や医師などを買収して、兵役を回避しているといいます。このため、新たに入隊するのは、買収もできず、兵役回避のためのコネも情報もない、貧しく、教育水準が低い若者ばかりという状態になっているのです。

ロシア軍の高官は、二〇〇六年の新兵一万人強について、多くが読み書きもできない、三〇パーセントが精神的に不安定、一〇パーセントが薬物やアルコール依存症、一五パーセントが病気または栄養不良、二五パーセントが親の顔を知らないという、ショッキングな実情を発表しました。

軍内部での新兵いじめも、深刻な問題となっています。上司や先輩などによる、新兵への違法労働の強制や、所持金の収奪などは、日常的になっているといわれています。これに対しては、政府も対策に必死です。

質の高い兵士を獲得できず、士気も低下しているようでは、強い軍隊など望むべくもありません。軍の制服を一新し、壮麗な軍事パレードをとり行ってはいても、その裏では、軍の質そのものに疑問符がついているのです。

人口減は中国との関係にも影響

さらに、ロシアの人口減少は、国際関係にも影響を与えています。現在、特に問題となりそうなのが、ロシアの極東地域です。ここでは、人口減少のスピードが、全国平均と比べても約四倍もの速さで進みつつあります。そこで、周辺各国から多数の労働者が入ってきていますが、中でも目立つのは中国人です。彼らは、非常に勤勉で、経済的に成功しています。そのため、この地域の経済が次第に中国の影響下に入ってしまうのではないかと、危惧する声もあります。

ロシアが、西側諸国との対決という意味で重視する上海協力機構にしても、水面下では中国との主導権争いが始まっています。両国は、国際関係に対する考え方が異なります。安全保障の面で、ときとして欧米諸国と対決の姿勢を見せるロシアに対し、欧米と協調することがいまの自国の発展にとって重要だと考える中国は、チベット問題などで批判を浴びても、西側各国と表立って対立するようなことは控えています。

もしロシアが、上海協力機構を西側との対決の道具にしたいと考えても、中国は簡単に同調はしないでしょう。中国にとって、失うものが多すぎるからです。人口が減少しつつある現在のロシアには、経済が急成長し、今後も人口が増加を続ける中国に対し、一方的に要求を認めさせる力はありません。復活した大国ロシアにとっても、中央アジアにおける盟主の座を獲得することは、決して簡単なことではないのです。人口問題が、じわじわと、ロシアの国力に影響を及ぼしているのです。

東欧諸国はEU、NATOに加盟

冷戦期、ロシアとともに西側諸国と対峙したのが、東欧諸国です。ロシアと東欧諸国は、軍事

図9　EUに入りつつある東欧諸国とウクライナ

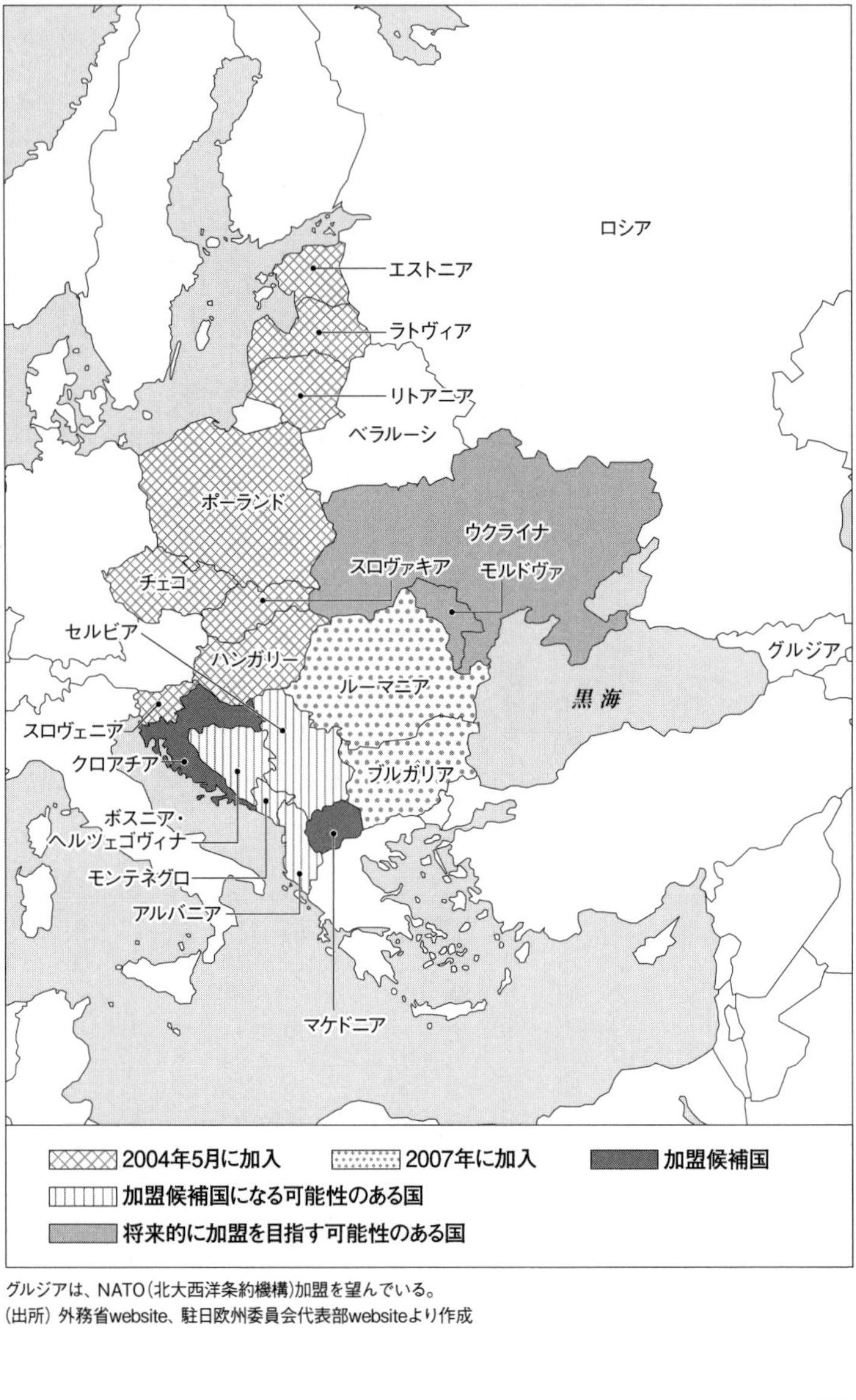

グルジアは、NATO（北大西洋条約機構）加盟を望んでいる。
（出所）外務省website、駐日欧州委員会代表部websiteより作成

的にはワルシャワ条約機構、経済的にはCOMECON（コメコン・経済相互援助会議）を結成し、密接な関係を続けました。しかし、この東欧諸国もいま、ロシアから離れ、急速に西側諸国の一員になりつつあります。

一九八九年から九〇年にかけて、東欧諸国の多くで社会主義体制が崩壊し、選挙による民主主義政権が発足しました。それから約二〇年。そのほとんどが、EUとの結びつきを強めています。二〇〇四年には、ポーランド、チェコ、スロヴァキア、ハンガリー、バルト三国、スロヴェニアが、EUに加盟しました。さらに、二〇〇七年には、ブルガリアとルーマニアがEUに加盟。旧ユーゴスラビア諸国も、今後、EUの一員となる可能性があります。

さらに、これらの国々は、アメリカも含めた軍事同盟であるNATO（北大西洋条約機構）にも加入しています。今後、ロシアを盟主として仰ぐことはもうありません。

また、二〇〇八年六月には、NATOが、アルバニアと旧ユーゴスラビアのクロアチアの加盟交渉入りを認めました。加盟交渉が順調に進めば、二〇〇九年には両国のNATO参加が可能になりそうです。東欧で最も遅れた国といわれるEU未加盟のアルバニアですら、西欧の一員となりつつあるのです。

ロシアに反旗を掲げるウクライナとグルジア

しかし、ロシアにとって勢力範囲の縮小を端的に示す事態は、それだけにとどまりません。旧ソ連のウクライナとグルジアまでが、NATO加入を申請しているからです。ウクライナでは、二〇〇四年、親EU・反ロシア路線を掲げたヴィクトル・ユーシェンコが選挙で勝ち、大統領に就任しました。しかし、その選挙運動中、ユーシェンコは何者かに大量のダイオキシンを投与され、一時重体となりました。真相は明らかになっていませんが、多くの関係者がロシアとの関連を疑っています。そうしたこともあり、いまやウクライナは、NATO、EUとの関係重視を鮮明にしています。

ウクライナでは、東部にロシア系の住民が多く住んでいるという状況もありますが、現在のところ、彼らに、欧米諸国への接近を止めるだけの力はありません。

グルジアも、ロシアとの間で、民族・領土問題を抱えています。グルジア国内のアブハジア自治共和国や南オセチア自治州には、グルジアからの独立やロシアへの編入を求める少数民族が住んでいます。ロシアは、このアブハジア自治共和国の独立や、南オセチア自治州のロシア・北オセチア共和国への編入を目指して、反政府勢力を支援しています。

二〇〇八年四月には、グルジアの偵察機が、アブハジア上空で墜落しましたが、国連はこれを、ロシアの攻撃によるものだと断定しました。また五月には、ロシアは、アブハジアに駐留するロシア軍部隊の増強を行い、軍事的な威嚇行動を繰り返しています。グルジアに対し、アブハジアの分離・独立への支持を明確に示したのです。アメリカやEUは、こうしたロシアの動きを警戒し、政府高官をロシアとグルジアに相次いで送り込みました。

こうした情勢の中で、ロシアは、両国のNATOへの接近に反対しています。長年、ロシア軍の参謀長を務めてきたバルエフスキー上級大将は、両国がNATO加盟を果たした場合、軍事行動を含む対抗措置を取ると明言しています。そのため、二〇〇八年四月に開催されたNATOの首脳会談では、両国のNATO加盟は認められませんでした。

しかし、ロシアの強硬な姿勢は、逆に両国のアメリカ、EUへの接近を促す結果となっています。両国の国民感情は、すでに西側に向きつつあります。ロシアには、それを阻止する方法はありません。ウクライナとグルジアが、いつNATOやEUに参加できるのかはまだわかりませんが、今後さらに西側諸国と政治・経済の両面で密接になっていくことは間違いありません。

旧東欧諸国や、ヨーロッパに近い旧ソ連諸国に対するロシアの影響力は、すでに低下の一途をたどっており、それを挽回することも難しいのが現状なのです。

（※）二〇〇八年八月、事態はさらに大きく動きました。北京オリンピックの開会式当日に、グルジアが南オセチアに軍を進めたからです。南オセチアでは、北オセチアへの編入をめざす少数民族のオセット人が住んでいて、ロシアは、この人々を支援。ロシア国籍を与え、ロシア軍が南オセチアに「平和維持軍」を名乗って進駐していました。この事態を打開しようと考えたグルジアのサーカシビリ大統領は、「平和の祭典」に合わせて行動すれば、世界の注目を集められ、しかもロシアは行動しにくいだろうと考えたようです。

しかし、ロシア軍は直ちに反撃。グルジア国内にまで攻め込みました。さらにアブハジアでも、グルジア軍の拠点を攻撃し、グルジア軍をアブハジアから追い出しました。この機敏な行動は、ロシアが事前にグルジアの行動を読んでいたことをうかがわせます。

アメリカなどNATO諸国は、NATOへの加盟を希望するグルジアがロシア軍の攻撃を受けたことに強く反発。アメリカは軍の輸送機で救援物資をグルジアに送ると共に、黒海に最新鋭の海軍艦艇を派遣。グルジアとウクライナを援護する態勢をとりました。

この一連の行動により、NATOとロシア軍の交流はストップ。「新しい冷戦」が始まりました。まさに、ロシアvs.アメリカ・EUの衝突を体現したのです。

■ロシアvs.アメリカ・EUの対決の行方——三つの数字から今後を読み取る

豊富な天然資源を背景に、成長を続け、国際的な影響力を拡大しているロシア。アメリカやEUに対抗して、自国の通貨ルーブルを、ドルやユーロに並ぶ基軸通貨にしたいという野望を抱いているともいわれるロシア。アメリカやEUとの対決は、この一〇年から二〇年の間に、どうなっていくのでしょうか。

ロシアが保有する核弾頭の数　5682
アメリカが保有する核弾頭の数　5521

●『平成19年版　日本の防衛—防衛白書—』

この数字は、両国が持つ「戦略核」と、威力の小さな「戦術核」の数の合計です。これを見ればわかるように、ロシアは巨大な核戦力を持っています。その気になれば、世界中の主要な都市をすべて破壊しつくすことも簡単です。

この巨大な核戦力は、アメリカにまったく引けを取っていません。ロシアは、核弾頭やICB

M（大陸間弾道ミサイル）の数ではアメリカと拮抗し、SLBM（潜水艦発射弾道ミサイル）や核爆弾を積む戦略爆撃機の数ではアメリカよりもやや少ないものの、いざとなればアメリカを壊滅させられるだけの力がある唯一の国です。

こうしたロシアの核戦力に対しては、どの国も恐怖感を持たざるを得ません。ただし核戦力は、実際に使うことができないものです。核ミサイルが飛び交うようになったら、それは人類の終わりを意味するからです。そのため、ロシアの核戦力は、自国の防衛に対しては万全の力を発揮する（巨大な核戦力を持つロシアを攻めることを考える国はありません）ものの、自国の影響力を強めるためにはあまり役に立ちません。特に、アメリカやEUに対しては、影響力も限定的です。アメリカの核の傘に入った国に対しては、ロシアも攻撃できないことを、どの国も知っているからです。

核兵力以外の通常兵力では、アメリカの戦力は、質の上でも量の上でも、ロシアを大きく上回っています。だからこそ、ロシアは核戦力の維持に多大な努力を払ってきたのです。

近年、アメリカがチェコとポーランドで進めるMD（ミサイル防衛）システム配備計画に対して、ロシアは一貫して反対しています。それにもかかわらず、配備計画は少しずつ進展しつつあります。これも、ロシアの影響力が限定的だということを示しています。

グルジアやウクライナなど、かつてのソ連の一部だった国々の西欧志向を押しとどめることもできないでいます。

では、ロシアが持つもうひとつの影響力、資源・エネルギーはどうでしょうか。

ロシアの天然ガスの確定埋蔵量 世界の約27パーセント ●『プーチンのロシア』

天然ガスや石油などに関して、ロシアは大生産国です。近年のエネルギー価格高騰に伴って、国内に巨額の資金が流れ込み、経済が活性化すると同時に、政府の財政にも多くの黒字が生じています。ロシア政府は、この資金を使って、軍事力を強化し、海外の企業を買収しようとしています。これは、アメリカやEUにとっても脅威となることです。

今後、巨大な人口を抱える新興国が経済発展していくにつれ、エネルギーや鉱物資源をめぐる争奪戦が頻繁に起きることでしょう。そうなれば、資源・エネルギーの価格は今後も上昇を続け、こうした資源を持つ国の発言力はますます強くなります。

そうなれば、ロシアの経済もさらに強いものになっていくでしょう。

ただし、本文でも述べたように、ロシアが将来的に豊富なエネルギーを持ち続けることができるかどうかについては、不確定の要素が残っています。ロシア国内のガス田開発が今後も順調に進むのか。ロシアが周辺の産出国から引き込んでいる天然ガスを、これからも確保し続けることができるのか。ロシアが強い影響力を持つパイプラインを経由せずに運ばれる、ＬＮＧの生産・消費がどこまで増えていくのか。ロシアのエネルギーを取り巻く状況を考える上で、こうした要素を無視できません。

従って、ロシアの将来は当面、かなり明るいと思われますが、二〇年後の状況は極めて不透明です。

潤沢なエネルギーをいつまで持っていられるのか。それらがある間に、別の基幹産業を育成することができるのか。課題もたくさんあるのです。

さらにロシアには、よりはっきりとした不安定要素もあります。

ロシア男性の平均寿命　59歳

●『プーチンのロシア』

近年、経済成長を背景に、ロシアでも平均寿命が少しずつ伸びてきているともいわれますが、それでも欧米諸国と比較すると、男性の平均寿命が短いことに変わりありません。

ロシアでは、一五歳の少年一〇人のうち、六〇歳まで生きられる子どもは六人もいません。イギリスや日本では、その数字は九人、あるいはそれ以上ですから、その短さがわかります。トルコやブラジルといった国でも、八人はいます。

これは、大きな貧富の差の存在や、医療制度が充実していないことが背景にあります。

こうした貧富の差が、新兵などの質の低下に結びついていることは、先にも紹介した通りです。

また、人口の急激な減少は、国力を弱める要因になります。日本以上に急速に進む人口減少を食い止めるのは、いかにプーチン＝メドベージェフ体制が強固であっても難しいことです。この点に関していうと、ロシアの未来には暗雲が漂っていると見てもよいでしょう。

ロシアはアメリカ・EUを追い越すのか？

現在のロシアの躍進は、ひとえに自国で産出したり、自国経由で供給したりしているエネルギーの価格上昇によるものです。

従って、そうした状況に翳りが見えたとき、ロシアの成長はストップする可能性があります。ただしここ一〇年ほどは、そうした心配をする必要性は大きくないとも思われます。

しかし、その後のことはわかりません。

安全保障上でも、現在は上海条約機構を使って、周辺各国と軍事的な協力関係を築こうとしていますが、そのリーダーの座をめぐっては、中国と水面下で駆け引きが続きます。旧ソ連時代のような圧倒的な影響力を持つことは難しいでしょう。

ロシアにとって、一〇年から二〇年のうちに、アメリカやEUとの競争に打ち勝ち、それらを凌駕することは、かなり難しいといわなければなりません。

第3章

EU vs. アメリカ
「グローバルスタンダードをめぐる対決」

ヨーロッパの平和を目指して発足したEUは、参加国が増え、共通の通貨ユーロは、その価値を高めている。EUは、アメリカに対抗する、もうひとつの極を形成しつつある。それはまた、さまざまな「グローバルスタンダード」の制定において、どちらが主導権を握るかという対決でもある。

1　国際社会の注目を集めるEU

二〇XX年X月五日、ワシントンDC発外電

米大統領は、依然として米経済への影響が懸念される**低所得者向け高金利**住宅ローン（サブプライムローン）問題に対処するため、総額二〇〇〇〇億ドル（約二二一兆円）規模の**緊急経済政策**を実施すると発表した。アメリカは、二〇〇八年にも当時のブッシュ大統領の下で、総額一五〇〇〇億ドル（約一六兆円）規模の経済政策を実施したが、今回発表された経済政策の規模は、それを上回るものとなった。

二〇XX年X月一四日、フランクフルト発外電

ECB（欧州中央銀行）との会合に出席するため、フランクフルトを訪問中の米FRB（連邦準備制度理事会）議長は一三日夜、記者団との懇談会の席上、「アメリカの経常赤字額は、中長期的に**持続可能な水準を超えつつある**」と述べた。

二〇XX年X月一六日、ニューヨーク発外電

先週末のFRB（連邦準備制度理事会）議長の発言を受けて、一六日朝から**ドル相場は急落**。大幅なユーロ高となった。ダウ工業株三〇種平均も大幅安になった。同議長は、フランクフルトでの記者団との懇談会の席上、アメリカの経常**赤字額の多さに警告**を発していた。これにより、米大統領が五日に発表した巨額の緊急経済政策が、逆にアメリカの中長期的な成長の障害となる懸念が生じていた。

二〇XX年X月二〇日、ワシントンDC発外電

米国防長官は、米上院軍事委員会での証言で、今後五年間の**イラク駐留経費**が、これまでの予想の約二倍に当たる見込みであることを明らかにした。同長官によれば、ブッシュ政権時に公表されなかった**巨額の使途不明金**があり、それを補顛する意味もあるという。

二〇XX年X月二三日、ニューヨーク発外電

二〇日の米国防長官によるイラク駐留経費の増大の報告を受けて、二三日朝からドル相場は急落。大幅なドル安ユーロ高となった。ドルは対円でも**大幅下落**。ダウ工業株三〇種平均も大幅安になった。

二〇ＸＸ年Ｘ月二七日、モスクワ発外電

ロシアの蔵相は、早ければ来年から、ロシアの対外決済通貨を、これまでのドル建て中心からユーロ建て中心へと変更する考えを明らかにした。今回のロシアの**ユーロシフト**により、世界の貿易決済通貨のうち、ユーロが占める割合は推定で四割を超え、約三五パーセントのドルを追い抜くと見られている。ロシアは、これまで**高騰を続けるエネルギー**の輸出代金の多くをドル建てで受け取ってきたが、ドル安の進展による目減りによって、不満を強めていた。

二〇ＸＸ年Ｘ月三〇日、ニューヨーク発外電

先週末のロシア蔵相による対外決済通貨のユーロへのシフトという発表を受けて、三〇日は朝からドルが急落した。ダウ工業株三〇種平均は**戦後二番目の大幅安**となった。

二〇ＸＸ年Ｘ月三一日、フランクフルト発外電

ＥＣＢ（欧州中央銀行）の総裁は、今月に入ってからの急激なユーロ高は、ヨーロッパ経済に悪影響を及ぼしかねないと**警告**した。今月半ば以降のユーロの急激な対ドルレート上昇は、ヨーロッパの輸出産業に深刻な影響を与える可能性があるという。

二〇XX年X月三一日、ワシントンDC発外電
FRB(連邦準備制度理事会)議長は、明日、ECB(欧州中央銀行)の総裁と緊急会合を開くことを発表した。同議長は、今月に入ってからの急激なドル安ユーロ高の動きは、アメリカ、EU双方の経済に**大きなダメージ**を与えかねないと語った。

大きな期待を集めるユーロ

近年、ユーロの上昇傾向が止まりません。

二〇〇八年六月一〇日の東京市場での終値は、一ユーロ=一・五四六七ドル。ユーロが現金として流通しはじめた二〇〇二年一月一日の段階では、一ユーロ=約〇・八九一ドルでしたから、ユーロはドルに対して、六年半で七割以上も値上がりしたことになります。

同じ時期に、円はドルに対し、二割強しか上がっていませんから、ユーロがいかに強くなったかがわかります。

ユーロの上昇は、ユーロを使うヨーロッパ各国の経済が、これまで好調だったことによります。しかし、それだけではありません。ユーロ圏そのものへの信頼が高まってきたことが背景にあるのです。

人々が、ユーロが流通している国々、そしてEU（ヨーロッパ連合）に対して、今後も発展していくに違いないと期待しているのです。

さらに、アメリカ経済が、イラク戦争の泥沼やサブプライムローンの破綻で不安定になり、ドルへの信頼が失われつつあります。それに代わる通貨としてユーロへの期待が高まっています。

これまで、世界の中で「基軸通貨」と呼ばれる通貨はドルでした。貿易などの取引で使われ、各国の中央銀行が持つ外貨準備として保有される通貨の多くが、ドルだったのです。ドルとの交換レートを一定か、ある範囲内に収める、「ドル連動（ドルペッグ）制」という金融制度を取り入れてきた国も多数あります。

しかし、現在、ユーロ圏以外の各国で、こうしたドル偏重を改め、ユーロを重視しようという動きが、進み始めています。

ユーロを導入している国は、ドイツ、フランス、イタリアを含む、EU二七か国の中の一五か国です。しかし、これ以外の国でも、自国通貨をユーロと連動させることで、ユーロ圏との結びつきを強めている国があります。

EU加盟国では、イギリスとスウェーデン、ポーランドを除く残り九つの国が、何らかのかたちで連動制を採用しています。デンマークでは、二〇〇〇年に、国民投票でユーロへの参加が拒否されましたが、自国通貨のデンマーククローネをユーロと連動させることで、実質的には準加盟国といってもいいような立場になっています。

将来、ＥＵへの加盟の可能性があるボスニア・ヘルツェゴビナ、クロアチア、マケドニアなども、同様にユーロペッグ制を取り入れています。

また、自国通貨をフランスフランと連動させていたアフリカ中・西部にある一四の国は、現在、ユーロとの間で固定相場制を採用しています。

さらに、旧ユーゴスラビアのモンテネグロやコソボ、極小国と呼ばれるモナコ、アンドラ、バチカンなどにいたっては、ユーロを国内通貨として使用しているくらいなのです。

ユーロを正式に導入している一五か国の合計人口は、約三億二〇〇〇万。これは、アメリカの人口、約三億を上回っています。

ユーロの影響を受ける国々の人口でいえば、将来的にはユーロに入ると見られるイギリスやスウェーデン、ポーランドなども含め、合計で五億前後にもなります。ヨーロッパの国々の経済的な強さを考えると、この五億という数字は、国際社会の中でも非常に大きな存在感につながっています。

ユーロ建ての決済が急増する

ユーロの上昇とドルの下落にともなって、これまで貿易などの決済を、ドル建てで行ってきた国が、ユーロ建ての取引に切り替える動きも出ています。

たとえば、サウジアラビアやカタールなど中東の湾岸産油国では、これまで自国通貨をドルに連動させてきました。

そのため、ドルの下落は、そのまま自国通貨のユーロや円に対する下落につながりました。これにより、自動車や家電製品など、EU各国や日本などからの輸入品が値上がりしたのです。また、湾岸産油国ではこれまで、輸出した原油の代金の大半をドル建てで受け取ってきました。これも、ドルの下落とともに価値が目減りしています。

こうした国々では、原油の輸出などで得た外貨準備の大半を、米国債で運用しています。米国債を買って、その利回り分を利益にしようと考えていたのです。しかし、肝心のドルが値下がりしては、利回りどころではありません。こうした外貨準備の目減り分は、いまや無視できない水準にまでなってきています。

そこで、湾岸各国では、外貨準備のかなりの部分をドルからユーロにシフトすることを検討しています。

また原油取引を、ドル建てから、ドルやユーロなど複数の通貨を混ぜ合わせた「通貨バスケット方式」に変えていこうという案も検討されています。

中国やロシアといった輸出大国も、ユーロ重視の姿勢を明らかにしています。

中国では、約二兆ドルという世界最大の外貨準備額の六割以上を、ドルで運用しています。このため、ドル下落によって巨額の目減りが出ています。そこで、中国政府高官からは、強いドルを求める声も上がっています。

今後、中国は、ドルの暴落を招かないように慎重にドルの割合を下げていき、同時に、ドルの割合を超えないくらいに、少しずつユーロの比率を高めていくのではという観測が広がっています。

また、ロシアでも天然ガスや原油の輸出代金をドル建てにしています。しかし、ここでも、ドル安の進行による代金の目減り分が巨大な規模になっています。そこで、二〇〇七年一二月には、当時、ロシア最大の天然ガス会社ガスプロムの会長でもあったメドベージェフが、天然ガスの輸出における決済を、今後ユーロ建てに変えていくという方針を発表しました。

彼は、その後、ロシアの大統領になりましたから、こうした方針がロシアのエネルギー・資源産業全体に広がっていく可能性も否定できません。

また、二〇〇七年一一月には、ブラジル出身のスーパーモデル、ジゼル・ブンチェンが、彼女への巨額の給与を、ドル建てではなく、ユーロ建てにするように求めたという報道もありました。ドルは、モデル業界一、経済感覚に優れているといわれる億万長者の美女にも、見限られてしまったというわけなのです。

紙幣の流通量では、すでにドルを凌駕する

こうした流れの中で、ユーロの存在感が急速に拡大しています。

市中に出回っているユーロの紙幣流通量は、中央銀行が保管している分を除くと、二〇〇六年末の時点で約六三〇〇億ユーロ。当時の為替レートでは、約八三〇〇億ドルに相当する金額です。それに対して、ドル紙幣の流通量は約七八〇〇億ドルでした。

各国で実際に使われている紙幣の量という意味では、この時点で、すでにユーロがドルを超えていたのです。その後、ユーロの対ドルレートがさらに上昇していることを考えると、この差はさらに開いているでしょう。

一方、世界中で取引の決済に使われた通貨の割合を見ると、二〇〇七年半ばの数字で、ユーロは全体の約二割を占めています。これに対し、ドルは約四割。決済通貨としてのドルの地位は、いまだ大きなものがあります。

しかし、今後、中国やロシア、中東産油国などが決済に使う通貨の一部をユーロに換えていくため、ユーロがドルを追い上げていくことは間違いないでしょう。

さらに、各国の中央銀行が外貨準備で保有している通貨の割合を見た場合も、少しずつドル離れが進み、ユーロへのシフトが起きつつあることがわかります。世界の中央銀行が保有する外貨

準備のうち、ドルの割合は、二〇〇一年から二〇〇七年までの六年間で、約七三パーセントから約六五パーセントへと、八ポイントほど低下しました。

逆に、ユーロの割合は、同時期に約一七パーセントから約二六パーセントへと、九ポイントほど増加しています。ドルをやめた分が、そっくりユーロに換わったといえるかもしれません。

アメリカの経済学者の間でも、二〇二〇年には基軸通貨がユーロに移る可能性があるという意見が出始めています。ユーロを取り巻く現在の状況を見る限り、こうしたことも大げさとはいえないのです。

一五のユーロ導入国は、ひとつの経済圏

ユーロの流通開始は、二〇〇二年一月一日。ドイツ、フランス、イタリアなど、一二か国が最初の導入国です。その後、二〇〇七年にはスロヴェニアが、二〇〇八年にはキプロスとマルタがユーロを導入し、現在のユーロ導入国は一五に上っています。

これらの国は、自国の通貨を廃止し、ユーロという単一通貨を国内で流通させています。ユーロに関する金融政策は、ドイツ・フランクフルトにあるECB（欧州中央銀行）で決定されています。

さらに、ユーロの導入を希望する国には、そのための前提条件として、政府の財政赤字やイン

フレ率を、一定水準以下にすることなどが求められます。たとえば、財政赤字をGDP（国内総生産）の三パーセント以下にしたり、債務残高をGDPの六〇パーセント以下にしたりしなければなりません。これは、日本のいまの状況を考えると、クリアすることができないほどの厳しい条件です。

しかし、このような条件をクリアせず、ユーロに加わらない国は、ユーロ導入国との間で為替リスクを持つことになります。

たとえば今後、東欧のA国がユーロを導入し、すぐ隣のB国は導入する予定がない、というケースを考えましょう。このとき、ユーロ導入国であるイタリアの服飾メーカーが、工場をA国につくろうか、B国につくろうか、検討していたとします。賃金や社会制度など、両国の他の条件が似たようなものなら、イタリアのメーカーはおそらくユーロを導入するA国に進出しようとするでしょう。

B国に工場を建てるには、ユーロの資金をB国の通貨に換金して、投資をしなければなりません。しかし、その際には、B国通貨の対ユーロ相場が上がったときに備えて、あらかじめ余分のユーロを用意したりしなければならない、といったリスクが出てきます。イタリアのメーカーにとってみれば、こうした余分の資金調達はなくしたいと考えるはずです。そのため、為替リスクのないA国に軍配が上がることになります。

つまり、ユーロを導入することで、他の国からの投資を受けやすくなるというメリットがあるのです。

またEU域内では、モノやサービスの自由な移動ができ、移住なども簡単です。

その上、ユーロを導入した国では、どこへ行ってもユーロで取引ができます。これは、国をまたがって仕事をする企業や個人にとって、大きな利点となります。ユーロ導入国は、まさにひとつの経済圏を形成しているのです。

その影響力は、決済通貨として使われる割合の増加や、中央銀行の外貨準備の増加などに象徴されるように、域外の国々に対しても及び始めています。

アメリカを超える経済規模

一九九三年一一月一日。イギリス、ドイツ、フランスなど一五か国が加盟するEUが発足しました。ヨーロッパの広大な地域を支配した古代ローマ以来、分裂を重ね、戦争を繰り返してきたヨーロッパが、再び統合への道を歩んでいるのです。

EUは、国家ではありません。しかし、EUは、国家が持っていた主権の一部を譲り受けるかたちで、域内全域についての政策を決めていく機関です。国の上位に位置する機関なので、「超国家機関」とも呼ばれています。

図10　EC・EU加盟国の拡大

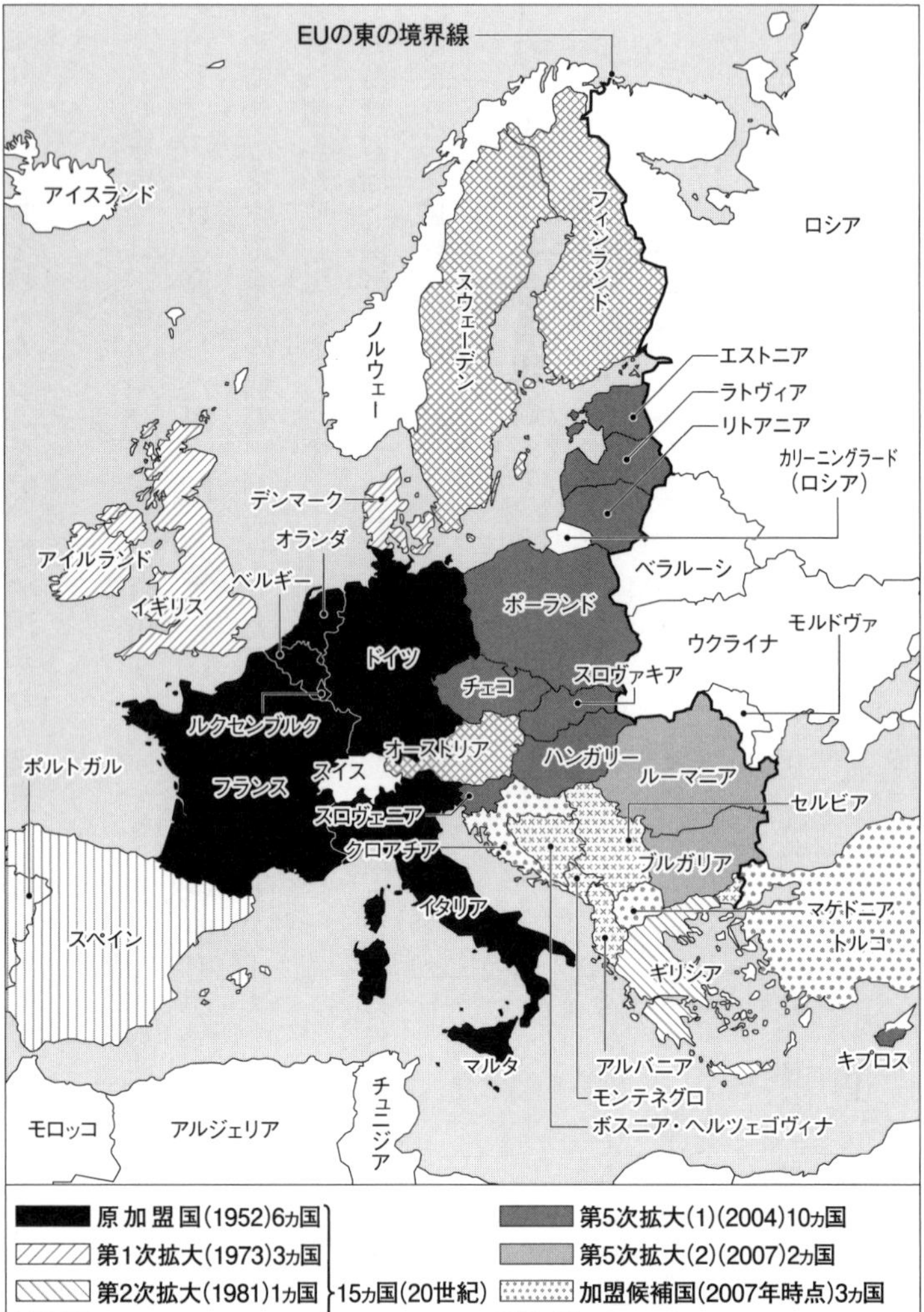

（出所）『拡大するユーロ経済圏』、駐日欧州委員会代表部websiteより作成

国が、自らの主権やその一部を譲り渡すというようなことは、戦争で負ける場合以外、過去にほとんど例がありません。その意味でEUのあり方は、他に類を見ない、非常に画期的な方法なのです。

EUは、一五か国による発足以来、加盟国を増やしてきました。

近年でも、二〇〇四年にチェコなど旧共産圏をはじめとする一〇か国が、二〇〇七年にはルーマニアとブルガリアの二か国が加盟。現在では、発足時の二倍近い二七か国がEUに参加しています。それだけの国が集まったのですから、その規模も大変なものになっています。

まず、その面積ですが、二七か国の合計で約四三三万平方キロ。これは、日本の一一倍以上に当たります。ただし、アメリカの約九六二万平方キロと比べると、半分以下ではありますが。

しかし、人口は四億九〇〇〇万強で、三億強のアメリカを二億近くも上回っています。経済規模を示すGNI（国民総所得）という数字を見ると、アメリカは一二兆九一〇〇億ドル強。これに対し、EU二七か国の合計は、約一三兆六九〇〇億ドルです。非常にいい勝負ですね。

EUは、一国ずつではアメリカにかないませんが、全体ではアメリカをしのぐほどの規模になることがわかります。

EU企業の高い技術力

EUの強さの背景には、域内の企業や組織が持つ世界最高水準の技術力や強いブランド力、豊富な資金力などがあります。

たとえば技術力という面でいえば、EUは独自の宇宙開発機構である「欧州宇宙機関」を持ち、宇宙開発の分野でアメリカ航空宇宙局（NASA）を追い抜こうという壮大な将来目標を持っています。動かしている人工衛星の数は、合計で二〇〇基前後。

また、アメリカに対抗して、GPS（全地球電波測位システム）の欧州版である「ガリレオ計画」も進めています。これは、軍事用途から生まれたGPSと比べて、より民間用途に適した高い精度の情報を提供できるシステムだといわれています。

フランスとドイツ、イギリスの三か国が資金を提供する航空機メーカーのエアバス社は、いまや、米ボーイング社との間で毎年、受注・納入機数の世界一を競い合うほどの成功を収めています。その要因は、同型機の大量生産による低価格化の実現、ボーイング社に比べて多くの研究開発費を投入したこと、などにあると見られています。

さらにフランス国有鉄道（SNCF）は、自社の高速鉄道TGVを、日本の新幹線を上回る最高速度三二〇キロで営業運転させる技術を持っています。二〇〇七年四月の試験運転では、世界記録となる時速五七四・八キロを達成しました。

TGVの技術は、イギリスやベルギーとの間をつなぐユーロスター、ドイツやベルギー、オランダに向けて運行するTGVタリス、イタリア国内を走るユーロスター・イタリアなどにも踏襲され、ヨーロッパ各国を日々、高速で結んでいます。

豊富な資金力でアメリカ企業を買収する

こうした優れた技術に代表される経済力を使い、多くのEU企業は積極的な活動を繰り広げています。

アメリカへの投資もその一部です。少し古い数字ですが、二〇〇〇年にはアメリカに投資された資金の六五パーセント以上が、ヨーロッパからのものでした。そのうちかなりの部分が、アメリカ企業の買収に使われています。EU企業は、多くのアメリカ企業を買うことで、アメリカ市場での影響力を強めようとしているのです。

その代表例はクライスラーです。米三大自動車メーカーのひとつクライスラーは、一九九八年に、ドイツのダイムラー・ベンツ社と合併しましたが、これは実際にはダイムラーによる吸収合併でした。

さらには、老舗服飾ブランドのブルックス・ブラザーズは、イタリア企業RBA(リテールブランドアライアンス）の傘下にありますし、同じ服飾ブランドのダナ・キャランは、ルイ・ヴィトンなどで有名なフランスのＬＶＭＨが所有しています。

以下、ソープのダヴや紅茶のブルックボンドは、英蘭系のユニリーバが所有。大手出版社のランダムハウスは、ドイツのベルテルスマンの傘下。投資銀行のファースト・ボストンは、スイスのクレディ・スイスの傘下。タバコのケントやクールは、イギリスのＢＡＴ（ブリティッシュアメリカンタバコ）社が買収。

また、ヨーロッパ系の金融機関が買収し、完全子会社となったアメリカの金融機関は、一〇社を超えると言われています。

ＥＵの経済力は、アメリカにも広く及んでいるのです。

アメリカに匹敵する巨大企業

ＥＵ経済の強さは、ＥＵ企業の大きさにも見ることができます。

米経済誌の『フォーチュン』は毎年、売上高などにもとづき、世界の上位五〇〇社のランキングである「フォーチュン５００」を発表しています。

二〇〇七年のデータでは、売上高で日本の最上位にランクされた企業は、売上高約二〇四七億ドルのトヨタ自動車で、世界での順位は六位でした。

図11 フォーチュン500上位20社の売上金額（2007年） （単位:100万ドル）

順位	企業	国	売上金額（アメリカ企業）	売上金額（EU企業）	売上金額（その他の国）
1	ウォルマート・ストアーズ	アメリカ	351,139.00		
2	エクソン・モービル	アメリカ	347,254.00		
3	ロイヤル・ダッチ・シェル	オランダ		318,845.00	
4	BP	イギリス		274,316.00	
5	ゼネラル・モーターズ	アメリカ	207,349.00		
6	トヨタ自動車	日本			204,746.40
7	シェブロン	アメリカ	200,567.00		
8	ダイムラー・クライスラー	ドイツ		190,191.40	
9	コノコ・フィリップス	アメリカ	172,451.00		
10	トタル	フランス		168,356.70	
11	ゼネラル・エレクトリック	アメリカ	168,307.00		
12	フォード・モーター	アメリカ	160,126.00		
13	INGグループ	オランダ		158,274.30	
14	シティグループ	アメリカ	146,777.00		
15	AXA	フランス		139,738.10	
16	フォルクスワーゲン	ドイツ		132,323.10	
17	中国化工集団公司	中国			131,636.00
18	クレディ・アグリコール	フランス		128,481.30	
19	アリアンツ	ドイツ		125,346.00	
20	フォルティス	ベルギー		121,201.80	
売上金額合計			1,753,970.00	1,757,073.70	336,382.40

巨大企業の規模では、EU、アメリカはほぼ互角だということがわかる （出所）CNN Money.comより作成

このデータを見ると、一位は三五一一億ドルを売り上げたウォルマート。二位はエクソン・モービルの三四七三億ドル。両者ともアメリカ企業です。次の三位はオランダのロイヤル・ダッチ・シェル、三一八八億ドル。四位は、イギリスのBP（ブリティッシュペトロリアム）、二七四三億ドル。両者ともEU企業です。なかなかいい勝負ですね。

以下、五〇位までの間に、アメリカ企業は合計で一八社がランクインし、その売上高の合計は約二兆七三四五億ドル。一方、EU企業は二二社が入り、合計売上高は二兆九五六〇億ドルでした。ほぼ拮抗しているといってもよいでしょう。

ちなみに、上位五〇社の中で、日本企業はトヨタ自動車以下、本田技研工業、NTT、日産自動車、日立製作所という五社だけでした。いまの日本の状況を考えれば、これでも頑張っている方だといえるかもしれませんが。

このように、EU企業は、最先端の技術と強いブランド力、そして巨額の資金をもって、アメリカ企業と競り合っています。EUとアメリカは、ときに争い、ときに協調しながら、がっぷり四つに組んだ経済競争を繰り広げているのです。

戦争の回避は至上命題

拡大の一途をたどるEU。なぜヨーロッパの多くの国々が加盟をし、今後もしようとしているのでしょうか。

それはまず、EUというひとつの共同体に入ることで、他の加盟国との戦争を回避できることです。さらに、EU域外の国に対して、EU全体を敵に回すことになる加盟国との戦争には躊躇するだろうという思惑もあります。

ヨーロッパでは、中世以降、各国間で多くの戦争があり、互いに領土や富を奪い合ってきました。二〇世紀に入ってからも、二つの大きな戦争があり、ヨーロッパ全域が戦火にさらされました。ヨーロッパの諸国がひとつの共同体の中に入ることで、こうしたことを防ごうというのです。

EUを設立した理由はそれだけではありませんが、戦争への恐怖、戦争への反省という要素は、EUの創設を考える上で決して忘れることはできないものです。

「共通市場」の創設で、域内企業の競争力を高める

もちろん経済的な理由もあります。共通の市場をつくり、そこでの競争を促進させることで、域内企業の競争力が高まります。巨大な経済力を持つアメリカ、さらには日本との競争を余儀なくされたヨーロッパ各国にとって、これは非常に重要なことでした。

そこで、EUでは「共通市場」の創設が至上命題のひとつになりました。それにより、EU域内の企業は、五億人の巨大市場へのアクセスが可能になりました。優れたメーカーやサービス企

業が競争力を高め、優れた製品やサービスを、安い価格で提供するようになったのです。同時に消費者は、安く質の高い商品を手に入れることができるようになりました。

その効果は、はっきりと出ました。たとえば、EU域内でおこなわれた航空産業での大幅な自由化によって、加盟国同士を結ぶ航空ルートが急増し、航空運賃も劇的に下がりました。国際電話料金も大幅に安くなりました。一九八四年と比べると、現在のEU内における国際電話料金は約五分の一になっています。これらは、EUができたことによる経済効果のほんの一例です。

さらに、ヨーロッパがまとまることで、国際社会に対する発言力も大きくなります。一国の意見では、他の国もなかなか耳を貸してくれませんが、EUの意見ともなれば、どの国も無視することはできません。影響力という点では、EUとしてまとまった方が、はるかに有利になるのです。

また、EU加盟を願う国々にとっては、近代化や誇りといった側面もあります。EUに加盟するためには、政治上、経済上の多くの条件をクリアしなければなりません。その過程では、多くの改革が必要となり、国の制度が効率的なものとなります。さらに、そうした改革を通して、EU加盟が認められることは、その国が「現在ヨーロッパの一員」として認められたという、国民にとっての誇りにもつながるのです。

アメリカと肩を並べ、民主主義の価値観を広める

こうしたEU拡大の利点を、オランダのウィム・コック前首相は、次の五つの点にまとめています（羽場久浘子『拡大ヨーロッパの挑戦』）。

・ヨーロッパの共同行動
・ヨーロッパ経済の高揚
・市民にとっての安全性の増大
・EU近隣諸国との協調の発展
・世界情勢に対するより強力な発言力

EUは、域内や近隣諸国との紛争を抑制するとともに、ヨーロッパをアメリカと肩を並べる存在にし、さらに民主主義という価値観を広めていこうという、壮大な計画を持っているのです。

EU拡大の背景にあるこれらの側面を考えると、東欧の国などを中心に、今後も多くの国々がEUへの加盟に向けて動いていくことは確実です。

パスポートチェックや税関検査がなくなる

共通市場を作るには、人や資金、モノやサービスなどの自由な移動が欠かせません。

そこでEUは、EU加盟国の国民なら、EU域内のどこへでも移住ができるようにする制度を

図12　シェンゲン協定参加国

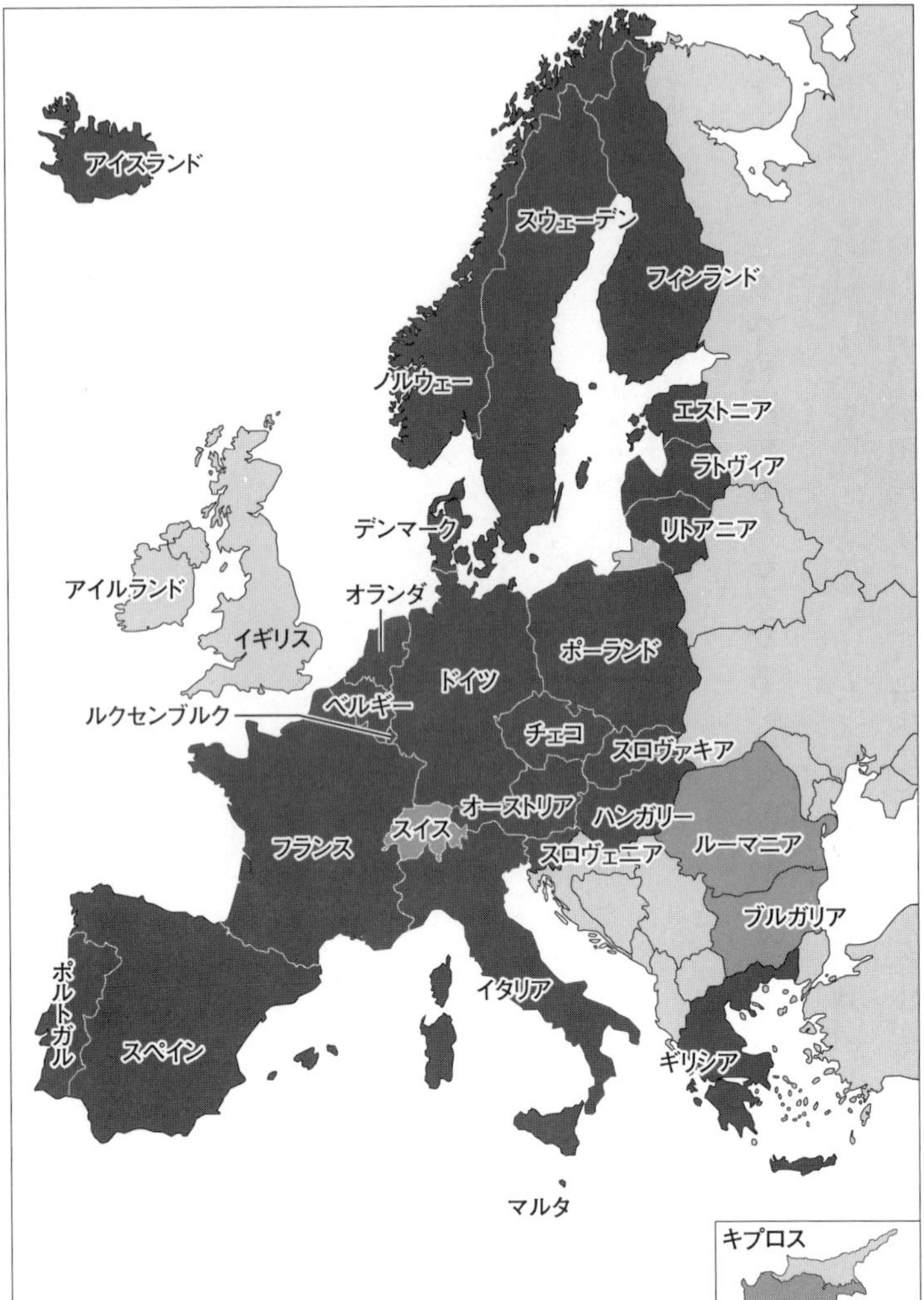

（出所）外務省、駐日欧州委員会代表部 websiteなどより作成
※キプロス、スイス、ブルガリア、ルーマニアは、協定に調印したが未実施
※イギリス、アイルランドは協定の一部（警察関連）に参加

設けました。それだけでなく、移住先の国では、福祉などの点でその国の国民と平等の待遇を受けられるようにしたのです。このため、数十万人単位のイギリス人定年退職者が、自国よりも物価の安いアイルランドやスペインなどに移住するという現象も起きています。

また、ＥＵ加盟国内で発行された運転免許証であれば、他の加盟国でも有効になりました。

さらに、一部の国を除き、ＥＵのほとんどの加盟国の間では、国境管理が廃止され、パスポートのチェックや税関検査などがなくなりました。「シェンゲン協定」という取り決めに参加したからです。

この協定には、ＥＵ域外のノルウェー、アイスランド、スイスの三か国も参加しています（スイスは未実施）。ＥＵ各国との自由な往来という魅力に、域外の国も抗しきれなかったのです。

ＥＵの一員という立場を活用したアイルランド

こうした共通市場の恩恵は、アイルランドの例を見るとよくわかります。

アイルランドは、ヨーロッパの西端にある島国という地理的条件を考え、アメリカ企業を呼び込む戦略を立てました。アメリカの企業がヨーロッパに商品を輸出する際に、その基地としての役割を果たそうとしたのです。

そのため、一九七九年には、関連の強かったイギリスポンドとのつながりをなくし、ユーロの前身ともいうべき欧州通貨制度（ＥＭＳ）に参加しました。先端技術を持った人材の育成に努めると共に、ＥＵから得ていた巨額の補助金を、自国産業のインフラ整備のために使ったのです。アメリカの輸出企業にとっては、アメリカとＥＵの中間という位置にあって、ＥＵの共通市場に参加し、質の高い労働力が多いアイルランドは、ＥＵへの足掛かりという意味でうってつけでした。

こうしてアイルランドは、アメリカ企業の情報・通信関連機器の製造・輸出基地としての地位を獲得したのです。その結果が、一九九〇年代を通じての年率平均で七・二パーセントという数字を記録した経済成長です。

さらにアイルランドは、ドイツやオーストリアなどが東欧からの移民をあまり歓迎しなかったのに対し、彼らを積極的に受け入れました。二〇〇四年から二〇〇五年末までの間に、アイルランドには東欧諸国などから約一七万人の移民が流入しています。彼らの中には、教育を積んだ質の高い労働者も多く、アイルランドの成長に貢献しました。

アイルランドの成功は、まさにＥＵの一員という立場を最大限に活用したものだったのです。

東欧諸国へも、西側諸国の工場などが進出

ＥＵに新たに加盟した東欧諸国も、こうした共通市場の恩恵を受けています。東欧では、もと

もと物価水準が低く、労働者の賃金が非常に安いため、欧米などから多くの工場やコールセンター、オペレーションセンターなどが進出しています。

たとえば、ハンガリーにはGEのオペレーションセンターがあり、ヨーロッパをカバーする間接業務の拠点となっています。そこには、英語、ドイツ語、フランス語など九か国語に対応する職員が集められ、EU各国にいるGEのセールスマンに対して、契約書の締結や製品納入などのサポートをしたり、顧客に対して書類やマニュアルを送付したりといった、多くの間接業務を行っています。

日本企業でも近年は、中国などにコールセンターを開設するケースが見られますが、東欧諸国ではそうした仕事にとどまらない、高度な業務をこなしている企業も多いのが特徴です。これは、東欧には英語やドイツ語などに強い労働者が多く、伝統的に教育を重視し、理数系にも強い国民が多いことを活用しているのです。

このように、EUでは賃金格差を活用した分業も盛んです。これもまた、共通市場ができたことによる結果です。

EUに主権の一部を譲り渡す加盟国

EUへの加盟を希望する国は、共通市場の創設にとどまらず、EUが求める非常に多くの条件を受け入れなければなりません。

それは、民主制、法の支配、人権保護、少数集団の権利の尊重といった政治的条件、市場経済の採用、市場競争力の保持といった経済的条件、さらには「アキ・コミュノテール」と呼ばれる八万ページにも及ぶＥＵの法体系など、ＥＵの哲学ともいうべき内容です。

さらに、ＥＵに加盟した後は、自国の主権の一部を、ＥＵに譲り渡さなければなりません。ＥＵにはさまざまな機関がありますが、加盟国はその決定に従わなければならないのです。

ＥＵの主要な機関には、たとえば次のようなものがあります。

まずは「欧州理事会」。

これは二七のＥＵ加盟国の大統領または首

図13　EUの仕組み

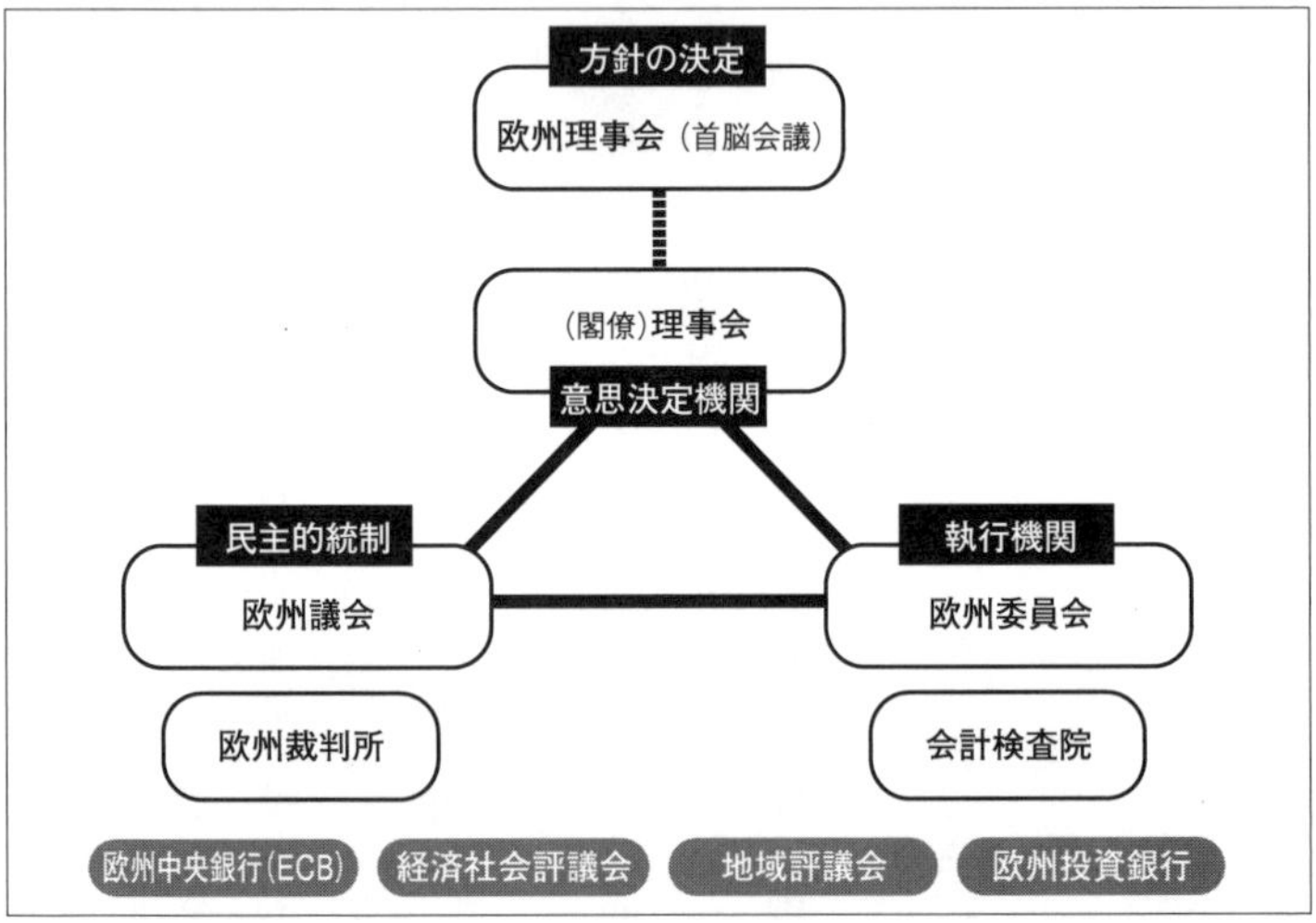

（出所）『拡大ＥＵ辞典』より作成

相と、欧州委員会委員長の二八人からなる会合です。現在は、年に四回ほど開催され、首脳同士の対話がおこなわれます。そこで、EUの政策に対する大筋の合意をまとめます。欧州理事会は、単なる親睦の場ではなく、非常に重要な提案が出てくることで知られています。

次は、「理事会」あるいは「閣僚理事会」と呼ばれる会合です。

右の「欧州理事会」とまぎらわしい名前ですが、別のものです（ちなみに英語名でも、欧州理事会がEuropean Council、理事会がCouncil of the European Unionというふうに、まぎらわしい名前になっています）。「外相理事会」「農相理事会」「経済・財政理事会」「環境理事会」といったように、特定の分野ごとに会合が開かれます。

ここには、各国から閣僚級の代表がひとりずつ参加します。後で紹介する「欧州委員会」が提出した案を審議し、それぞれの国の利益を考えてそれを修正することが役割です。この「理事会」が賛成しない限り、主要な政策決定はほとんどできません。実質的に、EUの意思決定はこの会合でおこなわれるのです。

この「理事会」は、国でいえば、国会にあたるような存在と考えてよいでしょう。

EU独自の「特定多数決」方式

問題は、その意思決定方法です。

新規加盟国の承認など、加盟各国にとってもっとも重要な問題を採決する場合には、「全会一致」が求められます。一国でも反対なら、その議案は不成立となります。

逆に、重要度の低い問題については、単純な「多数決」が用いられます。過半数が賛成なら成立する簡単な方法です。

それ以外の多くの議決時におこなわれるのが、「特定多数決」と呼ばれるＥＵ独自の決定方式です。

加盟国に対し、人口などを参考にした異なる票数を割り当て、「一定数以上の賛成票」「一定数以上の加盟国の賛成」が集まった場合に成立となるやり方です。

各国に割り当てられる票数には、その国の人口が大きく関係しますが、単純に人口比で割り当てたりはしていません。大国には少なめに、小国には多めに票数が割り当てられているのです。

こうした工夫によって、「特定多数決」の場では、どの加盟国も単独では議案の成立を阻止できなくなっています。ある国の不利益につながる議案が出ても、その国だけが反対している状況ならば成立してしまいます。どの国も、その決定には従わなければなりません。

先ほど、ＥＵでは参加国の主権の一部を譲り渡す必要があると書きましたが、それはこうしたことを指しています。他の加盟国の意思によって、参加国の行動や自由が制限されてしまうのです。

巨大組織・欧州委員会

ＥＵの重要な機関としては、「欧州委員会」を忘れることはできません。

これは、各加盟国一名ずつ合計二七人の欧州委員からなる「委員組織」と、約三万人のＥＵ専属の公務員からなる「事務局」によって組織される巨大な組織です。「委員組織」は、国家でいえば内閣に相当し、「事務局」は国家行政機関にあたる存在です。

欧州委員会には、①ＥＵ関連の条約がきちんと守られているか監視し、②ＥＵの共同市場を維持し、③理事会などに対して提案や勧告などを提出し、さらに④域外の国や国際機関との交渉をおこなう、などといった任務があります。

さらに、独自の調査権もあり、ＥＵ関連の条約などから見て、それに反するような問題が起きた際には、加盟国やさまざまな機関、法人や個人に対して勧告をしたり、罰金を科したり、「欧州司法裁判所」と呼ばれる国際裁判所に訴えたりすることができます。

こうした多くの任務を行うため、欧州委員会には二四の総局と、事務総局や法制局など三六の部局があります。その財政規模は、一二〇〇億ユーロ（約一二〇兆円）。まさに、国の官僚組織に引けを取らない巨大官僚組織なのです。

ＥＵの主要機関としては、他に「欧州議会」もあります。

先ほど、「理事会は国でいえば国会にあたるような存在」だと書きましたが、EUには議会もあるのです。ただし、この欧州議会は長い間、強制力の小さい諮問機関のような役割を担ってきました。理事会のような強い権限は持っていなかったのです。

しかし、この欧州議会の権限も少しずつ大きくなってきていて、現在では、理事会と並んだ共同立法権者とでもいえるような存在になってきています。

ですから、先ほどの言葉を正確に言い直すなら、「理事会と欧州議会の両方が、国でいえば国会にあたる存在」だということになります。

欧州議会には、共産党や反EUを掲げる政党まで、一〇〇以上もの幅広い政党が、選挙に代表を出しています。現在はこの中で、欧州人民党、欧州社会党、欧州自由民主同盟党、欧州緑の党など八つの政党が、議席を持っています。

EUには、他にも多くの機関があります。EUに、そうした行政上のさまざまな仕組みが存在することで、加盟国の主権が制限され、加盟国における社会のあり方が少しずつ変化してきています。そして、それは世界の変化をも促しているのです。

2 「世界基準」をつくるEUの変革力

マイクロソフトに八〇〇億円の制裁金を科す

ＥＵは、加盟国の中で自由にモノやサービスが取引される、「共通市場」というものの維持を非常に重視しています。しかし、その自由は無制限の自由ではありません。そこに、ＥＵの哲学ともいうべきものを見ることができます。

そのひとつが、市場における「競争の確保」です。

競争がない市場では、独占的なひとつまたは少数の企業が強い力を持っていて、その企業の望むように価格が決まってしまいがちです。商品やサービスの質の改善も遅れがちになります。逆に激しい競争があれば、安くて良い商品やサービスを提供しようと、企業同士が競い合うことになります。

これは、一九八五年に日本の電電公社が民営化され、競争が始まった途端、電話を取り巻く状況があっという間に変わってしまったことを見れば、よくわかりますね。

ＥＵでは、こうした競争を確保するために、その権限をフルに使っています。

二〇〇四年三月、欧州委員会は、マイクロソフトに対し、四億九七〇〇万ユーロ（約八〇〇億円）の制裁金の支払いを命じました。ニュースを聞いた世界の人々は、その巨額さに驚きました。EUが、IT界の巨人に対決を挑んだのです。

マイクロソフトの基本ソフトであるウィンドウズには、音楽・映像再生ソフト「ウィンドウズ・メディアプレイヤー」が最初から組み込んであります。

メディアプレイヤーを使えば、CDで音楽を聴いたり、DVDの映像を見たりすることが簡単にできます。ウィンドウズのパソコンに最初から入っているのは、ある意味で手間がかからなくてよいことだと感じる人もいます。現に、アメリカや日本では、こうした判断がなされてきたため、この問題が大きくクローズアップされることはありませんでした。

消費者がメディアプレイヤーを選ばされている

しかしEUは、違う考え方をしました。

最初からメディアプレイヤーが組み込んであれば、多くの消費者は他の製品を選ばなくなるだろう。これは、ウィンドウズという圧倒的なシェアを持つソフトを使った、メディアプレイヤーの押し売りであり、抱き合わせ販売だ。

メディアプレイヤーを組み込まなければ、製品の価格はもっと安くなるに違いない。そして消費者は、他のもっと優れた音楽・映像再生ソフトを選ぶ機会が増えたはずだ。さらに、競合する他社は、メディアプレイヤーをしのぐ製品を開発するために必要な、ウィンドウズに関する情報が充分に開示されていない。これでは勝負にならない。

つまり、消費者は、市場を独占するマイクロソフトによって、メディアプレイヤーを選ばされている状態なのだ。EUは、そう判断したのです。

そこで、EUの中核をなす欧州委員会は、マイクロソフトに対し、独占禁止法違反だとして、巨額の制裁金支払いと、独占状態の是正を命じました。

これには、マイクロソフトも対抗措置を取りました。欧州司法裁判所に提訴したのです。しかしその一方で、マイクロソフト側は、二〇〇六年五月には、競合するアメリカ企業にウィンドウズの関連技術情報を開示すると発表しています。法廷での対決を続けつつ、態度を軟化させたのです。

二〇〇七年九月、欧州司法裁判所の判決が出されました。判決は、独占状態への是正命令も、制裁金の金額も、ともに欧州委員会の決定は妥当というものでした。EUとマイクロソフトの対決は、EU側の完勝でした。

同年一〇月には、両者の間で、マイクロソフトが是正命令を守ることで合意がなされました。マイクロソフトは、競合他社に対し、ウィンドウズに関する技術情報を安い料金で提供し、さらに、関連する世界的な特許の使用料も大幅に引き下げることにしたのです。

しかし、ＥＵとマイクロソフトの対決は、これで終わりませんでした。

二〇〇八年二月、ＥＵは再びマイクロソフトに対し、制裁金の支払いを命じました。前回を上回る約九億ユーロ（約一五〇〇億円）の制裁金です。マイクロソフトが、一連の独占状態の是正をきちんと実行していないことが問題視されたのです。

今後、ＥＵとマイクロソフトの法廷での対決が再開されるかもしれません。

さらにＥＵは、ウィンドウズに最初から組み込まれているインターネット閲覧ソフトのインターネット・エクスプローラーなどについても、調査を進める可能性があります。

ＩＴ業界の巨人とＥＵとの闘いは、今後もまだ続きそうです。

アップルにも捜査の手が伸びる

同様の調査は、同じＩＴ業界のアップルにも向けられています。

これまで、アップルの音楽ソフト「iTunes」の配信サービスでは、消費者は原則として居住国でしか音楽を購入できず、価格も均一ではありませんでした。中でもイギリスでは、購入価格が大陸にある他のユーロ圏各国よりも一割ほど高い状態でした。

これに対しＥＵは、こうしたことができるのも、アップルが独占的な地位を利用したためではないかと問題視しました。そこで、二〇〇七年四月から、ＥＵは独占禁止法違反の立件に向けて調査を開始します。

あわてたのは、アップル側です。ＥＵ域内での音楽配信価格を、半年以内に均一にすることを申し入れ、ＥＵ側も独占禁止法違反での調査を中止することにしました。

標的になった巨大企業ＧＥ

アメリカの超巨大企業も、ＥＵの調査の例外ではありません。

ＧＥ（ゼネラルエレクトリック）は、トーマス・エジソンの伝統を継ぐ電機メーカーから発展し、現在では金融を中心とする巨大な複合企業体となった会社です。二〇〇七年の「フォーチュン５００」では、売上高で世界一一位でした。

また、株価に発行済み株式数をかけた「時価総額」という数字があります。これは、会社の価値を表す数字で、ＧＥの時価総額は現在、世界四位。世界一になったことも何度もあります。

いわばＧＥは、世界でも十指に入るほどの巨大企業といえるでしょう。

二〇〇〇年から二〇〇一年にかけて、このＧＥは、巨大多国籍企業ハネウェルの買収を検討しました。ハネウェルは、電子制御技術や特殊素材などに強く、ＮＡＳＡや米国防総省、ボーイング社などといった機関・企業なども顧客に持つ優良企業です。

この買収には、アメリカの司法当局も認可を与えたため、計画はそのままうまくいくかに見えました。しかし、ここに立ちふさがったのがEUでした。

EUは、アメリカに調査チームを送り、両者の合併による弊害を徹底的に調べました。そこで、民間航空機産業で問題が起こりそうなことがわかってきました。

たとえば、GEがつくるジェットエンジンを、ハネウェルの電子機器しか使えないように設計することで、GE製品とハネウェル製品を、いわば抱き合わせで販売することができるようになる可能性などが浮上したのです。

こうした状況の中で、アメリカのブッシュ大統領が、EU首脳との会合の席上、この問題を取り上げ、独占禁止法に抵触するというEU側の主張に反発する一幕もあったといいます。しかし、欧州委員会は出席者全員の賛成で合併不認可を決定しました。

EUは、アメリカに本拠地を持つ二つの巨大企業の合併を、アメリカ大統領の反対にもかかわらず阻止したのです。競争を維持し、独占を排除していこうとするEUの強い意思がわかります。

さらに、この事件からは、EUの意向が、外国企業に対してもいかに大きな影響力を持っているかがわかります。もし、EUのこの決定に従わなければ、GEは今後EU域内で業務をおこなうことが難しくなるからです。

共通市場を背景にしたEUの力は、アメリカの巨大多国籍企業といえども、もはや無視することはできないのです。

巨額の制裁金が科されるカルテル

ＥＵは、企業同士の談合の一種であるカルテルにも、厳しい監視の目を向けています。

二〇〇七年九月、ＥＵは日本のＹＫＫをはじめとする各国のファスナーメーカーに対して、独占禁止法違反による巨額の制裁金支払いを命じました。競合各社の間で、ヨーロッパにおけるファスナーなどの顧客や市場を棲み分けるカルテルがつくられていたというのです。

ＹＫＫに対する制裁金は、なんと一億五〇二五万ユーロ（約二四〇億円）。これは、ＹＫＫの二〇〇七年三月期決算時の純利益と同じくらいです。さらに、ＹＫＫの売り上げは、北米やアジアからが中心で、ヨーロッパでの割合は一割にも届きません。

これでは、制裁金の額が大きすぎると、同年一二月には、ＹＫＫが欧州委員会を相手に、欧州司法裁判所に提訴しています。

このように、独占に対するＥＵの制裁金は、非常に巨額になる傾向があります。これはなぜでしょうか。

それは、ＥＵの規約で、その企業の「全世界での売上高の一割以下」であれば、制裁金を科すことができるようになっているからです。一方、アメリカでは通常、制裁金は「損害額の三倍」

であり、日本では「カルテルが行われた市場の規模」をもとに制裁金が算定されます。どちらも、EUに比べると、制裁金の額は小さくなります。

欧州委員会は、その上で、違反の重大性や市場への影響、その企業の関与の度合いなどを考慮して、制裁金の額を算定することになっています。そのため、一部の地域で行われた比較的小規模なカルテルに対しても、その企業の利益に匹敵するような巨額の制裁金が科される可能性があるのです。

これもまた、独占の排除に対するEUの強い意思の表れだといえるでしょう。

京都議定書が結ばれた

EUの哲学は、環境規制という点にも表れています。

EU域内で厳しい環境基準を設定するだけでなく、国際社会においてもその推進を働きかけているのです。そのもっとも顕著な例が、温暖化対策に向けた一連の動きです。

これまで国際的に取り決められた代表的な温暖化対策には、一九九七年に京都での国際会議で採択された「京都議定書」があります。二〇〇八年から二〇一二年までの五年間の平均で二酸化炭素やメタンなど温室効果ガスの排出量を減らそうという取り決めです。一九九〇年の水準との比較で、温室効果ガスの排出を、日本は六パーセント、アメリカは七パーセント、EUは八パーセント減らそうという内容でした。

日本の割合が小さいのは、エネルギー効率がすでによかったことによります。逆に、EUの割合が高いのは、当時エネルギー効率の悪い東欧諸国が加盟しつつあるときで、今後その効率を高めれば、温室効果ガスの大幅な排出削減ができると考えられたためです。

一方、アメリカのブッシュ政権は、二〇〇一年三月に議定書からの脱退を宣言しています。経済効率を損なうという産業界の意向に同調したのです。

温暖化対策を相次いで打ち出したEU

二〇〇七年一月、欧州委員会は、この京都議定書に続くステップを発表しました。温室効果ガスの排出量を二〇二〇年までに、一九九〇年比で二〇パーセント削減するというのです。

さらにその後も、太陽光や太陽熱、風力発電など再生可能なエネルギーの利用割合を、現在の約六パーセントから二〇二〇年までに二〇パーセントに増やす。サトウキビやトウモロコシなどのバイオマス燃料の使用量を、輸送用燃料の一割に引き上げる。自動車メーカー各社やEU発着の航空機、EU域内を航行する船舶などに対して、二酸化炭素排出量の規制を行う、といった一連の対策を次々に打ち出しました。

また、二〇〇七年三月には、日米欧を含めた先進国全体で、二〇二〇年までに温室効果ガスの排出量を三〇パーセント減らすという目標も発表しています。

これに対しアメリカは、矢継ぎ早に出されるEUの対策案に対して、反発しています。ブッシュ政権は二〇〇七年六月、温室効果ガス排出削減のかわりに新技術の開発・利用に重点を置いた対策を発表しました。

また、同年九月には、先進主要八か国（G8）と中国、インドなど計一六か国の代表をワシントンに招き、温暖化対策を話し合う国際会議を開催しています。そこでは、ブッシュ大統領が、経済成長を妨げないかたちでの温暖化対策の重要性を述べるなど、アメリカの主張が繰り返されました。

九つのアメリカ有力州と提携する

しかし、時間とともに、温暖化対策を積極的に進めるべきだというEUの主張は、多くの支持を集めるようになります。

二〇〇七年一〇月には、カリフォルニア州、ニューヨーク州などアメリカの九つの州とカナダの二つの州が、EUとの間で、温暖化ガスの「排出権取引」で提携することを発表しました。

排出権取引とは、国や企業ごとに、ここまでなら温室効果ガスを出してもよいという排出枠を決め、それ以上の排出があった国や企業は、枠があまった国や市場から排出する権利（排出権）

を買うというシステムです。

ＥＵは、この排出権取引を使った温室効果ガス排出量の削減に積極的です。取引のための市場整備にも力を注いでいます。

ブッシュ政権はこれまで、排出量取引に対し、企業活動にマイナスの影響があるとして否定的でしたが、アメリカ国内の有力州が独自の動きを始めたのです。ＥＵと米加一一州のＧＤＰは、合計で全世界の約四〇パーセントを占めるほどの規模です。もはや他の国々も無視することはできません。ＥＵは、ノルウェー、アイスランド、オーストラリア、ニュージーランドなどとの間でも、排出権取引での提携を進行させています。

またＥＵは、アフリカの五三の国・地域が加盟するアフリカ連合（ＡＵ）に対しても、温暖化対策の必要性を訴えています。

その後も、ＥＵの温暖化対策の発表は続きました。二〇〇七年一二月に開催された国連の地球温暖化防止会議の前には、二酸化炭素の排出量に関して、イギリスが二〇五〇年までに八〇パーセントの削減（一九九〇年との比較）、フランスが七五パーセントの削減（二〇〇〇年との比較）、ドイツは二〇二〇年までに四〇パーセントを削減する（一九九〇年との比較）と発表したのです。

日本やアメリカの政策が変わった

日本も、こうした温暖化対策への関心の高まりを背景に、福田康夫首相が、二〇五〇年までに二酸化炭素排出量を現状から六〇〜八〇パーセント削減することを、目標として掲げました。二〇二〇年の段階では、二〇〇五年と比べて一四パーセントの削減ができると主張しています。また、これまで前向きとはいえなかった排出権取引についても、国内で試験的に実施することを決めました。

アメリカでも、温暖化対策への関心が高まりつつあります。

二〇〇八年一一月の米大統領選挙の候補者である民主党のオバマ上院議員、共和党のマケイン上院議員のどちらも、温暖化対策に対しては前向きです。両者のどちらが大統領になっても、アメリカの政策は、ブッシュ政権時と比べてより積極的な対策を取るようになるでしょう。

EUの姿勢が、アメリカをも変えつつあるのです。

EUが、排出権取引も取り入れた温暖化対策に積極的なことに対しては、経済的な利益を得るためだという批判の声も出ています。確かに、排出権市場にかかわるEU企業は、今後大きな利益を得る可能性があります。EUも、それを計算に入れた上で、制度を作ろうとしてきたことは否定できません。

しかしEUを先導する各国が、温暖化問題に対して、国内でも真剣に取り組んできたことは確かです。国際的な制度作りは、この流れの延長にあるものなのです。

さらに重要なことは、こうした流れに乗れない国は置いてきぼりにされかねないほど、急速に制度が確立されてきていることです。

まず、温暖化から地球の生態系と人類を守るという大きな課題を掲げ、その解決のための枠組みを打ち出し、域内の経済力を背景に、各国との間を調整しながら「世界標準」としての制度を作る。こうした構想力・実行力こそ、ＥＵの行動の特徴だといえるのです。

三万種類の化学物質を規制する

ＥＵの環境政策で、もうひとつ注目すべき分野は、化学物質の規制です。

二〇〇七年六月、ＥＵで、約三万種類の化学物質について、企業に安全性評価や登録などを義務づけた制度「ＲＥＡＣＨ（リーチ）」（化学物質の登録、評価、認可及び制限に関する規則）が始まりました。これは、化学、自動車、電機など非常に幅広い業界にまたがる規制です。

ＲＥＡＣＨでは、指定の化学物質を年間一トン以上製造・輸入するメーカーや輸入企業は、自社が扱う製品に使われている物質について、安全性を試験・評価した上で、新設の欧州化学物質庁に届けなければなりません。玩具や携帯電話から家具や自動車に至るまで、日常生活で使われる商品は、ほとんどが対象となります。

この規制の特徴は、アメリカの制度と比べるとよくわかります。

アメリカの制度では、新たに売り出される化学製品は安全に違いない、という前提があります。もし化学物質による中毒などの被害があった場合でも、被害がその製品と関係あるかどうかについては、消費者や行政側に立証する責任があります。

つまり、メーカーや輸入業者がはっきりクロだという証拠をつかまない限り、被害があってもそうした業者は罰せられないのです。そのため、殺虫剤を除く多くの化学製品が、事前に充分な試験を実施されることなく販売されているといいます。

これに対し、EUでは、自分たちがシロであることを証明する責任が、メーカーや輸入業者の側にあるのです。

「世界標準」づくりにつながるREACH

EU方式の場合、安全性の評価にかかる費用は巨額になりかねません。

取扱量が年間で一〇〇〇トンを超える物質の試験・評価には、一億円以上もかかる場合があるといいます。これは、一種類の物質だけでです。

そこでREACHでは、同じ物質について、先に試験・評価を行い、登録した企業があれば、データを有償で購入することもできます。

そうなると、先に試験を実施した企業が、その後データを売って利益を上げることも可能になります。この場合、規模や体制の点で先を行くEU企業に有利だという見方もあります。

こうした規制の強化に対しては、域外の企業も対応を迫られています。製品に未登録の化学物質が含まれていることがわかった場合、EU域内への出荷停止処分を受ける可能性があるからです。

そのため、日本企業でも、REACHや、その前に施行された鉛や水銀などの規制「ローズ指令」に対応する専門組織を発足させたり、管理用の情報システムをつくり上げたりしています。さらに、制度に詳しいEUの輸入業者との連携なども、必要になってくるといいます。

このように、ローズ指令、REACHと続く化学物質規制に関する一連の政策によって、EU域外の企業も大きな影響を受けています。EU市場から閉め出されないための努力が、その企業のあり方を変え、結果的に他の地域で販売する製品の質をも変えていくことにつながっています。

これこそが、EUの「世界標準」をつくっていく力なのです。

アメリカに押される遺伝子組み換え食品問題

このほかにも、EUが環境規制に関して独自性を発揮している分野は、たくさんあります。

遺伝子組み換え（GM）食品に関する規制もそのひとつです。EU域内では、もともと農業経営者や消費者団体などによるGM食品に対する抵抗感が強く、多くの国でGM作物の栽培やGM

食品の販売が規制されてきました。EUも、こうした流れに沿って、厳しい規制を導入しています。

しかし、これに対しては、GM作物・食品が普及しているアメリカが猛反発しました。

二〇〇三年に、世界貿易機関（WTO）に対して、EUの規制が貿易協定違反だとして提訴したのです。二〇〇六年にWTOが下した判断は、EUの規制は協定違反であり、同時にドイツやフランスなど六か国が実施している輸入規制も違反であるというものでした。WTOは、EUのやり方にノーをつきつけたのです。ここでは、EUとアメリカの考え方の違いがはっきりと示されました。

そしてこのケースでは、EUは「世界標準」を作ることができませんでした。

「豚の幸せ」の擁護？

これとは別に、EUには非常にユニークな規制もあります。

生存環境を人道に沿ったものにするための取り組みを、人間以外の生き物にまで広げようとしているのです。

一九九七年に調印されたEUのアムステルダム条約では、「（EU諸国は）知覚力のある生き物としての動物の、幸福の擁護と尊重を確実に推進するために、動物の幸福の要件に十分に配慮する」（ジェレミー・リフキン『ヨーロピアン・ドリーム』、邦訳／柴田裕之）ことに同意するという宣言がなされました。

なんと動物の幸せについて、超国家組織であるＥＵが言及したのです。アメリカや日本では考えられないことです。

こうした政策の一環として、ＥＵは、域内の養豚業者に対し、二〇一二年までに豚を孤立させて飼う方式を改め、開放的な飼育小屋に変えることを義務づけました。

さらにドイツ政府は、それぞれの豚に対し人間がきちんと接触することや、豚同士でケンカしないように数個のおもちゃを与えることまで、業者に奨励しています。

こうした事例が、近い将来、「世界標準」になることはないでしょうが、環境や生き物に対してＥＵが持っている先進的な考え方がよくわかります。

アメリカは「国民皆保険」制度を持っていない

ＥＵ各国の政策で特徴的な要素のひとつは、充実した社会保障政策を取っていることです。西欧諸国では、この傾向をはっきり見ることができます。

その中でも、医療・健康保険の分野は、アメリカとはまったく逆の方向を向いています。

アメリカでは、世界でも最先端の医療が受けられます。医師も患者の話を親身になって聞いてくれます。予約を入れる病院では、日本などのように長時間待たされることもありません。ただし、これは高い費用をかければの話です。

つまり、多額の医療費をかけられる人にとっては、非常に高度でかつ快適な医療を受けることができるという状況なのです。

では、普通のアメリカ人にとって、アメリカの医療はどうなのでしょうか。

アメリカでは、医療費がとても高額です。そのため、もし医療費が保険でカバーされないときは、医療を受けた人の自己負担が大きくなります。風邪などの軽い症状で診察・治療を受けただけでも、数万円。骨折して二日ほど入院すれば、一〇〇万円以上かかるといわれています。

アメリカは、国民すべてが公的な健康保険に加入する「国民皆保険」制度を持っていません。そのため、アメリカに住む人は、一般的に何らかの民間の医療保険に加入する必要があるのですが、経済的な理由などのため、医療保険に加入していない人が四〇〇〇万人以上もいます。こうした人々は、病気になったり、けがをしたりしてもなかなか病院に行こうとはしないため、症状を重くするケースが多いのです。

このようなことが日常的に起きている先進国は、アメリカだけです。

EU各国や日本などでは国民皆保険を守り、国民に何かあったときに、費用が払えないからという理由で病院に行けなくなる事態を防ごうとしています。もちろん、こうした事態も時には起きますが、日常的に非常に多くの人々が医療費を払えない状態にあるアメリカとは、まったく違います。

制約も多いアメリカの医療保険

さらにアメリカでは、民間の医療保険についても問題点が指摘されています。

アメリカでもっとも加入者の多い保険は、PPOと呼ばれるものです。これは保険会社などが運営する病院や医師のネットワークで、ネットワーク内の病院・医師にかかる場合は、そうでない場合と比べて安くすみます。もちろん、ネットワーク外の病院・医師を利用することもできます。アメリカでは、約一億人が利用しています。

ただしPPOでは、診療費のうち自己負担をしなければならない「免責額」が大きいという傾向もあります。そのため、PPOの加入者が軽い症状で医師にかかった場合でも、多くの医療費負担が生じる場合があります。

その次に加入者が多いのが、HMOという医療保険で、おおむねPPOよりは保険料が安くなっています。しかしその分、受診できる医療機関に制限があります。この制度では、HMOに参加している特定の医師や病院にしかかかれません。そのため、子どもが夜、熱を出したのに、近所の病院にはかかれず、何十キロも離れたHMOの指定病院に行くように指示され、着いたときには心臓が止まっていたというケースが報告されています。

また薬も、特定の安価なものしか処方されないので、それによって死亡者が出たこともあるといいます。

こうした現状に対して、すべてのアメリカ人が納得しているわけではありません。

クリントン政権でも、国民皆保険を目指して努力をしました。しかし、既存の制度を守ろうという、いわゆる抵抗勢力の反対を突き崩すことはできませんでした。依然としてアメリカは、経済的に恵まれた人々だけが高度な医療を選択できる自由を持っている、という社会なのです。

ヨーロッパの手厚い健康保険制度

これに対し、EU各国、とくに西側先進国では非常に手厚い公的な健康保険制度を持っています。

西欧のEU主要国では、公的な健康保険への加入率はほぼ一〇〇パーセントです。例外は、高収入層が脱退可能だったり、自動的に適用されなくなったりするドイツ、

図14　EU各国、アメリカ、日本における公的医療制度の適用範囲（2000年）

スウェーデン	100%	フランス	99.9%
ノルウェー	100%	スペイン	99.8%（1997年）
デンマーク	100%	ドイツ	90.9%
イギリス	100%	オランダ	75.6%
フィンランド	100%	アメリカ	24.7%
スイス	100%	日本	100%
イタリア	100%（1997年）		

（出所）『世界の医療制度改革』より作成

EU各国や日本が、ほぼ100%の国民をカバーする公的医療制度を持っているのに対し、アメリカでは、公的医療保険でカバーされる割合は25%以下でしかない

オランダくらいです。

こうした公的な健康保険制度では、加入者の医療費負担は低く抑えられているのが普通です。日本と同じく医療費の三〇パーセントを自己負担しなければならない国は、フランスくらいです。あとは、ドイツが四半期（三か月）で一〇ユーロまでの自己負担。スウェーデンでは診察一件当たりの自己負担額の上限が一三〜二〇ドルで、一年間での合計が約一二〇ドルまでとなっています。スイスは医療費の一〇パーセントが自己負担。

さらに、イギリスやスペインに至っては、医療費の自己負担はありません。デンマークも、例外はあるものの医療費の自己負担はゼロです。イタリアも、専門医では上限約四一ドルの中での支払いとなっているものの、一般開業医では医療費の自己負担がありません。

もしもの際に、個人が負担しなければならない医療費が非常に少ないのです。

医療費や公平性でアメリカを凌駕する

では、こうしたEUの医療費は、全体として、アメリカと比べて高いのでしょうか。

医療の状況を見るときによく使われる「OECD HEALTH DATA 2007」によれば、アメリカの医療費の対GDP比は約一五・三パーセントです。これに対し、EUで最も高いスイスで約一一・六パーセント、続くフランスは一一・一パーセントです。さらに、ドイツは一〇・七パーセント、福祉国家といわれるスウェーデンでも九・一パーセントにとどまっています。

また、同じ資料によれば、国民一人当たりの医療費でも、アメリカは飛びぬけての一位で、二位のルクセンブルク以下、ＥＵ各国を大きく引き離しています。こうしたデータを見る限り、ＥＵ各国の医療費は、アメリカよりも安いといえそうです。

しかし、医療の質はどうでしょうか。

今度は、世界保健機関（ＷＨＯ）の「THE WORLD HEALTH REPORT 2000」を見てみましょう。この資料では、国民の健康達成度や医療費負担の公平性、一人当たりの医療費などのデータをもとに、医療制度の総合評価をおこなっています。

それによると、医療制度の総合評価がもっとも高かったのは、フランス。以下、イタリア、極小国のサンマリノ、アンドラ、マルタ、次のシンガポールをはさんで、スペイン、中東産油国のオマーン、オーストリアと続きます。日本はその次の一〇位です。一〇位までの中に、ＥＵ域内に含まれる国が七つ入っています。イギリスは一八位、スイスは二〇位、スウェーデンは二三位、ドイツは二五位です。どこも、なかなかの高評価を得ています。

ただし、ＥＵでも東欧諸国の状況は違います。チェコ四八位、ハンガリー六六位、ルーマニア九九位、ブルガリア一〇二位といったように、医療制度もまだまだ改善の余地が多いようです。

では、アメリカはどうでしょう。西欧諸国と比べると、だいぶ下がって三七位でした。

アメリカの医療制度は、健康達成度と医療の公平性などを総合して考えると、EU主要国よりも評価が下なのです。最先端の技術は確かにあるのですが、それは収入の高い一部の国民だけが受けられるもので、多くの国民にあまねく行き渡るという状況とはほど遠い状態です。こうした状況が、ランキングを下げた原因です。逆に、EU主要国に関していうと、技術も医療の公平性も、国民の健康達成度もかなりのレベルを保っているといえそうです。しかも、国民の負担もアメリカより低い水準です。

とはいうものの、EU主要国では現在、日本と同様に少子高齢化が進みつつあります。今後も、同じ負担で同じ水準の医療を実現できるわけではありません。いまが、EUの医療制度にとっても正念場なのです。

新興国もEU方式を部分的に取り入れる？

医療制度を見ると、EUの社会保障制度の方が優れていそうです。しかし、一概にそう決めつけることはできません。

EU主要国では、概してアメリカよりも、社会保障費（年金負担や健康保険料など）や税金の負担割合が大きいのです。税金と社会保障費とを足した金額が国民の収入に占める割合を「国民負担率」といいます。アメリカでは、この国民負担率が三五パーセントくらいなのに対して、E

U主要国では軒並み五〇パーセントを超えています。収入の半分以上を、政府に持っていかれるのですね。福祉国家といわれるスウェーデンでは、この数字が七〇パーセントを超えています。

フランスなどでは最近、高い税金負担を嫌った富裕層が、より税金の安い国へ脱出することが問題視されています。一部の層には、国民負担率の高さが耐えきれないほどなのかもしれません。

アメリカの場合、国民負担率の三五パーセントに、私的な医療保険の保険料は含まれていません。ですから実際には、アメリカでも実際の国民の負担はさらに重いのですが、それでもEU主要国ほどではありません。その分、稼いだ収入を自分の自由に使えるというわけです。

従って、どちらがよりよい制度だと、簡単に決めつけることはできません。国家としての考え方だからです。EUではなくアメリカに移り住む多くの移民は、移民を受け入れるアメリカの方式と成功の可能性を信じているといえるでしょう。

しかし、世界の大勢を見た場合、これから発展してくる新興国などは、ある程度までEUのような方式を採用するでしょう。

アメリカ型のように、医療を受けたくても受けられない国民が多数出るような方式を一〇〇パーセント取り入れると、社会が不安定になりかねないからです。多くの国が、財政状況を考えた上で、福祉を国民全般に行き渡らせるEU型の手法を今後、部分的にでも取り入れていくことは間違いないでしょう。

3 EUは一日にしてならず

廃虚の中からヨーロッパ統合への動きがはじまる

第二次世界大戦は、ヨーロッパを破壊しつくしました。ドイツがポーランドに侵攻した一九三九年九月から、一九四五年五月のドイツ降伏までの間に、戦火はヨーロッパ中を覆い、市民・戦闘員合わせて数千万の犠牲者を生みました。

ヨーロッパから戦争をなくそう。そのために、ヨーロッパをひとつの共同体にしよう。こうした人々の声は、のちにEUへとつながる「ヨーロッパ統合運動」を起こすきっかけとなりました。首相として、イギリスとヨーロッパをナチスドイツの手から守ったウィンストン・チャーチルも、この運動を始めた人物のひとりです。

ヨーロッパを立て直したいと願う政治家たちも、荒廃した人々の心を癒したいと考えた宗教関係者たちも、運動に参加しました。「ヨーロッパの父」と呼ばれることになるジャン・モネもそのひとりでした。

モネは、もともと家業を継いで仕事をしていたブランデーのセールスマンでしたが、人づき合いのうまさと、その構想力で、多くの政治家やジャーナリストたちの間に仲間を増やしていきました。その中でモネは、ヨーロッパ統合の価値を理解します。

彼は、大戦終結から間もない一九四〇年代の終わり頃には、早くもさまざまな場所で、隣国との間を自由に行き来できる国境制度、ヨーロッパでの自由貿易市場、単一通貨、市場の独占を排除するための監視機構、さらには欧州議会、欧州司法裁判所制度など、後に実現する壮大な統一欧州の構想について話をしています。

あまりに早すぎるその構想は、人々から「ばかなやつだと思われても仕方がなかった」（トム・リード『「ヨーロッパ合衆国」の正体』、邦訳／金子宣子）とされるほどです。

ドイツの製鋼所建設計画が転機となる

しかし、ここで転機が訪れました。一九五〇年になり、ドイツで、フランスとの国境に近いルール川、ザール川の流域に製鋼所を建てる計画が持ち上がったため、戦勝国である英米仏三か国が首脳会談を開くことになったのです。

アメリカとイギリスは、この計画を支持していました。その一方で、工業大国ドイツの復活を恐れるフランスは、躊躇します。しかし、フランスにとっても、製鋼所ができれば、自国産の石炭を売れるようになります。フランスは、その板挟みになって悩んでいました。

そこで、フランスの外相ロベール・シューマンは、モネのもとを訪れて相談しました。モネは、国際機関の管理の下にこの計画を進めるようにフランス政府を説得しました。

ついに、フランスは計画を承認します。「ヨーロッパ石炭鉄鋼共同体」(ECSC)を設立して、ドイツが石炭や鉄鋼を軍事用途に使わないように監視し、その体制の中で、フランスなどがドイツに石炭を売り、ドイツが鉄鋼を生産することを認めたのです。

ヨーロッパ統合の第一歩は、こうして経済での連携から始まりました。

この提案が発表された五月九日は現在、「ヨーロッパ・デイ」としてEUの多くの国で祝われています。

余談ですが、いがみ合っていた者同士が、経済面での提携をきっかけによい関係を築きはじめるという事例は、歴史ではよく見られます。日本の幕末にも、一時は血なまぐさい争いを演じていた薩摩藩と長州藩が、武器などの購入で提携をしてから、急速に連携を強めたケースがあります。両藩は、薩長同盟を結び、倒幕勢力の中心となりました。その仲立ちをしたのが、坂本龍馬だとされているのは、有名な話です。

それはともかく、ECSCは注目を集めました。

一九五一年の発足時には、フランス、ドイツ両国に加え、イタリアやオランダ、ベルギー、ルクセンブルクの合計六か国が参加したのです。ECSCの執行機関である「最高機関」の委員長には、モネが選ばれました。

始動した欧州共同体（EC）

ECSCは、大成功でした。加盟六か国の経済復興に大きく貢献したのです。そのため、発足から七年後の一九五八年には、同じ六か国からなる「ヨーロッパ経済共同体」（EEC）、「ヨーロッパ原子力共同体」（EURATOM）が誕生しました。

欧州統合の動きの中で、EECは重要な役割を果たします。ヨーロッパにひとつの「共同市場」をつくる筋道をつくったからです。

EECを設立するために加盟国が結んだ「ローマ条約」では、域内での輸出入を阻む障壁や関税の全廃が謳われています。さらに、EEC域外との間で共通関税を設けることや、労働力や資本の移動の自由化などを目指していくことも決まりました。

これによって、加盟国同士が、お互いの輸出入品に関税をかけないこととなり、域内での貿易が活発になると同時に、企業同士の競争が激しくなることで、その国の産業自体も強くなることが期待されたのです。そうなれば、加盟国の消費者は、域内の他の国の商品を安く買えるようになります。

一九六七年七月、ヨーロッパはさらに次のステップを踏み出しました。

「ヨーロッパ共同体」（EC）が発足したのです。ECは、EEC、ECSC、EURATOMという三機関からなる組織ですが、意思決定機関である理事会をひとつにするなど、EC全体として矛盾のない迅速な政策決定ができるよう改められました。それまでは、別々の組織だった三機関が、ひとつの機関としての存在に近づいたのです。

こうした進展を見ていた周辺国は、次第にECへの参加を表明するようになりました。それまでECの動きとは一線を画していたイギリスやデンマーク、アイルランドも、一九七三年にECに加盟します。

さらに、一九八〇年代に入ると、ギリシアやスペイン、ポルトガルも加わり、合計で一二か国の大所帯となったのです。

「抵抗勢力」という障害も乗り越える

とはいえ、欧州統合の動きは、スムーズに進んだわけではありません。加盟各国には、さまざまな歴史や国内事情があり、それに沿って独特な制度が作られてきたからです。

たとえば、ECの発足当時、ドイツには「純粋令」という法律があり、ビールでいえば、麦芽とホップ、水、酵母だけを原料にしなければならないと定められていました。もちろん、輸入品もこの条件に合わなければ、ビールと名乗ることはできません。

しかし、ＥＣ域内の他の国では、業者が別の製法でビールを造っているところも多数あります。ベルギービールなどは、多くがハーブやスパイスなどを入れて製造されています。ドイツでは、そうした商品を、業者はビールとして販売できません。これでは困ります。

そこで、ドイツとＥＣ各国が話し合いを重ねた結果、一九八七年にはドイツで法改正がおこなわれ、純粋令が効力を失いました。

欧州統合の過程では、このような細かい話し合いが、ＥＣ域内で無数におこなわれてきました。しかしそこには、既存のやり方を守りたい多数の「抵抗勢力」がいます。それをひとつひとつ乗り越えながらの欧州統合は、けっして平坦な道のりではなかったのです。

一方、国境管理を廃止した「シェンゲン協定」への参加国は、時間とともに少しずつ増加していきました。ヨーロッパでは小さな国が多いため、トラックなどが長距離輸送をしようとすると、何度となく国境の検問所で足止めを余儀なくされます。その際の手間や時間が、大きな経済的ロスとなっていたのです。

一九八五年にフランス、ドイツなど五か国が調印したあと、一九九〇年にはイタリアが、一九九二年にはスペインとポルトガルが、といった具合に、次々に参加国が増えていきました。現状では、イギリスとアイルランド以外、すべてのＥＵ加盟国がこの協定に参加しています。

「マーストリヒト条約」が結ばれる

ECによる各国の統合は、まるで各駅停車のように、のろのろと進んでいったという言い方がぴったりでしょう。参加各国は、歴史も伝統もある交渉上手ばかり。自国にとって有利な状況を、そう簡単には手放しはしません。ときには小さな問題で足止めをくらったり、脇にそれたり、あるいは後ろに戻ったり。しかし、それでも統合は少しずつ進んでいきました。

一九九二年二月、ヨーロッパの歴史を大きく変える条約が、またひとつ、関係各国によって結ばれました。「EU」（欧州連合）の設立を決めた「マーストリヒト条約」に、一二のEC加盟国すべてが署名したのです。

この条約の画期的なところは、遅くても一九九九年一月までの「欧州中央銀行」（ECB）の設立と、基準を満たした国々による単一通貨の導入を謳ったことです。

広い範囲で流通する単一通貨ができれば、域内の別の国に進出する際に、為替の変動を心配しなくてもすむようになります。これまでは、為替が大きく変動するリスクに備えて、企業がそのための資金を用意したりしなければなりませんでしたが、その必要がなくなります。その分、コストが低くなり、域内の他国への業務展開が容易になります。経済が活性化するのです。

また、単一通貨があれば、国同士でモノやサービスを売り買いする際に、為替手数料が不要になりますし、国同士での価格の違いも明確になります。そのため、割高な物価が下がるなどの効果も期待できます。

国際経済の状況を観察するのに、「ビッグマック指数」と呼ばれる経済の指標があります。これは、世界中、どこでも同じような材料を使った馴染みの商品の価格を比べるものですが、ユーロを導入した国々では、ユーロ導入の前後で、この価格差が縮小したといわれています。実際に、各国の物価が近い水準に収束したのです。

ＥＣＢは、ＥＵ域内での物価の安定、ユーロの発行や流通などに関する金融政策を決定する機関です。話し合いで選ばれたＥＣＢ総裁などの役員と、ＥＵ全加盟国の中央銀行総裁から構成されます。

このＥＣＢが始動すれば、各国の中央銀行は、ＥＣＢの決定に従わねばならなくなります。各国の中央銀行の業務も、経済状況の調査や国内の金融機関の監督などに限定されてしまいます。しかし各国は、これを受け入れ、ヨーロッパの一層の統合を選択したのです。

ＥＣＢは、その後、予定よりも早く一九九八年六月に発足しました。ユーロ導入に向けて、いよいよ最終局面に入ったのです。

外交や安全保障分野でも、協力体制が固まる

ＥＣでは、主に経済分野での協力に重点が置かれていましたが、ＥＵでは、共通の外交・安全保障政策をとっていくための仕組みや、警察や民事・刑事問題、移民問題などについて扱う制度もできました。これによって、より幅広い分野で、加盟各国が協力し合う体制がつくられるようになったのです。

経済だけでなく、内政・外交も含めた多くの分野で、共通の政策をとる仕組みを進展させたこと。このことも、ＥＵの大きな特徴だといっていいでしょう。

実はＥＵができても、欧州経済共同体（ＥＥＣ）や欧州原子力共同体（ＥＵＲＡＴＯＭ）などがなくなってしまったわけではありません。簡単にいえば、ＥＥＣやＥＵＲＡＴＯＭなどの上にＥＣが乗り、またその上にＥＵが乗った、というような感じなのです。当初の役割を終えた欧州石炭鉄鋼共同体（ＥＣＳＣ）は、二〇〇二年七月に廃止されましたが、その他の多くの組織・制度は存続しています。

ただし、ＥＵ設立にともない、ＥＥＣはＥＣと名前が変わり

図15　ECからEUへの流れ

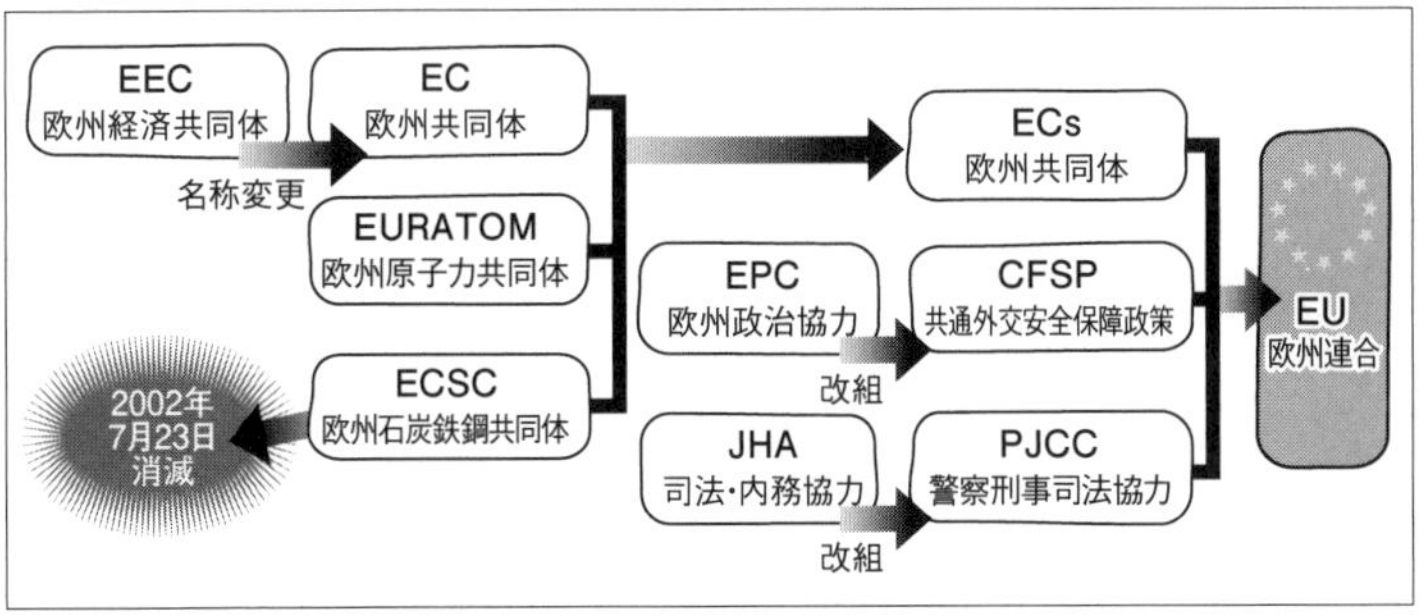

（出所）『拡大EU辞典』より作成

ました。ややこしいですね。

ある意味で、こうした屋上屋を架す（この言葉は悪い意味で使われますが、ここではそういった意味合いはありません）とでもいえるような手法は、ＥＵにいたる長い欧州統合の過程における、大きな特徴になっています。

長い経験や話し合いから生まれてきた制度は、それだけの価値があり、壊すのではなく、手直しをして使おう。ヨーロッパの人々の、そうした確信が聞こえてくるようなやり方なのです。

ユーロ誕生

二〇〇二年一月一日午前零時。ベルリンで、パリで、ローマで、そしてヨーロッパのあちこちの街で、多くの人がこの歴史的な瞬間を実感しようと待ちかまえていました。

年が変わったことを告げる鐘の音が聞こえると、人々は新しい時代が始まったことを実感しました。ある人は、銀行の現金自動預け払い機から預金を引き出して。ある人は、バーでお釣りをもらって。

彼らが受け取ったのは、新通貨ユーロだったのです。

実は文字通りの意味でのユーロの誕生は、この三年前の一九九九年一月一日のことでした。ただし、そのときのユーロは、銀行の決済、商取引などの計算上用いられる概念でしかなく、紙幣や硬貨は存在していません。人々が、実物のユーロという貨幣が使われるのを見るのは、二〇〇二年という年が始まってからだったのです。

　この段階でユーロ導入をしたのは、ドイツ、フランスなど一二か国。ヨーロッパにおいて、これだけ広い地域で流通する統一通貨が出現したのは、古代ローマの貨幣（金・銀・銅貨）以来初めてのことです。しかも、今回は武力を使わず、各国の自発的な導入だったことも大きな特徴です。

　人々は、初めて受け取ったユーロを、興奮と深い感慨のなかで見つめました。

　つい数年前までは、ＥＵを研究する日米の経済専門家などからも、本当にできるのかと疑われていた単一通貨ユーロ。それが、とうとう実現したのです。

ギリシア・ローマの古典的な建築様式が描かれた5ユーロ札。ヨーロッパの長い歴史を思い起こさせる（写真提供／ロイター＝共同通信社）

ユーロの図柄

ここで、彼らが受け取ったユーロについて、少し見てみましょう。

ユーロ札は、五ユーロから五〇〇ユーロまでの七種類があります。

図柄は、ヨーロッパの建築様式の古い順に、ギリシア・ローマの古典様式、中世初期のロマネスク様式、ゴシック様式、ルネッサンス様式、バロック・ロココ様式、二〇世紀初頭の鉄とガラスによる建築、二〇世紀末から二一世紀にかけての近代建築に分け、五ユーロ札から割り振っていきました。

札の表側には「世界に開かれた」窓と門を配し、裏側には「世界との架け橋」を示す橋を描きました。どの絵柄も、実際には存在しない架空のものです。特定の門や橋を描くと、選ばれなかった国から文句が出る可能性があるからです。

一方の硬貨は、一セントから五〇セントまでと、一ユーロ、二ユーロの合計八種類があります。片面は、硬貨の価値を示す数字とヨーロッパの地図という共通のデザインですが、もう片面のデザインは、ユーロ参加各国に任されました。そのため各国は、自国を代表する歴史上の人物や建造物、特産品などを絵柄に取り入れました。もちろん、どの硬貨もユーロ参加国であればどこでも使うことができます。

アイルランドが条約を否決した

二〇〇八年六月。ＥＵの小国アイルランドが、ＥＵ全体に大きな衝撃を与えました。ＥＵをより効果的に運営していくための、「改革条約」あるいは「リスボン条約」と呼ばれる条約が、アイルランドの国民投票で否決されたからです。

アイルランドでの国民投票を前に、首都ダブリンで「リスボン条約」への反対を訴えるポスター（写真提供／共同通信社）

この条約は、さまざまな関係各国の会合を経て、前年の六月にＥＵ加盟各国の首脳が制定に合意したものでした。あとは全加盟国の議会や国民の承認を得て、成立することになっていました。他の加盟国は、条約賛成が見込める議会での多数決という手法をとることにしましたが、アイルランドでは憲法上の規定で、国民投票が行われることになっていたのです。

リスボン条約は、ＥＵの機構改革、司法や警察の活動などにおける協力強化、欧州議会の権限の強化などを柱としていました。中でも、欧州理事会の議長職についての規約変更は、世界の注目を集めていました。現在、この議長職は、各国首脳が半年の任期で持ち回りをしています。しかし、リスボン条約では任期を二年半とし、議長職を、ヨーロッパを代表して世界の首脳と渡り合う「ＥＵの大統領」とでもいえる存在にすることを決めていました。

もしこの条約が成立した場合、その議長候補としては、デンマークのアナス・ラスムセン首相、ルクセンブルクのジャンクロード・ユンケル首相（兼財務相）、欧州委員会のジョゼ・バローゾ委員長、さらにはトニー・ブレア前イギリス首相などの名前がささやかれていました。

また、リスボン条約では、「ＥＵの外相」である外務・安全保障政策上級代表職も設けられることになっていました。

さらに、これまでの欧州委員会では、全加盟国がそれぞれひとりずつ委員を出していましたが、リスボン条約では、委員の総数を加盟国数の三分の二にすることも取り決めていました。そうなると、加盟国のうち三分の一は、欧州委員会に自国の委員を出すことができなくなります。おそらく小国ほどそうなる可能性が高いでしょう。

アイルランドの否決は、EUの政策の下で農業保護政策が縮小することに危機を感じた農民などの反発、という側面も指摘されています。EUは、全体のことしか考えず、自分たちのような小国の人間のことなど、気にも留めてくれない。農民をはじめとするアイルランドの人々には、EUへのそうした反感があったというのです。

巨大なEUに対する不安感

EU統合の進展に対するノーが突きつけられたのは、これが初めてではありません。リスボン条約に似た内容の「EU憲法条約」という条約が、二〇〇五年にフランスとオランダの国民投票で、否決されています。

このEU憲法条約は、大筋の内容はリスボン条約と同じですが、「憲法」という言葉が入っていたこと、EU旗やEU歌の規定があることなど、EUをあたかもひとつの国家であるかのように思わせる要素が、よりたくさんありました。

EUが一気に「国家統合」へと進むことに対する不安・不満・反発が噴出したのです。この否決を受け、「憲法」の要素を薄めたのがリスボン条約でしたが、それでもアイルランドからノーを突きつけられたのです。

それでもEU統合は進む

アイルランドによるリスボン条約の否決を受けて、条約の成立は流動的になりました。政権内部にもEU懐疑派が多いチェコは、早くもリスボン条約の成立を疑問視し始めています。しかし、すでに、大半のEU加盟国では条約の批准が終わっています。フランスも、国民投票を実施するかわりに、議会での評決を導入することで、批准を成功させました。

こうした状況を見ると、今後、アイルランドでも条約批准に向けた別のアプローチが始まる可能性もあります。

どちらにしても、EUの現状に対して積極的に反旗を翻し、脱退を考えているようなEU加盟国はありません。EUは、もはやそうした選択肢を考えられないほど重要な存在になっているのです。

EU統合は、常に前進を続けているわけではなく、このように行きつ戻りつを繰り返しながら、少しずつ進んでいます。しかし、数十年、数百年、あるいは一〇〇〇年以上の伝統を持つ多くの国が、戦争を交えずに統合する以上、それは当然ともいえることです。EUが、この先も同じようにして統合を進めていくことは間違いないでしょう。

4 問題も山積みのEU

大幅に値上がりしたユーロ

EUやユーロへの期待の高まりは、ここ数年、「高いユーロ」を生んできました。ユーロは、人々の手に渡りはじめた二〇〇二年一月と比べると、ドルに対して七割以上も高くなっただけでなく、円に対しても四割以上値上がりしています。

最近、ヨーロッパは高すぎて旅行に行けない、と嘆く日本人の声をよく耳にしますが、ここまで高くなればそれも仕方のないことかもしれません。

しかし、ヨーロッパ経済にとっては、こうした状況はある面で好ましくないものです。旅行者が減ることはもちろん痛手ですが、製品などの輸出にとっても大きなマイナスとなってしまいます。日本でも、円高が進むたびに、輸出への影響が心配されます。海外へ多くの製品を輸出するメーカーや商社などは、円高が一円進むたびに、利益が大幅に減ると悩むことになります。

EUは、日本以上に貿易に依存しています。

貿易大国といわれてきた日本ですが、実は経済の大きさに対する貿易の割合はそれほど大きくありません。その国の経済に対する貿易額の割合を「貿易依存度」といい、この数字を見ると、日本は輸出も輸入もともに一五パーセントを下回っています。

ちなみに、アメリカの貿易依存度はそれ以上に低く、輸入では一五パーセント弱ですが、輸出はなんと八パーセント弱です。アメリカの場合、貿易にあまり頼らなくても、国内での取引だけで、経済が充分に回っていくという状況なのです。

貿易に依存するEU各国

これに対して、ユーロ圏の主要国であるドイツはというと、輸出で四〇パーセント弱、輸入で三〇パーセント強となっています。

フランスやイタリアは少ない方ですが、それでも輸出・輸入とも二〇パーセント以上です。他のほとんどの国はそれ以上の水準で、アイルランドでは輸出額が国内経済の五〇パーセント弱を、オランダでは六〇パーセント以上を占めているほどです。

国内の市場が小さく、貿易に多くを頼っているEU各国の姿が見えてきますね。

さらに、ユーロ導入国を全体として見ると、域外との間での貿易依存度が、輸出も輸入もともに一五パーセントを上回っています。つまり、EU各国、とくにユーロ導入国では、ユーロ高騰は、日本以上に経済に影響を与える可能性があるのです。

今後、ユーロが国際経済での立場を強めていけば、さらにユーロ高が進む可能性もあります。そうなると、ユーロ圏、ひいてはＥＵ全体の競争力にブレーキがかかる恐れも出てくるのです。

日本では、円高を克服するために、エネルギーや資源などの経済効率を高めたり、国内の工場を海外へ移転させたりするなど、必死の努力を続けてきました。ＥＵ各国も、今後、こうした身を削るような努力なしには、これまで同様の経済成長を続けられないところまできているのかもしれません。

公用語が二三もある

ＥＵは、ヨーロッパ大陸に広がる二七の国が加盟しています。このため、ひとつのこと

図16　EU各国、アメリカ、日本の貿易依存度(%)

国	輸出依存度	輸入依存度
ハンガリー	65.0	67.2
オランダ	60.3	54.0
アイルランド	47.5	37.9
オーストリア	41.4	41.5
ドイツ	38.8	31.7
スウェーデン	38.3	32.9
イタリア	22.4	23.8
フランス a	21.7	23.9
イギリス	17.9	22.9
ユーロ圏 b	16.5	15.8
アメリカ合衆国 c	7.8	14.5
日本	14.9	13.3

(出所) 総務省websiteより作成
(※) a 海外県を含む　b ユーロ圏内での取引を除く　c 米領バージン諸島を含む　「輸出」はFAS(船側渡し)価格

を決めるのに、多くの調整が必要になり、その手間が大変なものになります。

典型的な例が、言語の翻訳です。

ＥＵでは、すべての加盟国の公用語を、ＥＵ全体の公用語とすることが定められています。その言語の数は、なんと二三。首脳会議の議事録や重要な記者発表の内容などをはじめとする、さまざまな公式文書を作成するたびに、それらを二三の公用語にしなければなりません。その労力たるや大変なものです。

また、各国語の文書同士で、細かいニュアンスの違いなどが生じて問題になることもよくあります。

多くの国際機関では、公用語とされているのは、英語とフランス語だけ。機関によっては、それらにスペイン語やアラビア語などが加わるくらいです。世界の二〇〇か国近くが参加する国連ですら、公用語は英語、フランス語と、スペイン語、中国語、ロシア語、アラビア語という六言語だけです。

これを考えると、二三言語を公用語とするＥＵの特異性がよくわかります。しかも、今後、加盟国が増えていけば、その国の公用語がさらに加わることになります。参加国の主権を尊重するためとはいえ、効率が悪いことは確かです。

ＥＵには、巨大さゆえのこうした非効率な点がたくさんあるのです。

インフレにもうまく対応できない？

広大なEU全域を対象にした決定が、ある地域にはとても不利になるというケースも問題となっています。先程、紹介したアイルランドの農民の反発は、まさにそうした状況をあらわしたものですが、さらに深刻な問題も出ています。

EU加盟国では最近、物価の上昇が目立ってきています。二〇〇八年五月には、一年前と比べて消費者物価が平均三・九パーセント上がりました。このところの原油や食糧などの値上がりの直撃を受けたかたちです。

これは、EUにとっては一大事です。歴史を振り返れば、第一次大戦後、急激なインフレがヨーロッパを襲ったために各国の経済が大混乱に陥り、その混乱の中からナチスドイツが生まれてきました。そのため、EUは、参加国の物価上昇、インフレを常に気にかけてきました。

ヨーロッパの金融政策を担うECB（欧州中央銀行）の最大の目的が、経済成長ではなく、インフレを抑え、物価を安定させることだというのも、こうした立場の表れです。それを実現するため、ECBは、政策目標として物価上昇率を年率二パーセント未満にすることも掲げてきました。

またEUは、ユーロ導入を希望する国に対しては、財政の健全化や為替の安定化などとともに、消費者物価の上昇率についても厳しい条件を出してきました。

そうしたことを考えると、ＥＣＢは早急に政策金利を上げる必要がありそうです。しかし、その一方で、参加国の物価上昇率に大きな差があります。政策金利を上げすぎれば、物価上昇率の低い国の経済成長を止めてしまうことにもつながりかねません。そうした国の代表は、ＥＣＢの会合で、政策金利を大きく上げることに反対するでしょう。

それによって、ＥＣＢも、政策金利をどこまでなら上げてよいのか、そもそも上げるべきなのか、なかなか決められないのです。

最近では、二〇〇八年七月に、主要政策金利が〇・二五パーセント引き上げられました。しかし、経済状態が悪化する中で、ここまでくるのに一年一か月もの時間が必要でした。

このように、ＥＵが巨大になればなるほど、経済政策についての迅速で的確な判断は難しくなっていくのです。

トルコという大問題

ＥＵへの加盟希望国が増えるにつれ、「どこまでがヨーロッパか」という問題も出てきました。トルコの加盟問題です。

トルコの人口は約七三〇〇万。ＥＵ加盟国と比較すると、人口がそれよりも大きいのは、約八三〇〇万のドイツだけです。さらに、トルコでは若い層が多いため、二〇一五年前後には少子高齢化に悩むドイツの人口を追い越すともいわれています。

一方、トルコの社会や制度は、EUの他の国々とはかなり違ったものです。国民のほとんどが信じる宗教はイスラム教で、人々の考え方や習慣も異なります。

最近でも、大学キャンパスなどでの女子学生のスカーフ着用を認めるかどうかで、大きな社会的議論が巻き起こりました。

女性のスカーフ着用は、女性が人前で肌をさらしてはいけないというイスラム教の教えに基づくものです。一九八九年には、これを認める法律もできました。しかし、憲法裁判所はこれを、政教分離を定めた憲法に違反するとして、依然として大学キャンパスでの女性のスカーフ着用を禁止し続けています。

ところが、保守勢力をバックにする現在の与党「公正発展党」は、憲法を改正することで、スカーフ着用を認めさせようとしているのです。このため、その是非をめぐって、国民の意見が分かれています。

こうした状況が伝わることで、EU諸国の多くの人々は、依然としてトルコを異質な存在だと見ています。

EU加盟国は、EUの行動を決定する理事会での評決の際、人口を考慮した票数を与えられます。そうなると、トルコが持つ票数は多くなるでしょう。EU諸国は、それによって、トルコの発言力が大きくなることも警戒しています。

さらに、トルコは兵員五〇万以上の強力な軍隊を持っています。これは、EU最大であるドイツの二五万人と比べても、二倍以上という規模です。トルコの軍隊は、これまで宗教過激派に対する「世俗主義の擁護者」とされてきた存在でした。しかし、強大なその軍事力そのものが、他のEU諸国の不安をかきたてているのです。

トルコの内外から不満が噴出

トルコがEUへの加盟を申請したのはかなり古く、一九八七年のことです。しかし、イスラム教徒がほとんどを占め、西側諸国のような民主主義が機能していないトルコが、すぐに加盟できると思った人は、当時でもほとんどいませんでした。事態が進み、トルコがEUへの「加盟候補国」になったのは、一〇年以上も経った一九九九年末でした。

一方、EUは、トルコのEU加盟交渉がはじまっていなかったにもかかわらず、トルコに対し、人権状況の改善、民主制度の確立、さらにはトルコの国内法を、EUの法体系に合致したものにすることを求めました。これはEUが、東欧の旧共産圏の国々に示した態度とは異なるものです。

それでもトルコは、EU加盟を目指して、民主化に向けた憲法や法律の改正を実施しました。

国家が反対勢力の政党を強制的に解散させるための条件を厳しくしたり、死刑を廃止したり、テレビ局によるクルド語の放送を可能にしたりといった、一連の改革をおこなったのです。

トルコのこうした努力が評価され、二〇〇五年には加盟に向けた交渉がはじまりました。

しかし、EUの求める改革に対しては、トルコの軍部から批判の声が上がっています。とくにEU側が、軍部の機構改革や、クルド系住民の文化的権利の拡大、トルコ軍が駐留している北キプロスからの撤退などを要求したのは、内政干渉が過ぎるというのです。

EU加盟国の側でも、トルコ加盟に反対する声は、依然として多くを占めています。EUに加盟する全二五か国（当時）を対象にした二〇〇五年の世論調査では、半数以上の人々がトルコのEU加盟に反対しました。ドイツのアンゲラ・メルケル首相も、トルコ加盟に対しては、後ろ向きの態度をとり続けています。

イスラム国家トルコの加盟申請によって、「ヨーロッパ」とはどこまでを指すかが問われました。実は「ヨーロッパ」とは、キリスト教という共通の宗教を土台にした地域なのではないかという認識が広がっています。「ヨーロッパ連合」は、キリスト教を共通の社会基盤とする地域の連合体で充分なのではないかという声も高まってきているのです。

■EU vs.アメリカの対決の行方――三つの数字から今後を読み取る

多くの日本人が気づかないところで、徐々に存在感を拡大させているEU。経済面やグローバルスタンダードづくりにおけるアメリカとの競争も、激しさを増しています。この一〇～二〇年の間に、両者の対決はどうなっていくのでしょうか。

ユーロの紙幣流通量　8300億ドル（2006年末）
ドルの紙幣流通量　7800億ドル（同）
●日経ビジネスオンライン

これは、EUの経済規模がわかる端的な数字です。二〇〇二年一月、EU加盟国の中の一二か国で一般に流通しはじめたユーロは、すでに二〇〇六年末の時点で、紙幣流通量という点でドルを追い抜いていたのです。

現在、EUには二七の加盟国があり、条件が整えばユーロを導入したいと考えている国は他にもあります。今後、その流通量が増えていくことは間違いありません。

さらに、EU域外のヨーロッパ、アフリカには、ユーロとの連動制を採用している国もあります。こうした点を考えると、ユーロの影響力はより大きいといえます。

もちろん現状では、世界中で行われた決済のうち約四割を占めるドルが、「世界の基軸通貨」という地位にあることは否定できません。しかし、ドルに対してユーロが高くなってきた現状を見て、外国に商品を輸出する際、ユーロ建てでの代金受け取りを望む国や企業も増えてきました。この背景には、EUへの信頼感があることはいうまでもありません。決済という場面でも、ユーロは少しずつドルに取って代わりつつあるのです。

一方、ユーロ圏も含めたEU全体のGNI（国民総所得）は、二〇〇六年の数字で約一三兆六九〇〇億ドル。それに対して、アメリカは一二兆九一〇〇億ドル強。今後、EUへの参加国が増え、その人口も増加していく可能性がありますが、アメリカも移民を積極的に受け入れ、今後も人口が増え続けていきます。そうした面では、EUとアメリカは互角の勝負。経済規模に関しては、この先もすぐに差が開くということはなさそうです。

2002年1月1日から2008年6月10日までの間の、ユーロの対ドルレート上昇率　73・8パーセント

ただし、EUの経済にも問題はあります。対ドルレートが徐々に上がってきているように、この先もユーロ高やインフレが続けば、輸出品の価格が上昇し、輸出品の競争力が弱くなってしまいます。

アメリカの輸出依存度が八パーセント弱なのに対し、ドイツの輸出依存度は四〇パーセント近く。他のEU諸国も、ほとんどが高い貿易依存度を示しています。EU域内での貿易もかなりの割合を占めますから、少し割り引いて考える必要もありますが、輸出品の価格上昇は、経済不振に直結する恐れがあります。

このユーロ高とインフレを両方ともに是正するのは、なかなか難しいことです。

もしインフレを抑えるために政策金利を引き上げれば、その高い金利に目をつけて、余った資金をユーロで運用しようと他の地域から「ユーロ買い」の動きが出る可能性があります。そうすると、ユーロが多く買われるわけですから、他の通貨に対するユーロの為替レートはさらに上がります。

ユーロ高とインフレの併存する状態は、非常に困ったことなのです。

さらに、本文でも説明しましたが、ユーロ圏にはさまざまな経済状況の国があるために、どの国も納得できるような政策金利を決めることは、EUの通貨当局にとっても簡単な仕事ではありません。

インフレに悩む国にとっては、政策金利を上げた方がよいわけですが、逆に景気が低迷する国にとっては、政策金利を下げ、企業が投資のための資金を調達しやすくなった方がありがたい、ということになります。

このため、機動的なインフレ対策ができない可能性もあります。

EU、そしてユーロ圏は、その巨大さ、多様さゆえの弱点も持っているのです。

EUの西欧主要各国での公的健康保険加入率 ほぼ100パーセント
アメリカでの公的健康保険加入率 24・7パーセント ●『世界の医療制度改革』

EUが、独特の哲学を持っていることについては、先にもいろいろな例を紹介しました。国家が域内の国民に福祉を提供し、社会的弱者に対しても手をさしのべるという点では、アメリカとは明らかに別の道を歩んでいます。

アメリカのように、四〇〇〇万人以上の人が公的・私的な健康保険に加入できず、病気やケガに際しても、病院に行くことをためらってしまうという社会は、健全なものとは言えません。このことに関する限り、アメリカのやり方は、これから発展していく国々が手本とすることはできないのです。

さらに、環境問題をはじめとする課題に関して、EUは積極的に解決の道を探っていこうとしています。

温暖化対策のひとつである排出権取引制度のように、一定の温室効果ガス削減効果もあるとされる一方で、経済的な利益を狙っているのではないか、と批判される分野もあります。しかし、解決のための方向を決め、その実行に向けた話し合いの中で、グローバルスタンダードを作り上げていくEUの実行力は、高く評価されるべきものです。

EUは、今日のアメリカの「独善的な理想主義」に対して、「将来のあるべきかたちを見据えた理想主義」とでもいえるような側面を持っているのです。

EUとアメリカの対決、どちらが勝つのか

そもそもこの対決、軍事面では同じ土俵に上がることすらできません。世界最大のアメリカの軍事予算が、二位以下の国の軍事予算を合計した数字よりも多い状況を考えると、EUの軍事力は、アメリカとは比較になりません。というより、EU加盟国の多くもこれまで、NATO（北大西洋条約機構）という枠組みの中で、アメリカの核の傘の下に入ることで、外的な脅威から自国の安全を守ることができたのです。

ですから、EUとアメリカの対決は、経済や社会のあり方をめぐってのものということになります。こうした面でいうと、EUの実力はかなりのものです。経済規模、開拓者精神にあふれた

企業や個人の存在、グローバルスタンダードをつくっていく構想力、域外の国々を惹きつけるだけの文化的魅力。そういった多くの側面で、EUはアメリカに勝るとも劣らぬ力を持っているのです。

短期的には、ユーロの高騰やインフレなどによって経済的な混乱もあるでしょう。しかし、一〇〜二〇年という単位で見た場合、EUには、アメリカの持っていた経済上の地位を徐々に奪っていく可能性が大いにあると思うのです。

第4章

サウジアラビア vs. アメリカ

「中東への影響力をめぐる対決」

世界最大の石油産出国サウジアラビアと、この石油で成り立つアメリカ。
両国は、第二次世界大戦後、密接な関係を築いてきた。
しかし、その一方で、サウジアラビアは、イスラム原理主義国家として、
反米意識を持つ若者たちを多数生み出してきた。
国内の政治体制も盤石とは言えない。
極めて脆弱な基盤の上に立つ両国の関係を見ておこう。

1 9・11テロ犯を「輩出」したサウジ

二〇××年×月二日、カイロ発外電

アラブのニュース専門チャンネル「アルジャジーラ」によれば、サウジアラビアの首都リヤドで、軍の動きが活発になったという。**何らかの異変**が起きている様子だが、詳細は不明。

二〇××年×月三日、ワシントン発外電

アメリカ国務省の報道官によると、サウジアラビア国内で**クーデターの試み**があったようだという。詳細は不明だが、アメリカは注視していると声明を出す。

二〇××年×月三日、カイロ発外電

アルジャジーラによれば、サウジアラビアの**国王と皇太子が幽閉され**、王族の一部が軍と共に決起し、政権を掌握したという。サウジには王族が多数いるため、どの王族なのかは判明していない。

二〇XX年X月四日、カイロ発外電
アルジャジーラによれば、サウジアラビア国内で、**新国王と名乗る人物**による「就任演説」が行われ、アメリカとの関係を再考すると宣言した。

二〇XX年X月五日、カイロ発外電
アルジャジーラによれば、**サウジアラビアの新国王**は、自国の通貨をドルと連動させることを廃止し、今後はユーロと連動させると発表。石油代金の支払いも、今後はドル建てではなく、ユーロ建てにするという。

二〇XX年X月五日、ニューヨーク発外電
サウジアラビア政府がドル連動を廃止し、石油代金を**ユーロ建てにすると発表**したのを受けて、ニューヨーク株式市場は**大暴落**。ドルも買い手がつかない状態が続いている。

二〇XX年X月六日、ワシントン発外電
アメリカの大統領報道官は緊急声明を発表し、サウジに隣接するカタールの米軍基地に駐留する米軍の**一部部隊が首都リヤド**に進攻したことを明らかにした。アメリカに対する敵対行為への対応だという。

二〇XX年X月七日、カイロ発外電
アルジャジーラによると、サウジアラビアの首都リヤドの各地で、**黒煙**が上がり、上空に多数の**戦闘機が飛来**しているという。

多数の王族の存在で〝お家騒動〟の危険

アラビア半島の大半を占める国サウジアラビア。日本の約五倍という広い面積を持っています。サウジアラビアは、中東でイスラエル以外ではアメリカの最大の友好国です。それなのに、なぜサウジアラビア対アメリカという構図を取り上げるのか。それは、サウジアラビアが国内に不安定な要素を抱え、いつ「中東最大の反米国家」になるかもしれないという危機が存在しているからです。

サウジアラビアは、サウド家が支配していますが、サウド家の王族は多数いて（正確な人数は不明だが、王子だけでも少なくとも一万人弱）、国家の主要なポストはすべて王族が独占しています。そうした王族支配に対する国民の不満が高まる一方で、イスラム原理主義過激派の勢力が伸張しています。また、王族内部での〝お家騒動〟の可能性が常に存在しているのです。

サウジアラビアは、イスラム教を国教とする専制君主国家。世界中の国々に「民主化」を求めるキリスト教国家アメリカとは、本来「水と油」の関係のはずですが、アメリカは、サウジに対する民主化要求を声高に言うことはなく、国内の人権問題についても、滅多に言及しません。それは、サウジアラビアから出る「油」が、両国を「水と油」よりも強く結びつけているからです。

多数の王族が存在する

二〇〇五年八月、長い間寝たきりだったファハド国王が死去し、アブドラ・ビン・アブドラアジズ皇太子が第六代国王に即位しました。「ビン」とは、その後に来る名前の人の息子という意味。つまり、初代国王だった「アブドラアジズの息子のアブドラ」という意味です。

皇太子には、スルタン第二副首相が即位しました。皇太子といっても、国王の息子というわけではありません。国王の弟です。皇太子は、国王の息子という位置づけではなく、「次の国王」というポストなのです。

アブドラ国王は即位の時点で八一歳。皇太子は七六歳。極めて高齢の人たちが国政を運営しているのです。

サウジアラビアの初代国王であるアブドラアジズには、わかっているだけで一六人の妻がいました。その間に生まれた息子の数は、三六人から五〇人まで諸説あります。これには娘の数は含まれていません。娘の配偶者や子どもたちが、一体どれだけ存在するやら。

さらに第二代国王のサウドには一〇〇人以上の息子がいます。それぞれの息子たちが複数の妻を得て、多数の子どもが生まれていますから、王族は爆発的に増加します。一九九〇年時点で、王族は二万人いるという推計がありますが、いまはもっと多いはずです。

派閥争いという不安定要因抱える

王族の子どもたちは、同じ母親から生まれた兄弟が団結しがちです。その結果、それぞれの母系集団ができやすく、これが派閥を形成します。有形無形の派閥抗争が激しくなる

図17　サウジアラビア周辺地図

のです。

これに軍幹部がつけば、軍内部にも派閥ができやすく、不満を持ったグループがクーデターを企てる可能性は常に存在します。

サウジアラビアはイスラム教の国。イスラム教は、スンニ派とシーア派に大別されます。サウジアラビアは、スンニ派が国民の多数を占めていますが、スンニ派の中でも、ワッハーブ派という、極めて厳格な教えを事実上の国教としています。

ワッハーブ派の教えは、アフガニスタンのタリバンの特異な宗教行動を思い出していただければいいでしょう。現世ではひたすら神のことを想うべきであり、飲酒や音楽、踊り、映画などの楽しみは、神を忘れがちになるので禁止するという教義です。「楽しいことは天国に行ってから」という発想です。

ワッハーブ派は、イスラム教徒の経典『コーラン』を一字一句信じ、預言者ムハンマドの言行録である『ハディース』通りに生活しようと考えます。経典を文字通りに解釈し、少しでも違反した者は「イスラムの敵」として扱うので、教義の解釈をめぐって対立が起きることもあります。

とりわけアメリカを「イスラムの敵」と考える人たちも多く、現在のサウジの政権が親米であることを「イスラムの裏切り者」と考える人たちが存在します。現在の政権を転覆させようという勢力がいる、不安定な国家なのです。

乗っ取り犯の一五人がサウジ出身だった

サウジに反米思想の持ち主が多いことを示したのが、二〇〇一年九月一一日にアメリカで発生した同時多発テロでした。四機の民間航空機を乗っ取った犯人一九人のうち、実に一五人までがサウジアラビア出身者だったのです。

また、この事件を遠くアフガニスタンで計画し、実行を命令したオサマ・ビン・ラディン本人も、サウジアラビア出身でした。

アメリカとは石油で結ばれているが、国民には反米意識が強いというねじれ現象。いつアメリカにとっての強敵になってもおかしくない国。

それだけにアメリカは、サウジアラビアが反米国家となって石油の売却を拒否するような事態になることを恐れています。もしサウジの石油が手に入らなくなるようなことがあれば、アメリカは、軍事力を使ってでも利権を確保しようとしています。そのための軍事行動の計画まで作られています。冒頭のシナリオのような事態が発生する可能性が十分あるのです。

サウド家の「アラビア」

サウジアラビアは、「サウド家のアラビア」という意味です。ひとつの王家の名称が国名になっているのです。

一八世紀のアラビア半島に、ムハンマド・ビン・アブドラワッハーブという宗教家が出現しました。彼は、イスラムの唯一神信仰の純化を主張し、宗教改革運動を展開しました。聖典『コーラン』を文字通り受け止め、行動が少しでも逸脱する者があれば、容赦なく批判し、あるいは「死刑」を宣告するという極端な教義を広めました。イスラム原理主義です。

あまりに極端な教義だったため、社会から受け入れられませんでしたが、当時の豪族だったムハンマド・ビン・サウドが庇護しました。アブドラワッハーブは教えを広め、サウドは支配地域を拡大します。両者の協力によって、政治的勢力も宗教的勢力も拡大していったのです。アブドラワッハーブの極端な教えの信者は、「ワッハーブ派」と呼ばれるようになりました。

当初、政治的支配者（アミール）はサウド家、宗教的指導者（イマーム）はアブドラワッハーブと分かれていましたが、アブドラワッハーブは宗教的権威の一部をサウド家に委譲。一七九二年、アブドラワッハーブが没すると、サウド家が政教一致の最高指導者の地位を得たのです。

このときの第一次サウド王朝はオスマントルコによって弾圧され、いったんは勢力が弱まりましたが、一九〇二年になって、当時クウェートに亡命していたサウド家のアブドラアジズがリヤドの奪還に成功しました。それ以降、アラビア半島の大半を支配するまでになり、一九三二年九月、サウジアラビア王国と名乗りました。

サウド家が政教一致の支配者に

専制君主が君臨するサウジアラビアは、いわゆる近代的な概念の国家とは程遠いものでした。長らく憲法も存在しなかったのです。一九九二年になって、ようやく「統治基本法」が国王によって発布されました。これが事実上の憲法です。憲法の役割を果たすのに憲法と呼ばれていないのは、「神の教えこそが憲法」という基本的な考え方があるからです。

神が定めた「憲法」つまり『コーラン』と『ハディース』の下に、「統治基本法」が存在しているのです。

ここには三権分立が謳われていますが、三権の源泉は国王ということになっています。国王が絶対君主だからです。

国王は「閣僚会議議長」つまり「首相」を兼務します。皇太子が第一副首相をつとめます。これまでの例では、国王が死去し、皇太子が国王に就任すると、第二副首相が皇太子に昇格しています。

サウジアラビアの国家の主要ポストは王族が独占。治安部隊、軍隊、内政、外交のすべてにわたって、主要ポストをサウド家の王族が占めています。サウド家には、それだけ多数の王族が存在するから可能なことなのです。

「宗教警察」が存在する

サウジアラビアを一言で表現すると、厳格な宗教国家ということになるでしょう。国民の生活は、すべてイスラム教の戒律によって縛られています。「宗教警察」という組織が存在し、国民がイスラム教ワッハーブ派の戒律を守っているか監視しています。

国内には約三万五〇〇〇ものモスクがあり、一日に五回のお祈りは義務です。昼間でも祈りの時間になると、すべての商店が一時的に閉店します。店を開いていると、パトロールしている宗教警察に摘発されます。テレビ放送も、祈りの時間になると、それまでの通常番組は中断され、祈りの様子を中継したり、『コーラン』の一節が朗々と読み上げられたりします。

宗教警察は、街頭で服装チェックをしています。女性が家族以外の男性に肌を見せたり顔や髪を見せたりすると、男性を堕落させるという考え方からです。街を歩く女性を監視し、女性の髪が外にはみ出していたり、足首が見えたりすると、街頭で鞭打つのです。家族ではない男女が一緒に歩いているだけで、逮捕されることもあります。

もちろん飲酒は厳重に禁止されています。

公開処刑も存在する

二〇〇一年九月一一日の同時多発テロ以降、アフガニスタンでのタリバンの特異な行為が注目を浴びましたが、あれは、サウジアラビアで日常的に行われていることにすぎなかったのです。

そのひとつの例が公開処刑です。サウジアラビアでは、毎週金曜日の集団礼拝の後、町の中心部の広場で公開処刑が行われます。

また、「目には目を」の報復刑も存在します。殺人犯については、被害者の家族が、被告を死刑にするかどうかを決めます。被告あるいは被告の家族が損害賠償を申し出て、被害者の家族が受け入れれば、金銭で解決される場合もあります。

盗みをした者は右手を切り落とされ、二度目の場合は左足を切断されるという順番が決まっています。鞭打ちの刑もあります。

まるで中世のような光景が毎週見られるのです。

火事でも逃げられなかった

宗教警察の極端な行動を象徴する事件が起きたことがあります。

二〇〇二年三月のことです。メッカの女子高校で授業中に火災が発生しました。生徒も教職員

ショッピングモールで買い物をするときも、アバーやヒジャーブの着用が必須のサウジアラビア人女性（写真提供／共同通信社）

も校外に逃げ出そうとしました。

女性は外出するとき、全身を隠す黒いマントであるアバーや、髪を覆うヒジャーブをつけなければなりませんが、女子高校にいるのは教職員も女性ばかりですから、校内での女子高校生たちは、アバーもヒジャーブも身につけていませんでした。学校の制服姿で校外に飛び出そうとしたのですが、不幸なことに、そこには宗教警察がいました。宗教警察は、女生徒たちにアバーやヒジャーブを取りに戻るように命令。女生徒たちは、燃え盛る校内に押し戻されたのです。

一方、現場に駆けつけた男性の消防士たちは、女性と接触することがないように宗教警察が妨害しました。その結果、一五人の女生徒が死亡し、五〇人が重軽傷を負うという大惨事に発展しました。まさにパロディのような悲劇が繰り広げられたのです。

女性は自動車を運転できない

女性は自動車を運転することが許されていません。『コーラン』で女性は保護されるべき存在と記述されていますが、それを厳密に解釈して（拡大解釈して？）、女性が自由に出歩くことができないようにしているのです。

これには女性たちの不満も強く、一九九〇年一一月には、四七人のサウジの女性たちが一五台の自動車に分乗してデモを敢行しました。女性にも自動車の運転を認めるように求めたのです。「預言者ムハンマドの時代、女性たちもラクダに乗って戦闘に参加していた。「現代のラクダ」である自動車を運転しても構わないはずだ、というのが彼女たちの論理でした。彼女たちは、いずれも海外で運転免許を取得していたので、自動車を運転できたのです。

しかし、全員が直ちに逮捕されます。国立大学に勤めていた女性六人は停職処分になりました。逮捕された妻の夫も、妻の行動を黙認していたとして、いずれも社会的に非難されました。

これが現代に起きていることなのです。

2 石油で結ばれたサウジとアメリカ

米国会社が石油利権獲得

サウジアラビア王国が成立した翌年の一九三三年、アブドラアジズ国王は、アメリカの石油会社「スタンダードオイル」と石油利権に関する合意文書に署名しました。スタンダードオイルに石油掘削権を与えたのです。アメリカとサウジアラビアの密接な関係の始まりでした。

石油掘削権が与えられても、すぐには商業ベースに乗るような油田は発見されなかったのですが、一九三八年、サウジ東部で初めて大規模な油田が発見されます。この油田をもとに、「アラビアン・アメリカンオイル・カンパニー」(通称アラムコ)が設立されたのです。

この会社は、この時点ではアメリカの企業でしたが、四〇年ほど後に国有化され、サウジアラムコとなります。現在は世界最大の石油会社に発展しています。

第二次世界大戦勃発で米国に接近

石油発見の翌年、第二次世界大戦が勃発します。それまでのサウジアラビアにとって、外貨の獲得手段は、メッカとメディナという、イスラム教徒にとっての二大聖地に巡礼に来る人々が落とすお金が頼りでした。しかし、戦争で巡礼者の数は減り、サウジの貴重な収入減は枯渇します。サウジにとっては、石油こそが、国を支える重要な柱になっていくのです。

一方アメリカは、第二次世界大戦で石油の重要性を再認識します。第二次世界大戦で欧州戦線に展開した米軍部隊が消費したガソリンは、第一次世界大戦のときの一〇〇倍に達しました。石油がなければ、戦車も動かず、戦闘機も飛べません。石油を安定的に確保することがアメリカという軍事大国にとって死活的に重要となったのです。

その点で、アメリカにとってサウジアラビアは欠かせない石油供給源です。世界の石油埋蔵量の四分の一を擁する世界最大の石油大国サウジを重要な石油供給源と位置づけ、戦略的に接近していくのです。

一方のサウジも、アメリカの支援を受けて石油開発を進め、その石油をアメリカが購入してくれることで資金を得ることができます。サウジにとっても、アメリカは欠かせないパートナーとなります。

とりわけ第二次世界大戦後は、ソ連が中東に影響力を強めていきます。神を信じない共産主義者の影響力が強まることに、サウジは強い恐怖を抱くようになりました。周辺の国々も、決してサウジの友好国ではありません。サウジとしては、軍事力の増強が急務でした。そうなると、アメリカから得る資金でアメリカから近代兵器を買うということになります。

アメリカにとっても、兵器を大量に売りつけるお得意先が誕生しました。アメリカとサウジアラビアは、互いに相手を必要とする関係になったのです。

一九四五年二月、スエズ運河に立ち寄った米艦の上で、アメリカのルーズベルト大統領と、サウジアラビアのアブドラアジズ国王が初めて会見しました。ここで、「石油と安全保障」という両国の特殊な関係が築かれたのです。

クーデターで国王就任

アブドラアジズ国王は、一九五三年一一月に死去します。後継者は、アブドラアジズの次男サウードでしたが、彼は途方もない浪費家で、国家財政は破綻してしまいます。

これに危機感を抱いた異母弟のファイサル皇太子が、他の王族の支持を得てサウードを追い出し、一九六四年、三代目の国王に就任しました。宮廷クーデターでした。

ファイサル国王は、司法省の中にファトワ（宗教布令）局を設置します。「ファトワ」とは、イスラム教の宗教上、信仰上の疑問が生じた場合、ウラマー（イスラム法学者）が答える指針のことです。

つまり、司法省という国家組織の中に、イスラム教の指導者を組み込み、いわば国家公務員にしたのです。イスラム教の指導者であるウラマーが、国王の下に位置することになります。これでイスラム教徒を完全に掌握する体制を築きました。

「緊急事態対処計画」が立てられた

アメリカとサウジアラビアは、緊密な関係を築いていきますが、これは、極めて打算的な関係でした。互いに相手を必要としていただけのことだったのです。

それが明らかになったのは、一九七三年に発生した「オイルショック」でした。

一九七三年一〇月、第四次中東戦争が始まると、中東の産油国は、イスラエルの味方をする国に対して石油の禁輸を打ち出します。さらに石油生産を削減し、価格の吊り上げを図りました。アメリカはもちろん、日本を含め世界各国がパニックに陥りました。これが「オイルショック」です。

このとき、ニクソン政権のキッシンジャー国務長官は、アメリカとしてどんな対抗策がとれるか検討を始めました。つまり、石油が輸入できなくなるのであれば、軍事力を使ってでもサウジアラビアの石油を確保しようとしたのです。アメリカがサウジアラビアとの友好関係を維持してきたのは、単に石油が欲しかっただけだということが明白になった出来事でした。

これに対して、サウジアラビアのヤマニ石油相は、「アメリカが対抗策をとれば、我々は油田を爆破するだろう」と応じました。アメリカに対する強烈な牽制でした。

その後、第四次中東戦争が終結すると、アメリカとサウジアラビアの関係は、まるで何事もなかったかのように修復されましたが、互いの本音が明らかになった一瞬でした。

石油を武器にした

いまも述べたように、中東の産油国は、石油を武器に使うようになります。

一九六〇年、サウジアラビアなどの呼びかけで「石油輸出国機構」(OPEC)が創設されます。ここには中東のみならず、アジアや南米の国も参加していました。

さらにアラブ諸国に限った「アラブ石油輸出国機構」(OAPEC)も設立します。それまで、世界の石油価格は、石油を買い取る先進国の企業(石油メジャー)が価格を決めていました。それに対抗して、石油輸出国側がカルテルを結び、石油価格の決定権を自らが持とうという戦略でした。

当初はなかなか機能しませんでしたが、一九七三年一〇月に第四次中東戦争が始まったことで様相は一変します。OPECは石油価格を引き上げ、さらにOAPECは、イスラエルを支援する国に対して石油禁輸を打ち出します。一九七四年一月には一段と石油価格を引き上げ、世界中にオイルショックをもたらしました。

空前の富が流れ込む

それまでメッカとメディナという、イスラム教の二つの聖地を訪れる巡礼者が落とす資金が主な収入源だった砂漠の王国に、世界中から多額の資金が流れ込むようになります。世界の資金の流れが変わったのです。

石油資源に恵まれない開発途上国にとっては、石油価格の値上がりは、自国からの資金の流出を意味しました。オイルショック以降、世界の資金は、石油資源のない国からある国へ一方的に流れるようになったのです。

世界から空前の富が流れ込んでも、サウジアラビアは、昔ながらの王国でした。一九七五年三月には、ファイサル国王が同じ王族のメンバーによって暗殺され、第四代国王にハリドが就任します。

王族内部での宮廷クーデターや暗殺。旧態依然たる事情は変わりませんでした。

石油収入で福祉国家へ

ハリド国王も一九八二年に死去し、皇太子だったファハドが第五代国王に就任します。ファハド国王時代から、サウジアラビアは大きく変貌を始めます。膨大な資金をもとにして、福祉国家の建設を始めたのです。

一九八八年にはアラムコを国営化し、「サウジアラムコ」にしました。石油の富を国家が独占。アメリカは、なすすべがありませんでした。

国家財政は豊かになり、国民の教育費や医療費は基本的に無料になりました。それ以外の生活必需品も、政府の手厚い補助金により低く抑えられています。

国民は、イスラム教徒の義務としてのザカート（喜捨のこと。収入の二・五パーセント）を任意で払っていますが、所得税や消費税などは存在しません。実質的に国民はほとんど税負担がなく、手厚い保護を受けられます。これも、石油収入あればこそです。

石油産業や土木工事などの主要企業は、王族が握っています。新聞やテレビなどのメディアも王族企業ですから、王族への批判はタブーとなります。

言論の自由はなく、選挙で自分たちの代表を選出するという民主主義の制度も存在しませんが、政府の方針に文句を言わなければ、それなりに豊かな生活が保障される。これが、サウジアラビアです。

イラクがクウェート侵略

そんなサウジアラビアに衝撃が走る事件が起きました。一九九〇年、サウジアラビアの隣国イラクのサダム・フセインが、クウェートを侵略したのです。

サウジアラビアは、イラクともクウェートとも隣接しています。クウェートに攻め込んだイラク軍の大部隊は、瞬く間にクウェートを制圧し、さらにサウジアラビア国境周辺に部隊が集結しました。いつでもサウジアラビアを侵略できる態勢を見せたのです。

これには、サウジアラビアの王族が危機感を抱きます。サウジアラビア国軍は、アメリカから最新型の兵器を多数購入し、兵士の訓練も米軍から受けていましたが、豊かな国の兵士だけあって、決して精鋭とは呼べないレベルでした。無慈悲なフセインの命令で動くイラク軍には歯が立たないおそれがあったのです。

このためサウジアラビアは、米軍に援助を要請します。アメリカにとっても、サウジアラビアの油田をイラクに押さえられたのでは死活問題。直ちに「砂漠の盾」作戦を発動し、多数の米兵をサウジアラビアに派遣しました。

オサマ・ビン・ラディンの反発

しかし、この決定には、サウジアラビア国内で強い反発が起こりました。

イスラム教徒の「聖なる土地」に異教徒が多数入り込んだからです。米兵には女性兵士も多く、灼熱の砂漠地帯では、女性兵士たちも肌もあらわにしたままです。女性は肌どころか、髪も顔も家族以外の男性には見せてはいけないという原理主義国家での異教徒の女性の振る舞いは、多くのサウジアラビア国民にとって許されないことでした。

しかも米軍は、キリスト教の従軍牧師まで引き連れていました。

米軍のサウジ進駐は、とりわけオサマ・ビン・ラディンのような原理主義者にとって耐え難い屈辱でした。サウジ国内の有力者の息子だったビン・ラディンは、国王に対して、自分たちで国土を防衛すると申し出ましたが、聞き入れられませんでした。

これに失望したビン・ラディンはスーダンに移り、サウジアラビアの王政を厳しく批判します。サウジ政府は一

2001年9月11日、航空機の突入によって炎を噴き出すニューヨーク・世界貿易センタービル。米軍のサウジ進駐も、この事件のひとつのきっかけになった(写真提供/ロイター＝共同通信社)

九九四年、ビン・ラディンの国籍を剝奪しました。王政批判は、たとえビン・ラディンであっても認められなかったのです。

一九九六年、ビン・ラディンはスーダンからアフガニスタンへ移り、ここで国際テロ組織「アルカイダ」（アラビア語で「基地」）を結成。イスラム諸国から若者たちを呼び寄せて、アフガニスタン国内に設置したテロリストキャンプで、反米テロ要員の育成を始めるのです。

一九九八年二月、ビン・ラディンはアメリカに宣戦布告します。「すべてのイスラム教徒は、アメリカ人とその同盟関係にある市民を、世界のどこであれ殺せ」と呼びかけたのです。

アメリカはイスラエルと結託してアラブの地でイスラム教徒を殺害しているから「イスラムの敵」であり、そのアメリカに税金を払い、選挙で指導者を選んでいるアメリカ国民は同罪である、という論理でした。

この論理が、やがて二〇〇一年九月一一日の事件へとつながっていくのです。

アメリカも、反米意識を無視することができません。二〇〇三年、米軍がイラクに侵攻し、フセイン政権を打倒すると、サウジアラビア国内に展開していた米軍を撤退させました。

ただし、いつでも再展開できるように、サウジの隣国カタールに大規模な米軍基地を建設しました。また、米軍の軍事顧問団など米軍関係者がいまも多数サウジに駐在しています。

極めて高い出生率

オサマ・ビン・ラディンのような原理主義過激派を生みだしたサウジアラビアは、その後も不安定な状態が続いています。高い出生率と若者の失業、そして極端な原理主義教育が、その原因です。

サウジの人口は、一九七〇年代はじめには約六〇〇〇万でしたが、二〇〇五年には二五〇〇万に達します。三〇年で人口が四倍近くに膨れ上がったのです。

イスラム教は産児制限を認めません。神の摂理に従って夫婦生活を営み、その結果として出産に至るべきだという考え方からです。このためイスラム教国家はどこも基本的に出生率が高いのですが、サウジアラビアは、中でも飛び抜けています。

国連の統計によりますと、一九七〇年から一九七五年の間の出生率は、なんと年平均で七・五でした。二〇〇〇年から二〇〇五年まではやや下がりますが、それでも四・五です。

石油代金によって国家財政が豊かになった分、社会福祉に力を入れるようになり、それが高い出生率につながったと見られています。

若者の高い失業率

高い出生率と福祉の充実で乳児死亡率も減少し、人口が急激に拡大していますが、それだけの人たちに、新規の雇用の機会を与えることができないでいます。失業率も高まっています。サウジアラビアの失業率は、二〇〇六年時点で九・一パーセント（男性）です。これでも十分高いのですが、とりわけ二〇歳から二四歳までに限ると、約三〇パーセントにも達します。若者の失業率が極めて高いのです。

そもそも若年層の比率が高い国は、不満を抱いた若者が多いために、社会が不安定になりがちです。一九六〇年代から七〇年代にかけて日本国内で若者たちの反安保闘争や学園闘争が盛り上がった背景には、戦後のベビーブームで生まれた団塊世代の若者たちの人口比率が高かったこともあります。

まして、その若者たちの多くが失業している国では、社会への不満や絶望を抱いた若者たちが過激な行動に出やすく、社会は極めて不安定になります。サウジアラビアは、まさにこのパターンにあてはまるのです。

徹底した宗教教育

サウジアラビアという国家が不安定になる最大の理由は、その極端なイスラム原理主義にもあります。

ワッハーブ派は、「神の言葉」を記した『コーラン』には「すべて」が書かれているのだから、この書物の一字一句を厳守することが必要であり、極端に言えばそれだけをしていればいいという思想を持っています。サウジアラビアという国家は、ワッハーブ派を建国の教義にしているため、教育もイスラム原理主義に基づいて行われます。

徹底したイスラム教育であり、神が預言者ムハンマドに伝えた言葉を記したという『コーラン』と、ムハンマドの言行録である『ハディース』を徹底して暗記させる教育を実施します。理科も社会の授業も、すべてはイスラムのために存在しているという位置づけです。

ワッハーブ派の教義では、偶像崇拝禁止であり、音楽禁止です。この点は、アフガニスタンのタリバンの教義とそっくりです。

小学校の授業の三分の一は宗教教育であり、残りのアラビア語や社会科の授業でも、取り扱う教材の内容の多くはイスラム教の教えに関するものです。

ワッハーブ派はキリスト教やユダヤ教などの異教徒を厳しく排斥するのが特徴で、サウジアラビアの学校教育では、キリスト教やユダヤ教に対する非難や軽蔑を学ぶことになります。

中学や高校になりますと、「ジハード（聖戦）」の大切さが強調されます。「ジハード」とは、そもそもは「イスラムのために努力する」という意味なのですが、「イスラムの土地を侵略した者」に対する戦いも「イスラムのための努力」であると考えられ、異教徒との戦いが「ジハード」とみなされます。

『コーラン』には、「ジハードで死んだ者は天国にいる」という表現が出てきます。イスラム教では、「世界の終わり」が来て「最後の審判」が下されるまで、死者は地下で眠り続け、神による審判の結果、生前の行いが善かった者が天国に行けるということになっています。

ところが、「天国にいる」という表現があることから、「ジハード」で死ねば、直ちに天国に行けるという解釈になります。

つまり、「異教徒をイスラムの土地に入れないために戦って死ねば、天国に直行できる」と教えます。

こういう基礎教育を受けていれば、「自爆テロ」に走る若者たちが続出する土壌が形成されていることがわかるでしょう。サウジアラビアは、意図しなくても、自爆テロを引き起こす恐れのある若者たちを大量育成しているのです。

学校教育の内容が宗教教育に片寄っているため、先端技術に関する知識を学ぶこともなく、イスラム以外の世界の歴史や文化を学ぶことも、ほとんどありません。視野の狭い若者たちが社会に出てくるので、企業にとって「使える人材」とはなりません。サウジアラビアの企業は、慢性的な人材不足に悩み、それが経済成長率の足を引っ張っているのです。

イラン革命が起きた

サウジアラビアの極端なイスラム原理主義は、海外に積極的に輸出されました。そのきっかけは、一九七九年に起きたイラン革命でした。

それまで親米政権だった王制が倒され、イスラム教シーア派の原理主義者による革命が発生しました。フランスに亡命していたアヤトラ・ホメイニがイランに帰国し、最高指導者に就任します。ホメイニは、イスラム教シーア派の思想を周辺各国に輸出しようとします。

イスラム教はスンニ派とシーア派に大別されます。サウジアラビアを含む大半のアラブ諸国はスンニ派ですが、イランはシーア派です。しかもイランは、周辺のアラブ諸国とは異なりペルシャ民族です。歴史的にペルシャ民族に対する潜在的な恐怖感を抱いているスンニ派のアラブ諸国は、イラン革命に震え上がります。アラブ諸国の多くは王制であり、シーア派の原理主義が国内に持ち込まれ、王制打倒の運動が盛り上がるかもしれないという危機感でした。

サウジアラビアは、イランによる「革命の輸出」に対抗して、自国のワッハーブ派の思想を海外に広めようとします。ワッハーブ派も、スンニ派の中の潮流です。

サウジアラビアの資金援助で、パキスタンやソマリア、スーダンなどの国々に、イスラム原理主義が広がっていきました。

ソ連がアフガニスタンを侵略した

イラン革命が起きた年、ソ連（ソビエト社会主義共和国連邦）の軍隊がアフガニスタンに侵攻します。ソ連の衛星国の立場だったアフガニスタンの政権がソ連の言うことを聞かなくなったことに怒ったソ連政府が、軍事力で傀儡政権を作ろうとしたのです。

これには、アフガニスタン国内のイスラム教徒の若者たちが、武器を持って立ち上がります。イスラムの土地を侵略した無宗教の共産主義者と戦うことは、ジハード（聖戦）だからです。彼らは「ムジャヒディン」（イスラム聖戦士）と呼ばれました。

これをサウジアラビア政府が全面的に支援します。ソ連と厳しく対立していたアメリカも、パキスタン経由で支援に乗り出しました。サウジアラビアとアメリカが共に支援したのです。

このときアメリカは、軍事のことだけを考えていましたが、サウジアラビアは、ワッハーブ派の思想の輸出を考えていました。サウジアラビア国内で原理主義教育を受けた若者たちを、積極的にアフガニスタンに送り出したのです。オサマ・ビン・ラディンも、そうした若者のひとりでした。

「輸出」した過激派が戻ってきた

やがてアフガニスタンからソ連軍が撤退すると、アフガニスタンで戦っていた若者たちは、一段と過激な思想に染まってサウジアラビアに帰国するようになります。

アフガニスタンで過酷な戦闘を生き抜いた若者たちは、残酷な行為を平然と実行できるまでに精神が荒んでいました。こうした帰国兵士たちは、故国の若者にとって英雄でした。一段と過激で、テロを平然と実行できる若者たちの帰国で、サウジアラビアには過激思想が蔓延することになります。

「輸出」した過激思想が、一段と過激になって「逆輸入」されたのです。

イラク戦争に若者が出ていった

学校でイスラム原理主義に基づく宗教教育を受け、「ジハードで死ねば天国に行ける」と学校の教師から教えられた若者たち。アフガニスタン帰りの過激派の思想に触れた若者たち。失業率が高く、仕事を得ることができないまま不満を抱えて生きてきた若者たちは、隣国イラクを英米軍が攻撃・占領したとき、「何をすべきか」という疑問に答えが出たのです。「イスラムのために英米軍と戦い、死ねば天国に行ける」という答えが。

言論・表現の自由がなく、娯楽もほとんど存在しないサウジアラビアは、若者たちにとって閉塞社会です。閉塞社会で悩む若者たち向けに、過激な思想・行動を呼びかける多数のウェブサイトがインターネット上に存在します。アルカイダが運営するサイトもあり、若者たちに「ジハード」を呼びかけています。

これに洗脳された若者たちは、いわば「死に場所」を求めてイラク国内へ潜入していくのです。こうしてイラク国内で自爆テロを果たす若者たちが激増します。また、イラク国内で爆弾など武器の使い方を習得したテロリストが、やがてサウジアラビアに帰国するようになるのです。

サウジ国内でテロが激増した

過激派の若者たちを、体よくイラクに送り出したところ、イラクでテロの手法を学んで戻ってくる。ここでも、アフガニスタンと同じような過激思想の逆流が起きたのです。その結果は、サウジアラビア国内での爆弾テロの激増でした。

イラク戦争前の一九九六年六月には、サウジアラビア東部ダーランの米軍施設で爆弾テロが発生し、米軍兵士一九人が死亡し、三七二人が負傷しました。イラク戦争開始後の二〇〇三年五月には、リヤド市内の外国人居住区で爆弾テロが起き、やはり多数の死傷者が出ました。

サウジアラビア国内に駐留している米軍関係者や、石油産業に従事している海外の駐在員たちが爆弾テロの標的になりました。石油産業の関係者が引き揚げてしまっては、サウジ経済に大打撃。サウジ政府は、ようやく「過激派狩り」を開始したのです。

そうなると、今度は国内各地で、過激派と治安部隊の銃撃戦が発生するようになります。しかし、治安部隊内部には過激派が潜入しているため、治安部隊の行動は過激派に筒抜けになることが多く、過激派狩りが十分に成功しているとは言えません。

サウジアラビアでのテロの横行など治安の悪化は、いまの王制が万全ではないことを意味します。今後、テロやクーデターが発生して、反米の国王が誕生する可能性もあります。もしそうなれば、アメリカは大打撃を受けます。場合によっては、アメリカによる介入があるかもしれません。中東情勢は一段と不安定になる恐れがあるのです。

王位継承制度が確立された

不安定なサウジアラビアの王制。国王にもしものことが起きたら、どうなるのか。実はサウジアラビアの王位継承制度は長らく整備されていませんでした。

一九九五年に当時のファハド国王が脳卒中で倒れてからは、アブドラ皇太子が国王代理として国政に携わってきましたが、形式上、政治判断にはすべて国王の認可が必要とされました。

これに悩まされてきたアブドラ皇太子は、国王就任後の二〇〇六年一〇月、王位継承の新制度

した。
国王を選出する「委員会」（正式名称は「忠誠の誓約」機構）を設立したのです。委員は、皇太子を除き、サウジアラビアを建国したアブドラアジズ国王の息子たちです。本人が死したり病気だったりした場合は、その人の息子を国王が委員に任命します。委員は計三六人です。

もし国王が亡くなり、皇太子が国王に就任すると、新国王は、皇太子候補を最大三人まで選んで委員会に示します。この場合、皇太子候補になるのは、国王の息子というわけではありません。国王の弟や従兄弟になります。委員会は、皇太子候補の中から一人を皇太子として選出します。この皇太子が次期国王になるのです。

しかし、委員会が、国王が指名した人物に同意しなかった場合、委員会は新しい人物を推挙しなければなりません。その場合、国王が新たに推挙した人物との間で決選投票を行い、多数票を得た人物が皇太子となります。

アメリカと距離を置く現国王

ファハド前国王をはじめ歴代の国王は親米で知られましたが、現在のアブドラ国王は、アメリカと常に距離を置いています。

国王就任以来、一度も訪米したことがありません。サウジアラビアの国王としては異例です。ただ、これは本人が高齢で、単に体力的に長旅が無理なだけかもしれませんが。

しかし、二〇〇七年三月、リヤドで開かれたアラブ連盟首脳会議で、アブドラ国王は、米軍のイラク駐留を「外国による不法占拠」と非難しました。

国王が、本当にアメリカに対して怒りを持ち、距離を置いているのか。それとも、アラブ世界で親米であることの不利を考え、ポーズをとっているだけなのか。その点は不明確ですが、国王がアメリカの中東政策から距離を置く姿勢を示していることは確かです。これも、アメリカにとっては不安材料です。

3　中東問題が影を落とす

アブドラ国王、中東和平に乗り出す

アメリカとサウジアラビアの関係には、常に中東問題が影を落としています。

中東のパレスチナに第二次世界大戦後、イスラエルが建国されたことで、パレスチナ人たちが住む場所を失い、イスラエルとの闘争が続いてきた中東問題。

アメリカにとっては、親米国家であるイスラエルをどう存続させるかという問題です。

これに対してサウジアラビアにとっては、同じアラブ民族で同じイスラム教スンニ派であるパレスチナ人の生存権の問題です。イスラエルによって迫害されているパレスチナ人をどう守るかという課題です。

アメリカとサウジアラビアがどれだけ深い利害関係に結ばれていても、中東問題では対立しがちなのです。アメリカもサウジアラビアも、互いに相手の立場に配慮しつつ、自国に有利な解決策を模索してきました。

二〇〇七年二月、アブドラ国王は、パレスチナの穏健派ファタハのアッバス議長と、原理主義

組織ハマスの最高指導者メシャルを聖地メッカに招待し、対立する二つの組織の仲介役を買って出ました。

この年の三月にリヤドで開いたアラブ連盟首脳会議では、イスラエルが過去に占領した土地から撤退すれば、アラブ諸国がイスラエルと国交を結ぶという包括和平案を確認しています。

過去のサウジの国王が、どちらかといえば中東問題には深入りしようとしなかったのに対して、アブドラ国王の積極姿勢が目を引きます。

それは同時に、中東問題をめぐって、アメリカとサウジアラビアが衝突する可能性があるということでもあるのです。

イランとの関係も修復へ

一九七九年のイラン革命でイランの親米の王制が打倒されて以来、アメリカはイランを敵視してきました。イランも反米国家を貫いてきました。

一方、サウジアラビアは、イスラム教スンニ派（ワッハーブ派）の国家として、シーア派のイランを警戒してきました。

この点においては、アメリカとサウジアラビアの利害は一致していました。ところが、このサウジの姿勢に大きな変化が起きています。二〇〇七年三月、アブドラ国王が、イランのアフマディ

2007年３月、サウジアラビアの首都リヤドで会談する同国のアブドラ国王(右)とイランのアフマディネジャド大統領(左)。両国の関係が徐々に修復しつつあることをうかがわせる(写真提供／ロイター＝共同通信社)

ネジャド大統領をメッカへの巡礼に招待したからです。

メッカ巡礼は、イスラム教徒にとって、一生に一度は実現したい夢。スンニ派とシーア派に分かれていても、同じイスラム教徒であることを再認識する儀式でもありました。

スンニ派の中でもワッハーブ派は、シーア派の教義の一部が『コーラン』の教えに反していると考え、シーア派を敵視してきました。それなのに、なぜイランとの関係改善に動いたのでしょうか。

それは、イランをめぐる情勢が、この地域の安全保障上、見過ごすわけにはいかなくなってきたからです。

イランが核開発を進めていることに対

して、アメリカはイラン非難を強めています。イラン政府は、「平和目的の核開発」だと主張していますが、アメリカのブッシュ政権は、この主張を受け入れません。それどころか、イランへの軍事攻撃すらほのめかしています。

そこでサウジアラビアとしては、イランとの関係を良好にすることで、湾岸地域の緊張を解き、アメリカを牽制しようという狙いがあります。

またサウジアラビアにとって、隣国イラクの混乱は困ったことです。イラク国内のシーア派に対しては、同じシーア派のイランが大きな影響力を持っています。そこで、イランにイラクの治安確保に協力してもらいたいという思惑もあります。

その一方で、イランとの関係改善に走るサウジアラビアの態度は、アメリカにとっては受け入れがたいものがあります。イランをめぐっても、アメリカとサウジアラビの関係が悪化する可能性があるのです。

4 サウジに流れ込む巨額の資金

石油価格高騰で資金流入

最近の石油価格の高騰は、二〇〇三年から始まりました。中国やインドの経済発展がめざましく、需要の増大が価格を引き上げてきました。これに目をつけた投機資金が流れ込み、価格高騰に拍車をかけます。二〇〇七年夏に問題が表面化したアメリカのサブプライムローンの破綻により、ニューヨーク株式市場は大暴落を引き起こします。株価暴落を嫌った国際投機資金が株式市場を逃げ出し、これからも価格上昇が望める原油先物市場に流れ込んだのです。

ニューヨークの原油先物市場では、ＷＴＩ（西テキサス産の中質油）の取引をしているだけなのですが、売買高が大きいことから、世界の石油価格を決定する指標の役割を果たしています。ここに投機資金が流入したことで、国際的に石油価格の高騰が起きました。その結果、中東産油国には、多額の資金が流れ込むようになったのです。

サウジアラビアの首都リヤドには、欧米のブランドを扱う大規模なショッピングセンターが相次いで建設されています。

サウジアラビアに流れ込んだ石油代金は、海外にも投資され、その一部はニューヨークの原油先物市場にも流入。石油価格をさらに高騰させるという、産油国にとっては望ましい循環（消費国にとっては悪循環）が起きています。

ドル安でサウジは困惑

アメリカのサブプライムローンの破綻で、アメリカ経済は不況に突入。アメリカの中央銀行であるＦＲＢ（連邦準備制度理事会）は、景気回復を図るため、金利を引き下げました。アメリカの金利低下は、ドルで資金を運用しても利幅が小さくなることを意味します。国際投機筋からドルが嫌われたのです。その結果、ドル安が進行します。

サウジアラビアの通貨リヤルは、一九八六年にドルと為替レートを固定しました。一ドルが三・七五リヤルです。

ドルとの為替レートを固定することを「ドルペッグ制」といいます。ドルとの交換レートが常に一定なので、ドルとの取引は安定して行えます。

一方、アメリカにしても、サウジアラビアとの石油取引は、ドルで支払えます。石油取引がドルで行えることで、ドルは「世界のお金」であることが保証されてきました。

しかし、ドル安は、サウジアラビアの経済を直撃します。ドル安は、ドルと為替レートを固定しているリヤル安にもなるからです。

石油価格の高騰でサウジの経済状態は良好ですが、リヤル安が進むことで、輸入商品の価格が高騰します。サウジ経済はインフレ進行に悩んでいるのです。

経済はアメリカと運命共同体

サウジアラビアにとって、インフレを防ぐためには、ドルペッグ制を廃止し、ドルとリヤルの交換レートが自由に変動するようにすることが必要です。

しかし、そうなれば、リヤル高になることは明らかです。リヤル高は、ドル安でもあります。サウジはアメリカの国債を二〇〇〇億ドル以上も保有しているため、ドルが暴落すると、手持ちのアメリカ国債の評価が下がり、サウジは大損害を被ってしまいます。そう考えると、サウジはドルペッグ制から安易に離脱することはできません。

石油の取引はドル建てで行われています。ドル安・ユーロ高が進んでいるため、サウジ政府の本音は、石油取引をユーロ建てにしたいところです。しかし、そうなるとドルは「世界のお金」である基盤を失い、ここでも暴落の恐れがあります。アメリカ経済は大混乱に陥ります。親米政権として、また多額のアメリカ国債を所有するサウジアラビア政府としては、おいそれと踏み切ることはできません。

サウジアラビアは、経済でもアメリカと運命共同体なのです。

国際経済を大きく左右へ

サウジアラビア国内には王族による投資会社がいくつもあって、世界中で独自に投資活動を展開していいます。それに加えて、サウジ政府としても、投資を活発化させる方針を打ち出していいます。政府系ファンドの設立です。当初は六〇億ドル前後の小規模な資金で運用を始め、次第に増やしていく方針だと伝えられます。

サウジアラビアは、中東でのイスラム教原理主義の総元締めであるばかりか、世界的なオイルマネーの流れにも多大な影響力を行使するようになりました。アメリカ経済の生殺与奪の力を握っているのです。

それだけに、もしサウジアラビアに反米政権が誕生したら、アメリカとの石油による結びつきが崩壊する可能性があります。それは、世界経済を大きく揺り動かすことになるでしょう。日本も決して無傷ではいられないはずです。

そしてアメリカは、自国の利益のために、反米政権の石油政策見直しを許さないでしょう。

今後の国際情勢の展開の上で、アメリカとサウジアラビアの微妙な関係は、極めて重要な位置を占めているのです。

■サウジアラビアvs.アメリカの対決の行方――三つの数字から今後を読み取る

混迷を続けるイラク、アフガニスタン。そして核保有を目指すかに見えるイラン。そうした中東各国への対処で悩むアメリカの前に、姿を現しはじめたサウジアラビアという巨大な難問。今後、アメリカとサウジアラビアの関係は、本格的な対決へと向かうのでしょうか。先に紹介したものも含めた三つの数字から、両国の将来的な関係を考えてみましょう。

サウジアラビアの原油推定埋蔵量　世界の約25パーセント ●『裏切りの同盟』

サウジアラビアの力の源泉は、なんといっても膨大な石油資源です。ここ数年、急上昇するエネルギー価格を背景に、サウジアラビアの財政も、これまで以上に豊かになっています。

こうした資金をもとにして、サウジアラビアは将来のための投資も活発に行い始めています。たとえば近年、国営の石油企業サウジアラムコは、日本の住友化学と共同で、石油精製と石油化学製品の製造を行う一兆円規模の巨大プロジェクトを立ち上げました。貴重な戦略商品である石油を、原油のかたちで輸出するのではなく、自国内で精製し、石油化学製品もつくって輸出することで、より多くの外貨を稼ごうというのです。

石油の掘削が始まった当初、その多くは欧米の資本に握られていました。しかし現在では、資源のほとんどがサウジ政府の管理下に置かれています。そのため、これまでエネルギー部門で強大な力をふるってきたアメリカの石油メジャーはもちろん、アメリカ政府ですら、サウジアラビアの意向には敏感にならざるを得なくなっています。

サウジアラビアが保有する米国債の額 2000億ドル以上

アメリカ政府がサウジ政府の意向に敏感にならざるを得ないひとつの理由が、日本円にして二〇兆円以上ともいわれる、サウジアラビアが保有する巨額の米国債です。

こうした米国債の保有は、これまで主に経済的な要因からきたものでした。石油の売却によって得た利益を、銀行に寝かせておくよりは、利回りもよく、アメリカという唯一の超大国の保証によって守られた米国債で運用するほうが得になる。サウジアラビアの資金運用担当者は、そう考えてきたのです。

しかし現在、ドルの前にはユーロという強敵が現れてきています。サウジ政府が、資金をユーロで運用したいという思いを抱いたとしても無理はありません。これは、アメリカにとっては困った事態です。サウジアラビアが持つ多額の米国債が売られ、連鎖的に他の国が保有する米国債も売られるようになったら、まさに米国債の暴落という事態につながりかねません。こうした事態が起きないようにアメリカは水面下でも圧力をかけているはずです。

サウジアラビアの王子の数　1万人前後　●『サウジアラビア　―中東の鍵を握る王国―』

とはいえ、サウジアラビアもそう簡単に圧力に屈するわけにはいきません。石油から得た貴重な資金の運用は、今後の自国の発展の源泉ともなるものだからです。

とくに、次の、さらにその次の国王が誰になるかによって、サウジ政府の方針も大きく変わってくる可能性があります。もしアメリカに対して好意を持たない人物が、国王の座についたとしたら……。そしてもし彼が、将来的にアメリカに敵対する可能性のある中国やロシアとの関係を、これまで以上に強固なものにしようとしたら……。

サウジアラビアに王子が一万人もいる以上、そうした可能性を否定するわけにはいきません。二〇代前半で約三〇パーセントともいわれる失業率の高さは、対外的な不満へと結びつく可能性があります。こうしたこともまた、サウジアラビアの不安定な状況を、端的に示しているといえるでしょう。

そして、サウジアラビアの政情が不安定になった場合、アメリカが軍事的な介入をしてくる可能性もあるのです。

サウジアラビアとアメリカは対決するのか

これまでのところ、両国は強固なきずなを保ってきました。「石油」「安全保障」という要素は、両国が仲違いするにはあまりにも重要すぎるものだったからです。

しかし、一〇～二〇年という単位で見ると、その行方は未知数です。原油の需要がどこまで増え、原油価格がどこまで高騰するのか。国際社会におけるアメリカの地位がどうなっていくのか。サウジアラビアと中国、ロシア、ＥＵなどとの関係がどうなるのか。次世代の国王がどういった人物なのか。こうした要素に大きく左右されていくことだけは間違いありません。

両国の関係は、おそらくこの先も良好である可能性が高いと思います。しかし国際情勢は、まさに「一寸先は闇」であることも確かなのです。

第5章

中国vs.日本
「アジアの覇者を掛けた対決」

資源をめぐり対立してきた日中両国。
中国による「反日」キャンペーンで日中間には深い溝ができたが、
経済関係が深まるにつれ、
互いに相手国抜きではやっていけない状態となり、
「互恵関係」構築に向け、両国関係は大きく変化しつつある。

1 東シナ海めぐり緊張

二〇XX年X月三日、台北発外電
台湾政府は、「台湾の領土」である釣魚台を**実効支配する**ために、海軍の戦艦を釣魚台海域に派遣したことを明らかにした。

二〇XX年X月四日、東京発
官房長官は緊急記者会見に臨み、台湾の**複数の軍艦**が「わが国固有の領土である」尖閣諸島海域に侵入したと発表した。その上で、海上保安庁の巡視船が、台湾側に対して領海外に出るように呼びかけていることを明らかにした。

二〇XX年X月五日、東京発
国土交通大臣は緊急記者会見に臨み、海上保安庁の巡視船一隻が、**台湾の軍艦と衝突**し、自力航行不能になったと発表。**極めて遺憾**な事態であると述べた。

二〇XX年X月五日、台北発外電

台湾の国防部長（国防大臣）が緊急記者会見し、台湾の軍艦が**日本の巡視船と衝突**し、多大の損害を受けたと述べた。さらに国防部長は、増援部隊を派遣したことを認めた。

二〇XX年X月六日、北京発外電

中国外務省の報道官は、「中国固有の領土」である**釣魚島海域で日本と台湾の衝突**が発生したことについて、「**中国固有の領土**である釣魚島の防衛のため、中国海軍の軍艦が現場海域に急行している」と述べた。

二〇XX年X月七日、東京発

官房長官と防衛大臣がそれぞれ記者会見を開き、尖閣諸島海域で、中国・台湾連合軍と、海上保安庁の巡視船が再び衝突したことを明らかにした。「これは**重大な挑発行為である**」と述べると共に、「念のために」海上自衛隊の護衛艦に対して、海上警備行動が発令されたことを明らかにした。すでに複数の護衛艦が**現場海域に向かって**いるという。

台湾の対日態度が大きく変化

これまで日本と中国の対立、対決シナリオといえば、台湾が独立宣言をすることに対して中国が反発し、台湾海峡の緊張が高まるというものでした。

しかし、台湾に親中（反日）政権が誕生したことで、事態は大きく変わりつつあります。二〇〇八年六月には、尖閣諸島沖に侵入した台湾の遊漁船「連合号」と、警備中の鹿児島海上保安部の巡視船「こしき」が衝突し、「連合号」が沈没しました。乗組員は日本の巡視船が救助しましたが、この事件をきっかけに台湾の世論は硬化。台湾外交部（外務省）は、台湾の駐日代表（大使）を召還する態度に出ました。

大使の召還とは、相手国に対する最大限の不満を示す手段です。尖閣諸島は、日本、中国、そして台湾が自国の領土だと主張しています。日本は尖閣諸島と言いますが、中国は釣魚島、台湾は釣魚台と称します。ここは実際には日本が実効支配していて、中国や台湾の船が近づくと、海上保安庁の巡視船が領海から退去させてきました。

これまでも中国や台湾の団体が「釣魚島(台)は我々の領土だ」と主張して尖閣諸島に接近することはありましたが、台湾の政府レベルでは穏便に済まそうという対応をとってきました。それが、ここまで硬化したのは極めて異例のことです。

領海内に侵入した中国の抗議船(左)の進路を変えようと、体当たりする海上保安庁の巡視船(写真提供/共同通信社)

さらに台湾の劉兆玄・行政院長(首相)が、「日本との開戦も排除せず」とまで発言しました。「日本と戦争する」と発言したのですから驚きですが、このことは日本のマスコミではほとんど報道されませんでした。

また一六日には、台湾の抗議船と、それを護衛する台湾の巡視船の計一〇隻が尖閣諸島の日本の領海内に一時侵入しました。民間の団体ならともかく、巡視船の侵入となりますと、国家レベルでの挑発行為になります。

台湾が硬化した背景には、台湾が、これまでの親日政権から親中・反日政権に交代したことがあります。

「台湾は中国の一部」という論理

台湾の馬英九総統は、親中の国民党。本人

は若い頃、「保釣」（釣魚台防衛）運動の活動家だったことがあります。親中・反日派として知られています。馬政権にとって「釣魚台」は、譲ることができない問題なのです。

また、中国も、「釣魚島」は自国の領土と主張します。それは、「釣魚島は台湾の一部。台湾は中国の一部。だから釣魚島は中国の領土」という三段論法です。中国が「釣魚島は中国のもの」と主張するとき、そこには「台湾は中国の一部」という論理があるのです。

馬政権の誕生により、台湾と中国は急接近しています。馬政権が「釣魚台は自国の領土」と主張すれば、中国はこれを応援します。中国が応援すればするほど、「台湾は中国の一部」という論理にからめとられていきます。このため、台湾独立派の陳水扁総統の時代、台湾の政府は、「釣魚台」問題に深入りしようとしませんでした。

しかし、「中国と台湾はどちらも中国」という論理の国民党政権にすれば、「釣魚台は我々のもの」という主張は、中国との関係改善に役立つものなのです。

台湾と中国が日本と対決へ

これまで台湾の「保釣」活動家団体は、政府の圧力で、大々的な反日行動が抑えられてきました。しかし、自分たちの仲間である馬英九政権の誕生により、今後は活動を活発化させることが予想されます。

その場合、中国政府も、この運動を黙認ないしは支援することが予測できます。「釣魚島（台）」をめぐって中国と台湾の連合軍が日本と対峙する。これまで考えられなかったような事態になりつつあるのです。

第5章では、大きく変貌しつつある日中関係を考えてみましょう。

尖閣諸島も資源問題

日本と中国は、近海の資源をめぐって対立することが多くなっています。そもそも尖閣諸島の領有権問題も、資源がきっかけでした。

尖閣諸島が日本の島であることを沖縄県が宣言したのは一八九五年のことです。この島に生息するアホウ鳥の羽毛を採取しようとした沖縄の業者が、沖縄県の土地を貸してほしいと沖縄県庁に持ちかけました。当時の中国は清。沖縄県は、この島が清の領土でないかどうか調べた結果、無人島であることを確認して、沖縄県の標識を立てました。

それ以降、清や中華民国、中華人民共和国が自国の領土だと主張したことはなかったのですが、一九六八年、国連のアジア極東経済委員会が、この付近の海底に石油資源がある可能性に言及した途端、中国と台湾が、それぞれ自国の領土だという主張を始めました。大変わかりやすい反応です。

こうした資源を背景にした領土・領海問題は、尖閣諸島だけではありません。両国間のもうひとつのトゲが、東シナ海の海底ガス田開発問題でした。

日中のもうひとつのトゲ「ガス田開発」

日本と中国の間の東シナ海の海底に埋まっている天然ガスは、どちらに採掘権があるのか。これが「東シナ海ガス田問題」です。

問題のガス田は、沖縄と中国大陸の中間地点にあります。中国政府は、「この海域は中国の排他的経済水域にあたり、海底資源の採掘権は中国にある」と主張して、海底の天然ガスの採掘を続けていました。

一方、日本政府は、「この海域は日本と中国の双方の排他的経済水域の中間点にあたり、

図18　日中が主張する権益境界線とガス田の位置

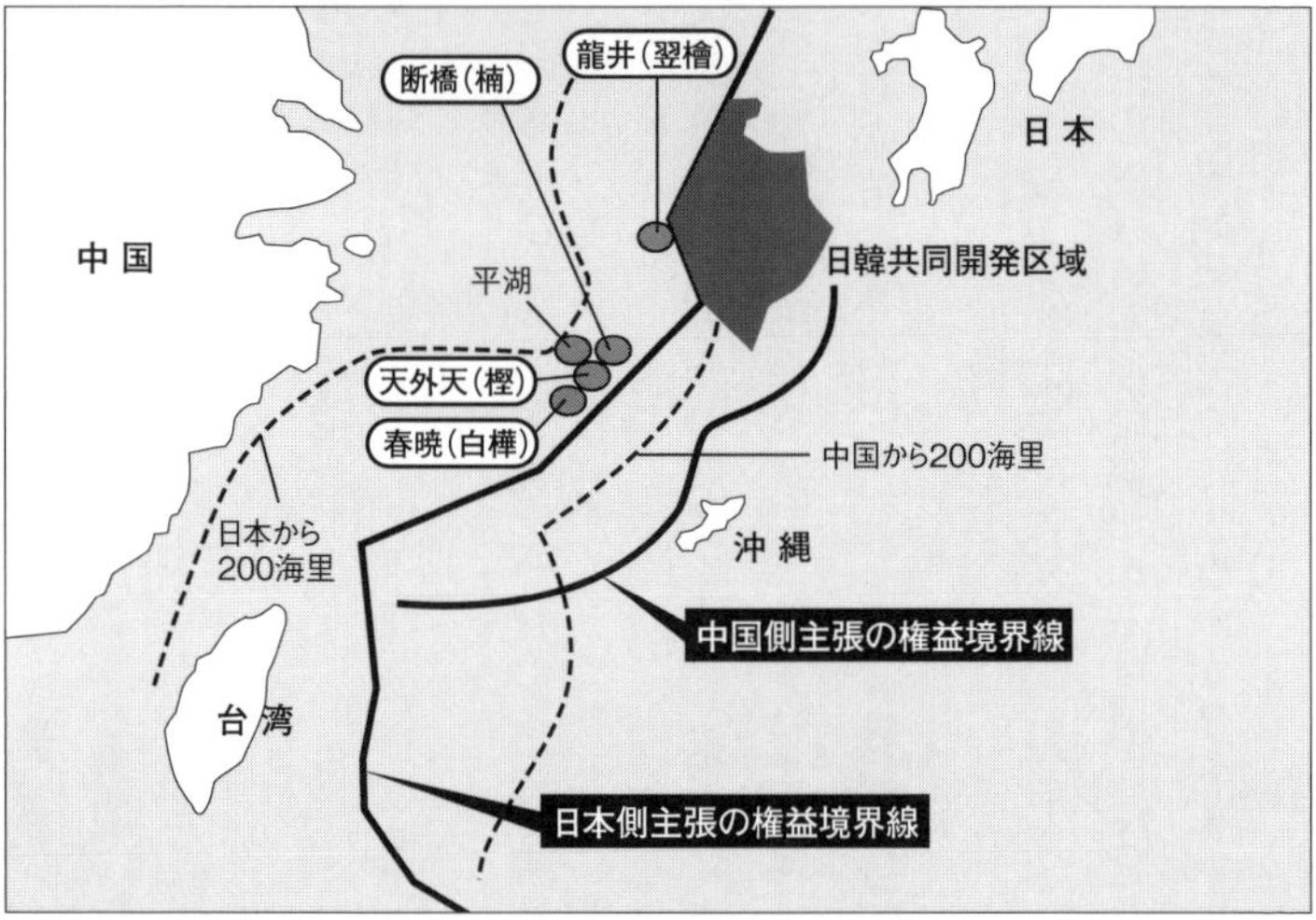

（出所）『中国 ー隣りの大国とのつきあいかたー』『世界新資源戦争』より作成

中国が一方的に採掘することは認められない」と主張してきました。

中国政府は、日本側の主張に配慮したのか、日中の中間地点よりやや中国側に入った地点でガスの採掘をしていますが、海底のガス田は日本側にも広がっていると見られ、中国側で採掘すると、日本側の資源までが吸い取られてしまう可能性が高いのです。

では、なぜ中国は、日中の中間地点よりずっと日本側の部分まで中国の排他的経済水域だと主張するのでしょうか。そこには、「排他的経済水域」の解釈の違いが存在しています。

「排他的経済水域」とは

各国とも海岸から一二海里（約二二・二キロ）までは自国の領海です。外国の艦船が勝手に入ることはできません。その領海より外側に広がるのが「排他的経済水域」です。沿岸から二〇〇海里（約三七〇キロ）までの海域です。

ここは領海ではありませんから、外国の艦船も自由に往来できます。ただし、漁業をしたり、海底の資源を採掘したりするなどの経済行動は、その国の許可がなければできません。「排他的」（その国だけの）「経済水域」（経済活動ができる水域）という意味なのです。

では、海をはさんで隣合っている国同士の距離が四〇〇海里より短かった場合、排他的経済水域はどうなるのか、という問題が起こります。この場合は、両国の間に線を引くことになります。

中間線です。

その一方で、大陸棚に関する排他的経済水域の規定もあります。大陸棚とは、大陸から陸地がなだらかに海底へとつながっている部分です。まるで棚のように見えるとして、この名前があります。この部分が、大陸と地質的に同じなら大陸棚と認定されます。大陸棚に関しては、沿岸から最大三五〇海里までが排他的経済水域として認められます。

つまり、日本政府は、「両国の中間線で、それぞれの国の排他的経済水域が区分される」と主張しているのに対して、中国政府は、「中国大陸の大陸棚部分は中国の排他的経済水域になる」と主張しているのです。

もし中国政府の主張を認めた場合、中国の大陸棚は、沖縄の近くでプレートが沈み込んでいる「沖縄トラフ」までになり、中国の排他的経済水域は沖縄のすぐ近くまで拡大することになります。

中間線の中国側で採掘

中国政府は、この大陸棚の主張をしつつ、現実には、日中の中間線のすぐ中国側で、ガス田開発を進めてきました。

特に「春暁」(日本名は白樺)と中国が名づけた地点では、一九九〇年代後半に中国側がボーリング調査を実施し、二〇〇一年以降、開発に着手しました。海底から採掘した石油と天然ガスを、水や泥などから分離して、海底に設置したパイプラインで中国大陸に送り込んでいます。

さらに、中国名「龍井」（日本名は翌檜）、「天外天」（日本名は樫）、「断橋」（日本名は楠）でも開発を進めています。

これに対して日本側は、日本側でも開発・採掘を開始すると中国側を刺激するとして、開発を見送ってきました。要するに中国に遠慮していたのです。

こうした日本側の姿勢には、日本国内で批判が高まったことから、日本政府は中国に対して、共同開発を働きかけてきました。

ガス田開発で日中合意

日中関係に、まるでトゲのように刺さっていた東シナ海ガス田問題ですが、二〇〇八年五月に中国の胡錦濤国家主席が来日したことで、ようやく解決に向けて動きだしました。翌月の六月一八日、日本政府は、ガス田の共同開発に関する中国政府との合意内容を発表しました。

それによると、「春暁」（白樺）については、既に中国が開発しているところに日本も参加する。「龍井」（翌檜）南側の日中中間線をまたぐ海域を共同開発区域に設定する。「断橋」（楠）、「天外天」（樫）に関しては継続協議とする、というものです。

今回の合意は、双方の排他的経済水域の境界をどこに引くかという、両国が対立してきた根本的な問題には触れず、ガス田開発に絞った合意になりました。

さらに「春暁」（白樺）については、日本は共同開発と発表したものの、中国側は共同開発の言葉を使っていません。「日本に譲りすぎた」と中国国内で批判を受けることを避けるための配慮と見られています。

実は、今回の合意にもかかわらず、採掘可能な資源は大した量ではないと見られています。それよりは、長年対立してきた両国が、まがりなりにも妥協点を見出すことができたこと自体が、評価できることでしょう。近年の日中関係からすれば、画期的なことなのです。対立を続けてきた日中両国。経済的には互いになくてはならない存在になったことで、関係改善に進まざるをえなくなっているのです。

2 食品の安全性で亀裂深まる

冷凍餃子で被害続出

二〇〇八年一月、日本中を震え上がらせる事件が明らかになりました。市販されていた中国製冷凍餃子を食べた人たちが、相次いで吐き気や下痢などの症状を訴え、入院したのです。特に千葉県市川市の五歳の女児は一時意識不明の重体になるほどでした。被害は千葉県と兵庫県の計三家族一〇人に及びました。

問題の冷凍餃子は、日本の商社が中国の「河北省食品輸出入集団天洋食品工場」に発注し、この工場が加工から包装まですべてを担当していました。

警察が調べたところ、有機リン系の農薬メタミドホスが高濃度で検出されました。

メタミドホスは日本国内での入手が困難な一方で、中国国内では容易に手に入ること、冷凍餃子のパッケージの密封された内部から農薬が検出されたこと、千葉県と兵庫県の商品は中国から別々に輸入され、日本国内での接点がないことなどから、警察では、中国の工場の製造過程で混入したものと見ています。

混入とはいえ、入っていた農薬は極めて高濃度。材料の野菜に付着していたようなものではなく、製造段階で意図的に混入させた可能性が高いことがわかりました。工場を困らせるか、日本の消費者をねらった「食品テロ」の可能性が濃厚なのです。

中国は全面否定

ところが、中国の公安当局は、中国国内で混入されたものではないと反論しました。パッケージを実験した結果、メタミドホスが袋の外から浸透したとまで述べ、日本国内での農薬混入を示唆したのです。

日本の警察庁は、日本国内での捜査資料を中国公安省に渡しましたが、公安省の副局長が、「日本は鑑定結果を渡さない」という不可解な記者会見を開く始末。食品工場は閉鎖され、従業員は解雇されてしまいました。

中国側は、犯人が中国人であると困ると考えたのでしょう。中国の捜査が、いかに政治的なものであるかを、私たちは知らされることになったのです。ところがその後、中国国内で回収された分が出回り、これを食べた中国人が中毒にかかっていたことが明らかになりました。原因は、やはり中国にあったのです。

日本で中毒患者が出たのをきっかけに、日本国内で中国産食品に対する不信感が募りました。

中国製冷凍食品はまったく売れなくなってしまいました。

しかし、日本国内で販売されている中国製食品は、冷凍食品に限りません。さまざまな加工食品の原材料が、中国産なのです。

中国からの食品輸入急増

私たちの食卓は、中国によって支えられています。日本の食料品は、値段の安い中国産が大半を占めるようになっているからです。

中国は隣国なので、生産地が近く、日本へは収穫してすぐに入ってきます。たとえば山東省で栽培されているネギの場合、収穫されてから日本国内の店頭に並ぶまで一週間程度しかかかりません。生鮮野菜が、すぐに日本の食卓に並ぶのです。

図19　日本の輸入日用品に占める中国製品のシェア（2006年）　（数量ベース）

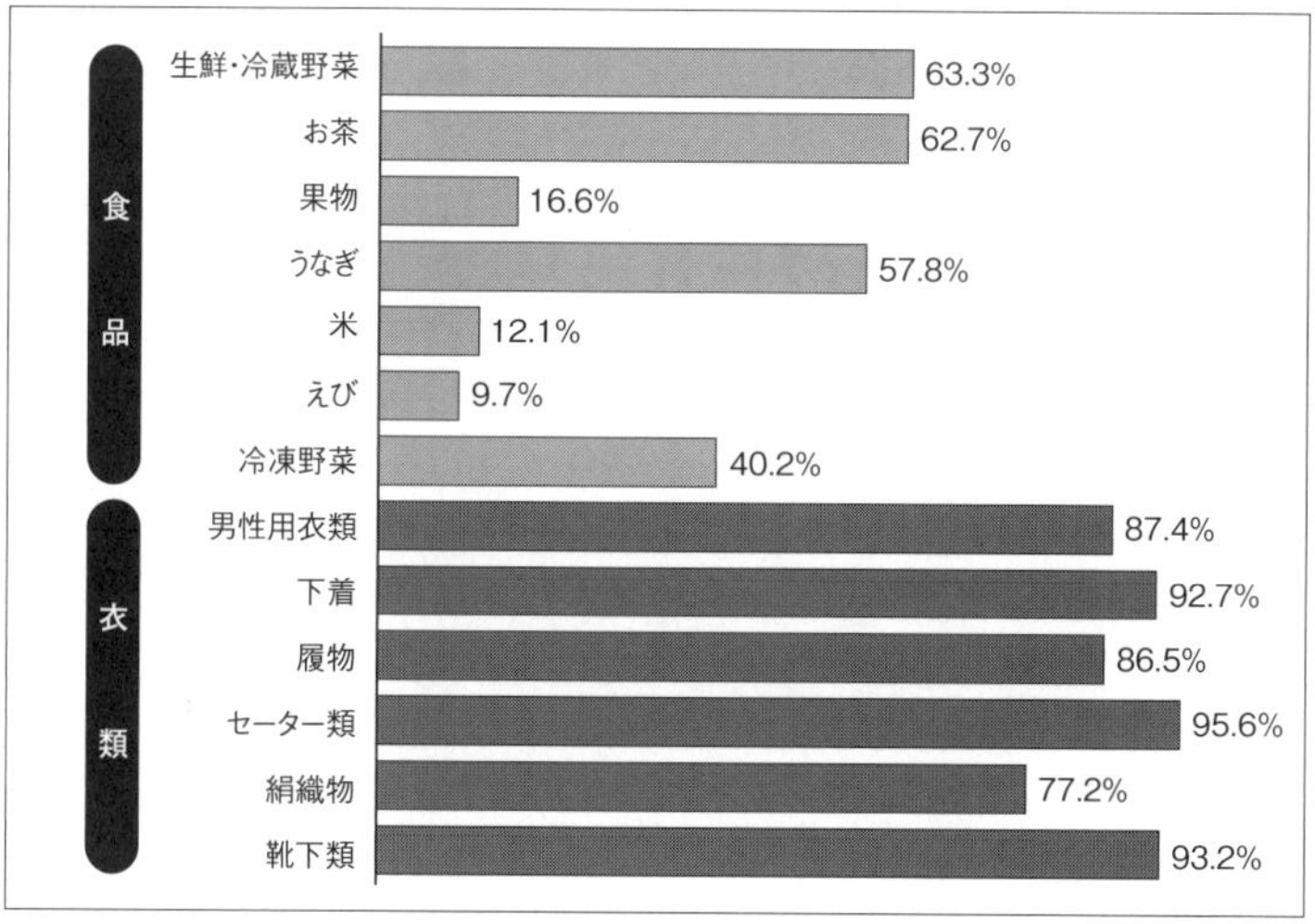

（出所）『中国情報ハンドブック[2007年版]』

中国産の生鮮野菜の輸入額は二〇〇〇年が三六〇億円でしたが、これが二〇〇六年には四五〇億円にまで急増しています。

冷凍野菜は、二〇〇〇年の三五〇億円から二〇〇六年には五四〇億円まで増加しました。乾燥野菜は、二四〇億円から二六〇億円に増えています。

このほか鶏肉調製品は三一〇億円から七四〇億円に拡大しました。

価格の安い食料品を求める消費者に応えるため、食品業界も飲食店も、中国産の農産物に頼るしかないのが現状なのです。

中国人も被害者に

中国製食品の安全性が問題になっているのは、日本だけではありません。第1章ではアメリカでも大問題になっていることを取り上げましたが、中国国内でも被害が続出しているのです。

中国の人々にもお馴染みなのは、廃油の使用です。中国の大都市の屋台で売っている揚げパン。庶民に人気の手軽な軽食ですが、屋台によっては、「当店では廃油を使用していません」という看板が出ているところもあります。

実は、排水溝を流れる排水の表面に浮いている食用油の廃油をすくいとり、これでパンを揚げている店があるからです。当店はそんなことをしていませんというアピールなのです。

二〇〇四年、安徽省では栄養失調の乳児が死亡するなど、乳児に被害が相次ぎました、調査したところ、乳児が飲んでいた「粉ミルク」が偽物で、乳製品がほとんど入っていなかったのです。この偽粉ミルクには、多数の製造工場が関与していました。

このほか、卵黄が赤く栄養価があるように見える卵が、発がん性のある合成染料で色づけされていたり、養殖魚に成長ホルモンが投与されていたり、抗生物質が使われていたりという事件は枚挙にいとまがありません。鮮魚店の中には、「この魚を食べると病気にならないよ。抗生物質がたっぷり入っているから」というのを謳い文句にしているところもあるほどです。

二〇〇七年一月に中国で出版された「中国食品安全現状調査」によると、偽食品が原因と見られる死者が毎年約四〇万人に上り、約三億人が発病しているという驚愕のデータがあります。

危険な食品続出には理由がある

中国には、一九五〇年代、毛沢東の「大躍進政策」の失敗で、三〇〇〇万人もの人々が餓死したという歴史があります。そのトラウマから、食品は「質より量」が優先されました。とにかく食べられれば何でもいい、という状態が長く続いてきたのです。

さらに、鄧小平による「改革・開放政策」によって、金もうけ至上主義が中国社会に蔓延しました。

その一方で、報道機関は中国共産党が支配・管理。自由な報道ができないため、偽食品などのマイナス情報は報道されません。

また、共産党公認でない民間団体は存在しえないため、消費者運動が起きません。食品の安全性を追及する組織がないため、危険な食品がいつまでも出現し続けるのです。

国内向けと輸出用は二重基準採用

二〇〇二年に、山東省産の冷凍ほうれんそうから、基準値以上の残留農薬が検出され、日本は輸入を禁止しました。それ以来、中国は、まずは輸出用食品の安全が優先課題になりました。国内の消費用より、輸出用の食品を厳しく管理するというダブルスタンダードを導入したのです。

輸出用野菜の栽培地はあらかじめ当局に登録し、検査当局が栽培地で抜き打ち検査を実施します。基準を満たしていない野菜は出荷できません。さらに企業によっては、日本の商社や企業の技術指導を受けて、安全管理をするようになっています。

国民より海外の消費者の安全を重視するというダブルスタンダード。中国の国民が知ったら怒るような方針で臨んでいるのです。

日系企業が相次いで中国進出

日本に輸入される中国製食品の大半は、実は中国に進出した日本企業によって製造されています。日本国内での生産はコストが高いため、生産地を中国に移した結果です。

日系食品企業の進出は二〇〇〇社を超えています。当初は、日本に近い山東省が主だったのですが、次第に上海など沿岸部各地に広がっています。

日本の商社が日本の野菜の種を持ち込み、作付けや栽培方法などの技術指導をして生産するようになりました。生産された農産物をそのまま日本に輸出することもありますが、現地での加工も増加しています。人件費の安い中国で加工までしてしまおうということです。

ただし、中国では日本と衛生観念が異なるため、日本式の衛生管理を徹底的に指導しています。

中国産の違反比率は低い

二〇〇六年の輸入食品監視統計によると、日本の食品安全基準に違反する食品は、中国からの輸入食品が五三〇件に上っています。アメリカからの輸入食品の違反は二三九件、ベトナムが一四七件となっていて、中国産が群を抜いて多い結果になっています。

しかし、「ああ、やっぱり中国産は危険なんだ」と決めつけることはできません。そもそも中国産の輸入が圧倒的に多いので、違反件数も多くなる傾向にあるからです。

そこで、違反比率で比較しますと、また別の様相が見えてきます。違反比率とは、抜き取り検査した件数全体の中での違反件数の割合のことです。

これを見ますと、違反比率が最も高いのはベトナム産で一・六三パーセントです。次いでアメリカ産の一・三二パーセントとなっていて、中国産の違反比率は〇・五八パーセントにすぎません。実は欧州産の〇・六二パーセントより低いのです。

中国産食品は、日本への輸入量が多いので、重点検査対象国に指定されています。他国より抜き取り検査数が多く、いわば標的になっています。にもかかわらず、違反比率が低いということは、それだけ安全管理が進んできたことを意味します。中国に進出した日系企業の安全管理の努力が、こうした結果を生んだのです。

しかし、農薬入り餃子事件のようなことが起きると、日本人の中国産食料への不信が募ってしまいます。

日本の食料自給率は四〇パーセント

中国産食品の安全性が大きな問題になるのは、日本がそれだけ中国産に頼っているからです。日本の食料自給率は、カロリーベースで四〇パーセントにすぎません。日本の農業は衰退が続き、効率的な生産ができないため、生産コストは高くなるばかり。海外から輸入した方がはるかに安価なため、「工業製品の輸出で外貨を稼ぎ、その資金で海外から食料を買う」という仕組みが続いてきました。

しかし、そこには、「金を出せば食料が買える」という無意識の前提が存在していました。二〇〇八年に入ってからは、世界的な食料価格の高騰が起きています。穀物不足に備えて、自国の小麦やコメの輸出を禁止する国も出てきています。

食料輸出を禁止する国が出現したとき、食料自給率の低い日本は、果たして大丈夫なのでしょうか。

中国人の食生活が向上したら

生活水準が向上すると、食生活は次第に肉食になってきます。以前は穀物を中心に食べていた人たちが、牛肉を食べるようになると、穀物消費量は急増します。

図20 日本の食料自給率の推移

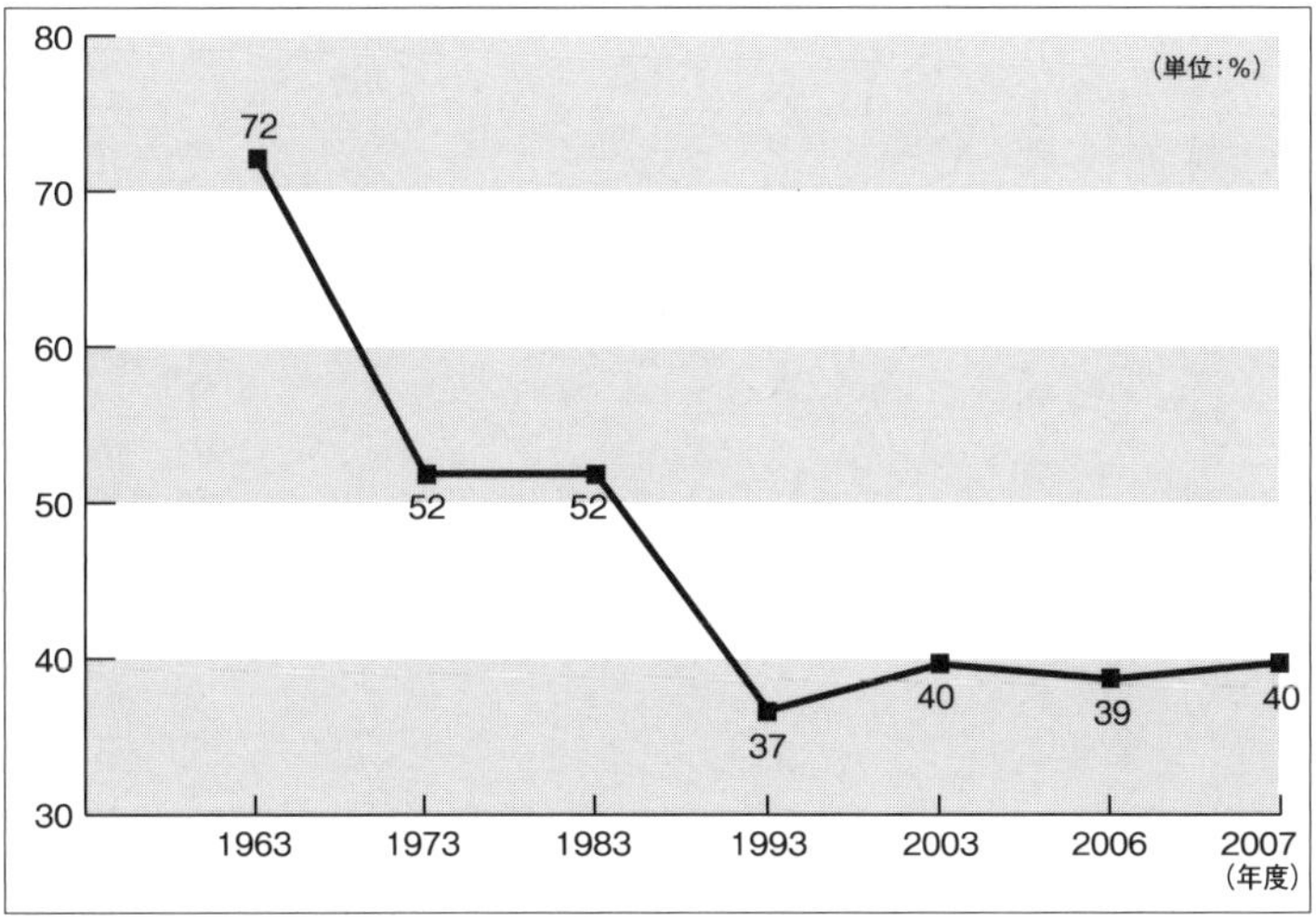

（出所）農林水産省websiteより作成

人間が穀物を食べている限りでは、それほどの量は必要ありませんが、いったん牛などの家畜に穀物を食べさせて飼育し、その肉を食べるとなると、それだけ穀物が必要になるからです。また、牛乳などの乳製品を多く摂取するようになると、それだけ乳牛の飼育も増えます。ここでも穀物の消費量が拡大します。

中国はいま、急激な経済成長によって、食生活が劇的に変化しています。穀物不足の現実が、すぐそこにまで来ているのです。

中国が日本に食料を売らなくなったら

中国人の食生活水準が向上すると、やがて高級な野菜やコメを食べるようになるでしょう。これまで日本向けに特別に栽培されていた食料を、中国人自らが食べるようになります。その結果、中国国内での消費をまかなうため、中国が食料輸出の禁止に踏み切ったら……。

中国に頼りきりの日本が、パニックになることは明らかです。

現在の日中は、食料の輸出と輸入で、互恵関係にあります。互いに利益になるからこそ、中国製食品が日本国内に氾濫しています。しかし、中国が、食料を武器にして、日本に対して「輸出禁止」をちらつかせたとき、日本はどうすればいいのか。将来、日本は中国に対して、極めて不利な立場に陥る可能性があることに留意しておいた方がいいでしょう。

3 中国の「反日」は和らぐのか

地震で手抜き工事が明らかに

二〇〇八年五月に発生した四川大地震。四川省内陸部の山岳地帯で大きな被害が出ました。被害の大きさに驚かされましたが、とりわけ学校の校舎の被害が目立ちました。

役所の建造物は大した被害が出ていないのに、小学校や中学校の校舎の多くが、跡形もなく崩壊しました。崩壊した鉄筋コンクリートの建物からは、「鉄筋」とは名ばかりの、まるで針金のような細い鉄が相次いで見つかっています。単にレンガを積み上げただけの建物もあります。

学校の建設工事を請け負った業者が、鉄筋などを最小限に減らしてコストを下げ、金もうけをしていたことがわかります。第1章でも紹介したように、行政当局も手抜き工事を知っていながら見て見ぬふりをして、業者からリベートを受けとっていた疑いが濃厚なのです。

抗議したら逮捕される

手抜き工事のために我が子が地震で死亡した……。怒った親たちは、役所に詰めかけました。

あるいは、裁判所に告訴に殺到しました。しかし、行く手は警察に遮られ、親たちは追い返されます。激しく抗議した人たちは逮捕されました。この様子をインターネットで伝えた人は、「国家を転覆させようとした」疑いで逮捕されました。

手抜き工事が平然と行われ、それに抗議すると逮捕されてしまう。その様子は、中国国内では報道されない。中国の暗部が、明らかになりました。

一枚の写真が心を動かした

大きな被害に衝撃を受けていた中国の人々は、手抜き工事に抗議することを許されない現実に、閉塞感が募ります。そんな空気の中で、一枚の写真が多くの人々の心を揺さぶりました。

大地震の被害者の救援に駆けつけた日本の救助隊員たちが、瓦礫の下から発見された母娘の遺体に向かって頭を下げている写真でした。中国の通信社が撮影し、中国国内に配信しました。

大地震で中国の腐敗した現実を思い知った人々は、死者への礼を忘れない、礼儀正しい日本の援助隊の姿勢に感動したのです。

ふだんは反日の言説が横行する中国のインターネットサイトにも、「感動した」「日本よありがとう」の言葉が多数登場しました。

また、日本国内からテントなど救援物資も送られ、ここでも感謝の声が聞かれました。大地震をきっかけに、中国国内での「反日意識」に変化の兆しが見られるのです。

反日運動が盛り上がった

日本人の多くが中国の「反日」を知ったのは、二〇〇四年七月のことです。サッカーのアジアカップが中国の四都市で開かれ、試合の模様は日本に実況中継されました。重慶で行われた日本の四試合は、いずれも対戦相手が中国以外でしたが、日本の選手には常にブーイングが浴びせられました。日本の対戦相手がボールをとると、歓声が起きるありさまです。

こうした異常な事態は、日本と中国との直接対戦でピークを迎えました。八月七日の北京での試合です。試合は日本が３対１で勝ち、不満を持った中国の若者たちが、試合終了直後から騒ぎ始めます。会場を出た日本大使館の公使の車は群衆に襲われ、窓ガラスを割られました。騒ぎを抑えることができないため、日本の選手やサポーターは会場に足止めされます。日本人が会場を出ることができたのは、深夜になってからのことでした。

そして二〇〇五年四月一六日、こうした流れの中で、上海の日本総領事館が襲撃されたのです。総領事館前に多数の学生が集まり、投石を繰り返しました。警察は、これを黙認するだけでした。

中国の若者たちが、これほどまでに反日感情を持っていること。中国政府が、それをむしろ奨励している気配があること。このことを、衝撃的な映像と共に、私たちは知ることになったのです。

日本人の「親中意識」は低下

アジアカップでの反日行動、そして上海での反日暴動を目の当たりにした日本人の間に反中ムードが広がりました。

内閣府の世論調査によると、二〇〇三年一〇月には中国に「親しみを感じる」と答えた人が四七・九パーセントに上っていましたが、二〇〇五年一〇月の時点では三二・四パーセントにまで急減しました。

日中国交回復以来続いてきた日中友好ブームは、終わりを告げました。

実は、中国の若者たちの反日意識は、中国共産党が育成したものだったのです。では、どうして共産党は、若者たちの反日意識を育成することになったのでしょうか。そこには、「天安門事件」の苦い教訓があったのです。

中国共産党、天安門事件に脅える

「天安門事件」とは、中国の民主化を求める学生たちを、人民解放軍が弾圧した事件です。一九八九年六月四日のことでした。

中国政府や共産党の腐敗に怒った学生たちが北京の天安門広場に集まり、民主化を求めました。

ごく平和的な集会でした。

しかし共産党は、民主化を求める学生たちに脅えました。民主化とは、要するに共産党による独裁的な政治支配ができなくなることです。それは許せないことでした。学生たちは、「共産党にお願いすれば民主化が実現する」と素朴に考えていたのですが、この信頼感は、あっさり裏切られました。

共産党は、人民解放軍を出動させ、学生たちを蹴散らしました。この際、多数の死傷者を出しました。学生たちの民主化要求は武力で弾圧しましたが、共産党首脳部は、深刻な危機感を覚えます。学生たちをこのまま放置すると、将来再び中国共産党の政治的正統性が問われかねません。それを予防するため、学生たちに共産党の存在意義を叩き込むことにしました。これが「愛国教育」です。

共産党、「愛国教育」を推進

愛国教育を推進したのは、第1章でも触れたように江沢民政権でした。大学の新入生には軍事訓練が義務づけられ、中学や高校の歴史の授業時間が増やされました。特に中国近代史に時間を割き、中国が帝国主義列強や日本軍によって侵略を受けた屈辱の歴史を詳しく学ぶことになりました。

一九九四年には「愛国主義教育実施要綱」が制定され、各地に戦争犠牲者の慰霊碑や記念館を整備し、「愛国主義教育基地」に指定しました。児童・生徒は、こうした教育基地を訪れ、中国の歴史を学ぶことになったのです。

一九九五年は「抗日戦争勝利五〇周年」にあたり、この年から徹底した愛国教育が進められました。中国の人民は、かつて悲惨な生活を送っていた。その人民を解放したのが中国共産党。だから共産党が権力を握っていることは正しいこと。この論理で共産党の政治的正統性を強調し、「正しい党」に指導される中国を愛することが求められました。

先ほども述べましたが、中国共産党が掲げるマルクス・レーニン主義では、「労働者は祖国を持たない」ということになっています。労働者に対して祖国を愛するように求めるのは国家権力を握っている資本家であり、世界の労働者は国境を超えて団結し、革命を起こさなければならないという論理です。しかし中国共産党は、愛国教育を推進することで、マルクス・レーニン主義から逸脱したのです。

権力を維持することだけを目的とする愛国教育は、排外主義的な民族意識を高揚させる危険があります。自分たちは国を愛している。自分たちが愛している国は素晴らしい。こんなに素晴らしい国はほかにない。ほかの国は、我々の国より劣っている。こんな意識が形成されかねないからです。

事実、中国では、これ以降、極端な民族主義の高揚が見られます。根拠のない他国への蔑視の増大は危険なことです。

江沢民、「歴史問題」を強調

当時の江沢民国家主席は、最高指導者になったものの、政治的基盤が確立しているわけでもなく、国民的な人気があるわけでもありませんでした。そこで江沢民が使ったのが、「歴史問題」というカードです。

愛国教育で若者たちの反抗の芽を摘む一方、過去に中国を侵略した日本に対して謝罪を求めることで、「強い指導者」を印象づける方針でした。

一九九八年一一月、江沢民は、中国の元首としては史上初めて日本を訪問しました。しかし、行く先々で「歴史問題」を持ち出したのです。小渕恵三総理との首脳会談で江沢民は、「近代に日本軍国主義は何度も中国人民に深刻な災難をもたらす侵略戦争を引き起こした。率直に言って多くの列強の中で日本は中国にもっとも重い被害を加えた国家だ」と述べて、日本に謝罪を求めました。

また、日本による侵略で「中国は軍民三五〇〇万人が死傷し、六〇〇〇億ドル以上の経済的損失を被った」と主張しました。

実は中国政府が主張する「被害」は、年を追うごとに増えてきたという事実があります。一九五〇年代、中国は、日本軍による侵略で中国国民の死傷者は一〇〇〇万人、経済的損失は六〇〇億ドルと算定していました。それが、「抗日戦争勝利四〇周年」の一九八五年には、死傷者一八〇〇万人、経済的損失一〇〇〇億ドルに引き上げられたのです。

そして五〇周年の一九九五年には、死傷者三五〇〇万人、直接的な経済被害が一〇〇〇億ドル、間接的な被害が五〇〇〇億ドルと主張するようになりました。

江沢民は、さらに宮中晩餐会で、「われわれは痛ましい歴史の教訓を永遠にくみ取らなければならない」と日本を批判しました。

江沢民にとっては、日本の歴史認識を糺《ただ》すこと、つまり「日本は中国を侵略し、中国人民に多大な被害を与えました。謝罪します」と日本に言わせることが、「日本の中国侵略」と戦って勝利した中国共産党の政治的正統性を高めることになり、「強い指導者」であることを中国国内でアピールできるということだったのです。

中国の若者に「日本ブーム」

中国共産党による上からの「愛国教育」と、それによって育まれた反日意識。しかし、中国の若者たちの間には、アニメに代表される日本文化ブームが広がっているのも、事実なのです。私がその事実を痛感したのは、二〇〇七年秋のことでした。

北京で、日本語を学ぶ世界の若者たちによるシンポジウムが開かれました。世界には、日本語を学ぶ若者たちが大勢います。そうした若者たちを集めて、日本語で世界の平和について語ろうというイベントです。それが北京で開催され、北京大学の日本言語文化学部が協力し、日本語を学んでいる中国の若者たちが開催の裏方役を務めました。

このイベントを前に、日本のアニメのアフレコ（映像に合わせて声を入れること）コンクールや、コスプレショーなども行われ、私は審査員として参加しました。

「機動戦士ガンダム」や「名探偵コナン」、「パプリカ」、「涼宮ハルヒの憂鬱」など、日本のアニメの映像に合わせて、中国の若者たちが、日本語でセリフを言うのです。いやはやなんとも、私の知らないアニメが次々に登場しました。

中国語でアニメは「動漫」。日本の動漫ファンが、これほど存在しているとは。日本語を学ぶ若者たちは、「日本のアニメに憧れ、もっとよく理解したいと考えて日本語を学ぶことにした」というのです。

「中国アニメはつまらない」

中国の若者たちは、どうして日本の動漫に熱狂するのか。私は、会場で若者たちに理由を聞いてみました。中国にもアニメがあるのに、どうして日本のアニメの方がいいのか。私の質問も、彼らの答えも、もちろん日本語です。

「中国のアニメの題材は、神話や昔話ばかりです。知っている話ばかりだから、つまらない」

「中国のアニメは、上からの教育的な内容ばかり。あまりに子どもっぽくて、ある程度の年齢になると、見るに堪えない。その点、日本のアニメは、等身大の若者たちが登場し、思春期の愛や悩みを描いています」

「日本のアニメに登場するキャラクターの中には、必ず自分と同じようなタイプの若者がいます。まるで自分を見るような思いがするのです」

公開の場で、中国アニメに対する批判が次々に出てきます。大学の教職員も多数いる中で、若者たちは、自由に発言します。

中国政府には危機感も

自国の若者たちが、こぞって日本のアニメに熱狂する。この事態に、中国の当局は危機感を抱いています。二〇〇六年九月から、中国のテレビでは、ゴールデンタイムに日本のアニメを放送することを禁じる通知が出されたほどです。日本のアニメによって、中国の若者たちの精神が日本文化に汚染される、という心配をするようになったのです。

しかし、それでも中国の若者たちは、深夜に放送される日本のアニメを収録したり、海賊版を入手したりして楽しんでいます。海賊版の浸透ぶりを痛感したのは、アニメのアフレココンクールを見たときです。大勢の若者たちが、中国国内では放送されていない「機動戦士ガンダム」を選んだからです。これぞ海賊版の威力です。

「日本嫌い」が少ない

それでも、何かあれば噴き出す「反日」の動き。中国の多くの若者たちが反日意識を持っていることは事実です。ところが、日本のアニメが好きな若者たちに限って聞いてみると、「日本が嫌い」という若者の数は、「日本が好き」という人たちよりはるかに少なかったのです。日本のアニメが好きになることで、そのアニメを生み出した日本の文化を好きになり、ひいては日本そのものを好きになる。日本のアニメは、いまや日本の最大の武器になっていたのです。

4 アフリカめぐり援助合戦

横浜で開かれたアフリカ開発会議

二〇〇八年五月、横浜にアフリカの首脳が多数集まりました。「アフリカ開発会議」です。この会議は日本と国連、それに世界銀行が主催しました。これは、日本にとって重要な意味を持つ会議でした。資源確保と日本の国際的な存在感を高めるという、大きな目標があったからです。この会議が始まったのは一九九三年。日本の呼びかけで始まり、それ以降五年に一回、日本で開かれ、今回が四回目です。きっかけは、東西冷戦の終結でした。

東西冷戦中、アメリカもソ連も、世界規模で陣取り合戦を繰り広げました。アフリカにも目をつけ、経済的苦境に陥っている国々に競争で援助を行いました。自分たちの仲間に入れという誘いでした。援助目当てに、相手の陣営に走る国もありました。

ところが、冷戦が終わると、両国にとってアフリカの地位は低下。ソ連は崩壊して後継のロシアに援助できる力はなくなり、アメリカは見向きもしなくなりました。援助が打ち切られて、経済が急激に悪化し、内戦が始まる国もありました。

そこに目をつけて、援助に乗り出したのが日本でした。貧困状態が続き、内戦に苦しむアフリカの人たちを、微力ながら救おうということでした。

というのは建前の話。その裏には、国際社会に日本支持グループを増やそうという本音もありました。外務省にしてみれば、日本が将来、国連の安全保障理事会の常任理事国入りに立候補したときに、アフリカ諸国に支援してもらおうと考えたのです。アフリカには五三か国もありますから大票田です。

それなりの成果もあったが

一九九八年の第二回会議以降の一〇年間で、日本がアフリカ諸国向けに供与したＯＤＡ（政府開発援助）は約一二〇億ドル（一兆二六〇

図21　アフリカの産油国

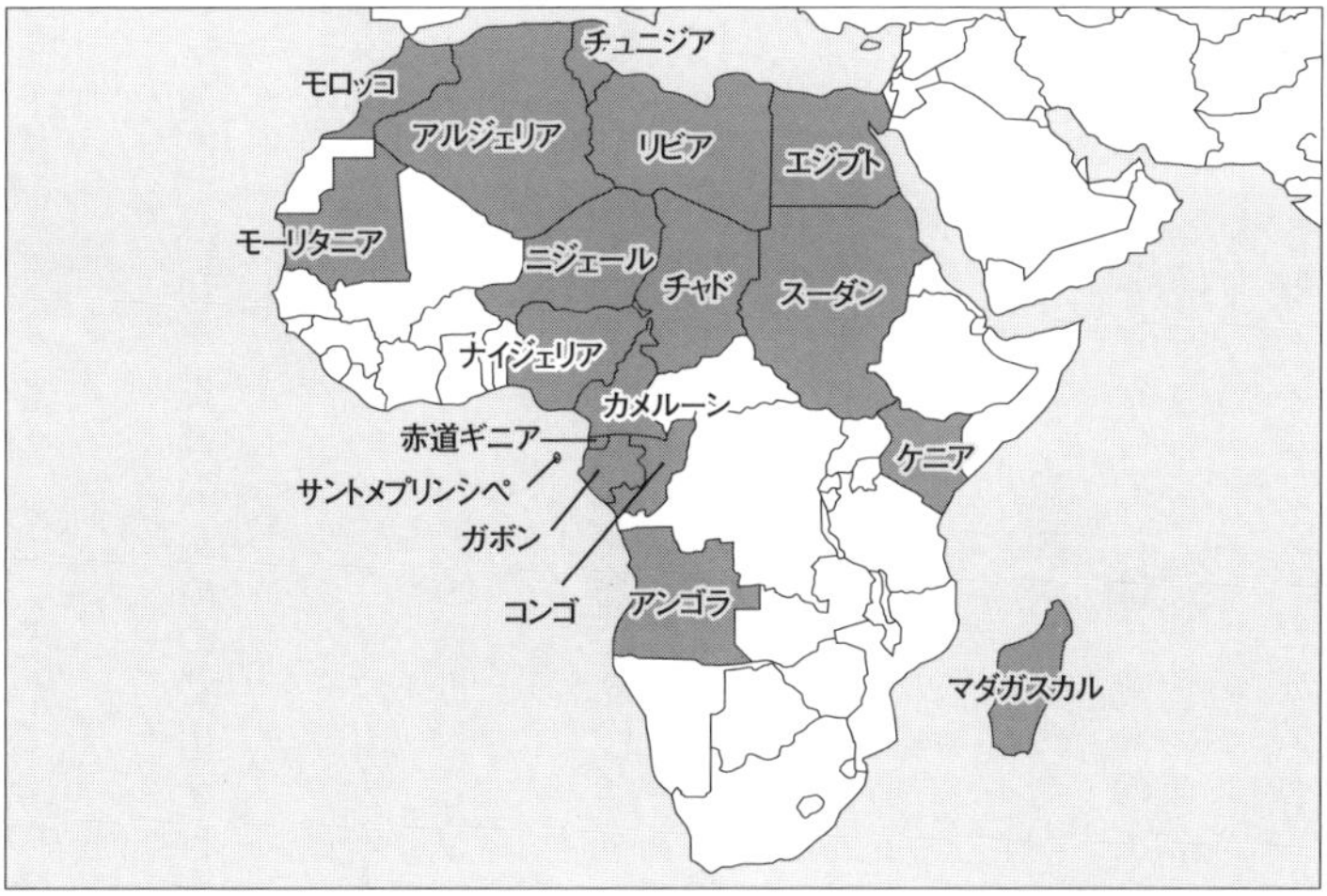

中国は、これらの国の多くに援助を行っている　（出所）『エネルギー争奪戦争』

〇億円）にも上りました。学校の建設やワクチンの接種、灌漑施設の整備など、それなりの成果も挙げてきました。

内戦が続いたリベリアやコンゴ民主共和国、アンゴラなどでの和平推進のための費用を日本も分担しました。

ヨーロッパ諸国と異なり、日本はアフリカを植民地支配したことがないので、アフリカの人たちは概して日本に好感を持っています。親日感情を醸成する意味で、対アフリカ援助は役立ったといえるでしょう。

しかし、国連の常任理事国入りにアフリカの支持を獲得するという戦略は失敗しました。二〇〇五年には、日本、ドイツ、インド、ブラジルの四か国を新たに常任理事国にするという案が有力になったのですが、最後の段階でアフリカ諸国の協力が得られず、廃案になってしまいました。

資源めぐり中国と対抗

アフリカへの援助を始めた当初は、日本への支持国を拡大しようという意図が強かったのですが、ここ数年、日本にとってアフリカの意味は大きく変化してきました。それは、資源の宝庫としてです。

アフリカの資源といえば、ナイジェリアの石油、南アフリカの金、シエラレオネのダイヤモンドなどはよく知られていますが、近年は、レアメタル（希少金属）が脚光を浴びています。パソコンや携帯電話などＩＴ機器に欠かせない金属類の中には、世界の産出量が極端に少ないものがあります。コバルトやパラジウム、クロム、プラチナなどです。こうしたレアメタルの多くが、アフリカ諸国で採掘されるため、アフリカでの資源獲得競争に拍車がかかるようになったのです。

とりわけ中国は、レアメタルのみならず、石油を大量に買いつけるようになりました。資源が欲しい中国は、アフリカ諸国に対する資金援助を急増させています。二〇〇六年には北京で「中国アフリカ会議」を開催し、四〇か国を超える国々の首脳を集めています。横浜での「アフリカ開発会議」は、それに対抗する意味もありました。さながら日中の援助合戦の様相を呈しています。

日本の場合、独裁政権には援助をしない、軍事関係の援助もしないという原則があり、それに縛られますが、中国はお構いなし。自国民を殺害しているスーダン政府に武器を輸出したり、独裁政権が喜ぶ施設を建設したりと、何でもありの援助を続けています。

アフリカに配置した中国の大使館の数は四七と、日本の二七を大きく上回っています。これでは中国に負けてしまいます。なんとかアフリカでの日本の地歩を固めようというのが、「アフリカ開発会議」開催の日本の本音だったのです。

そんな日本の本音は百も承知のアフリカ諸国の首脳たち。タンザニアのムタンゴ駐日大使は、こう語っています。

「中国の存在感が増しているのは確かです」「誰がアフリカとより強固なパートナーシップをつくるかをめぐって競争が生じるという、アフリカにとって好ましい流れになりました」「日本の産業界が競争に参加してくれた方がより大きな成果が得られると思っています」（『外交フォーラム』二〇〇八年六月号）

中国と日本を天秤にかけています。アフリカをめぐっても、日本と中国の激しい競争が続くのです。

5　相互依存を深める日中経済

対中輸出は対米輸出を抜く

激しく対抗する日中ですが、その一方で、相互依存も深まっています。日本にとって、最大の輸出相手国は、長くアメリカでしたが、二〇〇七年の中国向け（香港を含む）輸出額は、戦後初めて米国向けを上回りました。

中国向け輸出額は一七兆四〇〇〇億円で、米国向けの一六兆九〇〇〇億円を超えたのです。日本の輸出総額に占める中国の割合も、二〇・七パーセントに達しました。

また、日本にとっての最大の輸入先は、すでに二〇〇二年から中国になっています。まさに、中国抜きでは日本は経済的にやっていけない状態になっているのです。

一方、中国にとっての輸出先は、二〇〇七年に、それまでトップだったアメリカからEUに代わりました。三位が日本です。中国にとっても、日本は大事な貿易相手国です。

さらに中国は、たとえば電子部品を日本から輸入して、中国国内で製品に組み立て、EUやアメリカに輸出するという貿易構造にもなっています。EUやアメリカに商品を輸出できるのも、日本からの輸入があってこそ、という構造が存在します。中国も、日本抜きでは経済的にやっていけないのです。

「戦略的互恵関係」へ

こうした日中間の経済的結びつきがあるために、日中関係の悪化は、双方にとってマイナスです。小泉政権時代、小泉総理の靖国神社参拝問題をめぐって日中関係はすっかり冷却しましたが、安倍政権、そして福田政権と続いて、日中関係は劇的に改善されています。

それを象徴するのが、二〇〇八年五月の胡錦濤国家主席の来日でした。福田首相（当時）との間でまとまった日中共同声明で、日中関係について、次のように謳っています。

「双方は、日中関係が両国のいずれにとって

図22　日本の対中貿易金額の推移

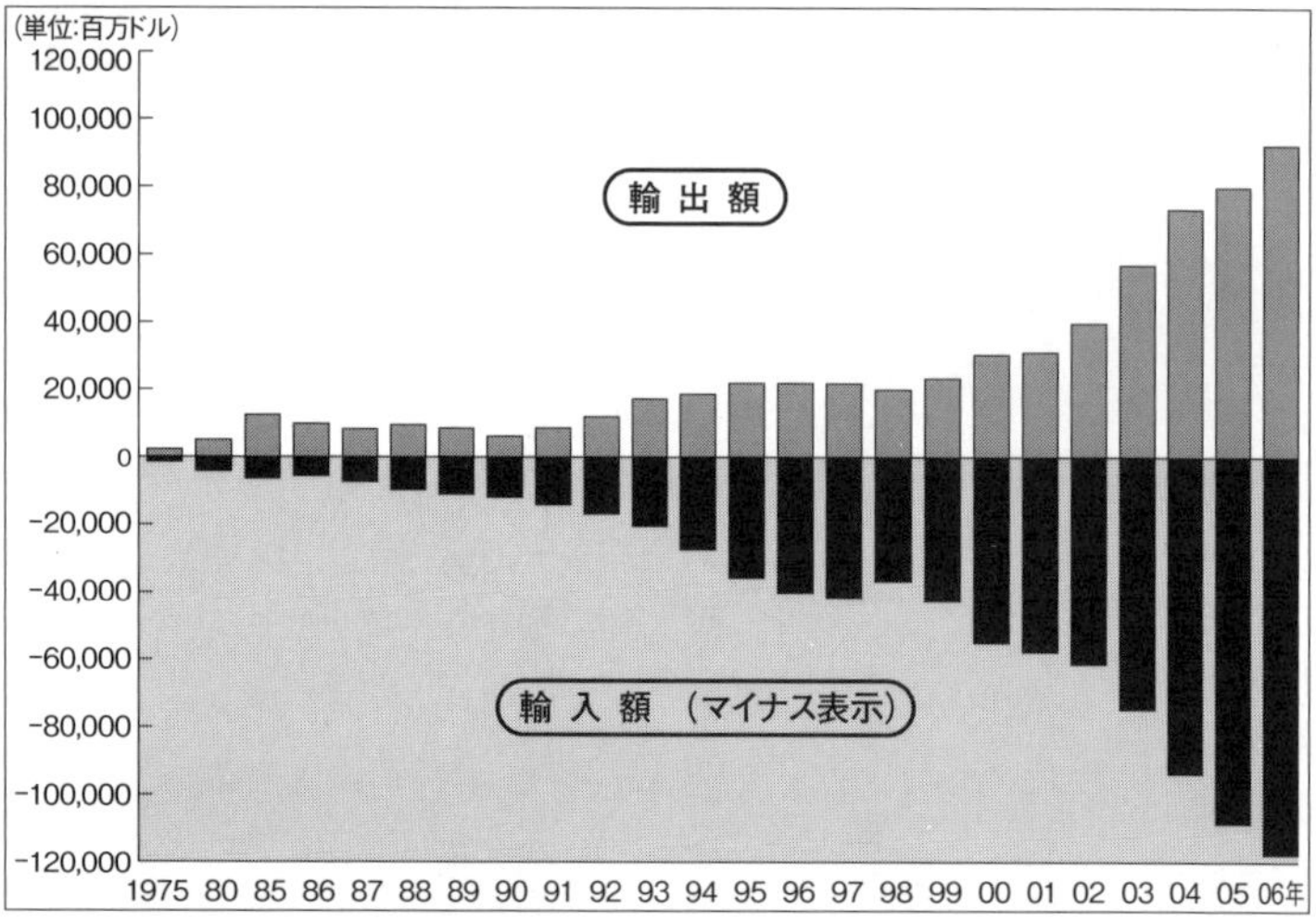

(出所)『中国情報ハンドブック[2007年版]』

も最も重要な二国間関係の一つであり、今や日中両国が、アジア太平洋地域及び世界の平和、安定、発展に対し大きな影響力を有し、厳粛な責任を負っているとの認識で一致した。（中略）双方は、「戦略的互恵関係」を包括的に推進し、また、日中両国の平和共存、世代友好、互恵協力、共同発展という崇高な目標を実現していくことを決意した」

ここで登場する「戦略的互恵関係」が、今後の日中関係を考える上でのキーワードです。この用語の本音を言えば、「日中は互いに相手が気に食わないが、協力した方が双方に利益があるので、目先の嫌悪感は捨て、戦略的に利益を追い求めよう」ということなのです。

日本を「平和国家」と表現

とりわけ注目されたのが、次の一節です。

「中国側は、日本が、戦後六〇年余り、平和国家としての歩みを堅持し、平和的手段により世界の平和と安定に貢献してきていることを積極的に評価した」

過去の中国の政権は、日本を「軍国主義国」と非難したり、「軍国主義の復活」を声高に批判したりしてきました。胡錦濤の前任者の江沢民は、一九九八年の訪日の際、日本の「侵略戦争への謝罪」を要求し続けました。それに比べて、なんたる変化。日中共同声明で、中国が日本を「平和国家」として認めたのは、初めてのことなのです。

中国にとって、日本がいかに重要な国であるか。この表現に、中国側の認識の変化がわかります。

日中は、「戦略的互恵関係」の名の下に、今後も対立を繰り返しながらも、協力関係を築いていかざるを得ないでしょう。

とりわけ両国にとって「互恵」をもたらす要素が注目されるようになりました。地球温暖化対策です。

温暖化対策で日中協力へ

地球温暖化対策のための「京都議定書」で、日本は、二〇〇八年から二〇一二年までの五年間の平均で、二酸化炭素などの温室効果ガスを、一九九〇年に比べて六パーセント減らすことを国際公約にしました。しかし、日本の温室効果ガス排出量は、減るどころか増加しています。削減目標を実現するためには、排出権取引によって、温室効果ガス削減に成功した国から、「排出権」を購入しなければなりません。その主な相手が中国です。

中国は、二〇一二年までは、温室効果ガスの削減義務がありません。しかし、削減に成功した分だけ、先進国に「排出権」を売ることができます。エネルギー効率が悪く、二酸化炭素を大量に出している中国にとって、日本の環境技術は魅力的です。日本の技術を導入することで排出量を減らせれば、その分を日本に「排出権」として売ることができます。日本に売った資金で、日本の先進技術を購入することができます。

日本の技術によって温室効果ガスを削減できれば、二〇一三年以降、中国に削減義務が課されても、目標を達成しやすくなります。

日本は中国から「排出権」を購入する。中国は、その資金で日本から技術を購入する。まさに双方にとっての「戦略的互恵関係」が成立するのです。

いやいやながら握手をする関係

第1章で、アメリカと中国の関係を、「戦略的競争相手」、あるいは「握手しながら蹴り合う関係」と表現しました。日中関係についても、同じような構図が見えてきます。

ただし、米中関係よりははるかに長い交流の歴史と、米中関係とは異なり戦争をした歴史を持っている日中関係。米中関係よりは、はるかに複雑な要素を抱えてはいますが、互いに、自国の利益を考えれば、「いやいやながらでも握手をしなければならない関係」なのです。

■中国vs.日本の対決の行方――三つの数字から今後を読み取る

東アジアのリーダーの座をめぐって、さまざまな駆け引きや交渉を繰り広げる日中両国。その一方で、経済をはじめとする相互依存の関係も、度合いを増しています。両国の対決はこの先、どうなっていくのでしょうか。

中国のEEZ（排他的経済水域）の面積　約96万㎢（世界第22位）
日本のEEZの面積　約451万㎢（世界第6位）

●海洋政策研究財団 website

意外なことに、国の管轄下にある海の範囲で見ると、日本のEEZ（排他的経済水域）の面積は、中国のなんと五倍近くもあるのです。

このことは、日本が海洋資源などに恵まれていることを示しているのと同時に、EEZをめぐって、日中両国が衝突しかねない問題をはらんでいることも意味しています。そのいい例が、中国が東シナ海で実施した海底ガス田開発をめぐる問題です。今後、ガス田に限らず、こうしたEE

Zをめぐる問題が、他でも生じないとは限りません。

さらに東アジアの海は、日中のシーレーン（海上輸送路）という問題も抱えています。中国は、経済成長にともなって、大量の資源や物資を輸入しなければなりません。このときに、シーレーンが使われます。もし中国がこの先、日本のシーレーンを排除するかたちで強引にシーレーンを確保しようとすればどうなるでしょうか。そうなれば、さすがに日本も黙ってはいないはずです。一方、これが中国側にとっては、国内の反日運動をあおる結果となり、それを中国政府も無視できなくなるという事態につながるかもしれません。両国間の関係が、一気に緊迫する可能性もあります。

また、この地域の海には、台湾という問題

図23　日本のシーレーン

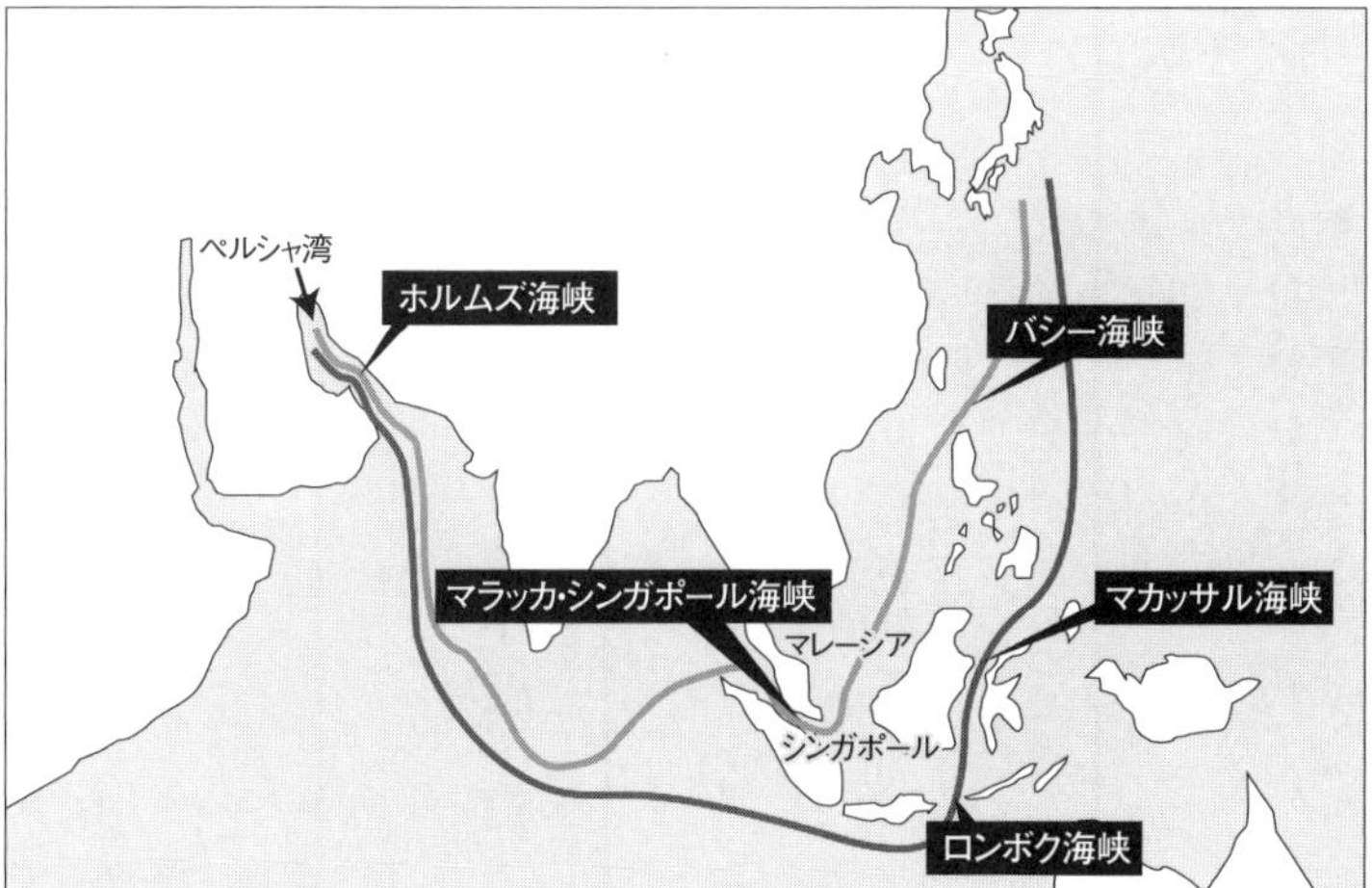

（注）▬ マラッカ・シンガポール海峡経由のタンカー通常ルート　▬ ULCC（超大型タンカー）および迂回ルート
（出所）資源エネルギー庁website

もあります。中台間の軍事力の差が少しずつ開いていく中で、一〇年、二〇年という単位で見れば、中国が台湾を、武力で「解放」しようと決意する時期がこないとも限りません。そのときには、対応をめぐって、日本もまた大きな決断を迫られることになるのです。

中国の対外援助額　年間15億~20億ドル（推定）
日本のODA（政府開発援助）総額　7002億円（2008年度予算）
●産経ニュース website、外務省 website

中国が、国際的な影響力を強めるために、途上国への巨額の経済援助をおこなっていることは、先にも紹介しました。その額は、推定で日本の約四分の一の規模にまで増えてきています。援助先は、資源国であることも多く、今後、欧米諸国も巻き込んだ資源獲得競争が激化することが予想されます。

日本の輸入生鮮、冷蔵野菜のうち
中国産の割合（数量ベース）63・3パーセント（2006年）
●『中国情報ハンドブック［2007年版］』

こうした激しい競争の一方で、日中の経済的な結びつきは強まっています。たとえば食料品や雑貨などでは、中国産がかなりの割合を占めています。生鮮、冷蔵野菜にいたっては、輸入量全体の六割以上が中国から来たものです。

また中国は、日本からの輸出品の大きな受け入れ先です。二〇〇七年の数字では、日本の輸出総額の約二一パーセント、一七兆四〇〇〇億円が中国向けでした。相手先としては、もちろん一番です。

日中両国は、お互いに依存しあう関係でもあるのです。

日中の対決、どちらが勝つのか

約一三億の人口をかかえ、急速に経済成長を続ける中国。強大な軍事力を持ち、最新鋭の兵器システムも取り入れようと躍起になっています。外交にも長けていて、新旧の文化的な魅力もある。こうした国と対決するとなれば、一〇年、二〇年という期間で見ると、日本の劣勢は否めません。なにより人口が減り、高齢化が急速に進展していく社会では、国としての活力が徐々に失われていくことが懸念されます。

したがって、東アジアのリーダーの座をめぐる日中の対決を考えるときには、まず日本の将来をどうしていくのかという私たちの選択が重要になってきます。

少子化をいかに食い止めるか。高齢化にともなう社会のあり方の変化を、どのようにスムーズに、効果的に進めていくのか。経済をいかに再活性化するのか。資源やエネルギーをどう確保するのか。国民の食をいかにして守っていくのか。国際的な影響力をいかにして保ち、拡大させていくのか。

その中では、年金制度や移民政策のあり方の見直し、技術革新を進めるための制度づくり、アジア各国やオーストラリアなども含めた周辺国との安全保障に関する対話の促進、中国との戦略的な協調関係の構築なども、議論の対象になるでしょう。

日中の対決の未来を考えることは、私たち自身がどのように未来を築くのかを考えていくことでもあるのです。

結び　新たに生まれている対立

これからの世界を見る上で押さえておきたいポイントを、「五つの対決」として概観してきた。もちろん世界は、これだけで留まるものではない。グローバル化が進む中で、新しい「対決」が、さまざまなかたちで出現している。そんな対決の様相についても、簡単にまとめておこう。

i　サミットの限界

再びオイルショックの中で

二〇〇八年七月に開かれた北海道洞爺湖サミット。一九七五年に「先進国首脳会議」として始まった会合は三四回を数えるまでになりました。

フランスの提唱で始まった第一回は、一九七三年の第一次オイルショックの混乱から世界経済が抜け出すため、先進国が何ができるかを話し合うためのものでした。二〇〇八年の会合も、石油価格の高騰で、「まるで第三次オイルショックだ」という声が高まる中で開催されました。

一九七五年当時は、まだ東西冷戦の最中。アメリカ、イギリス、フランス、西ドイツ、イタリア、日本の六か国が参加国で、翌年からカナダも加わりました。西側諸国のみの参加とあって、対ソ連を意識しながら、西側諸国の経済のあり方を議論してきました。

やがて西ドイツは統一ドイツとなり、ソ連は崩壊してロシアとなりました。そのロシアも会合に参加して、G8（グループ・オブ・エイト）と呼ばれる「主要国首脳会議」に発展しました。

しかし、「世界のことは一部の主要国だけで決める」ということが、次第に困難になってきたことを、北海道洞爺湖サミットは如実に示しました。

先進国vs.途上国

それが特に色濃く出たのは、地球温暖化対策のため温室効果ガスをどう削減するかという話し合いでした。

二〇〇七年のサミットから、主要なテーマに環境問題が入り、地球温暖化防止のために参加国が意見を交わし、合意をめざすようになりました。

この温暖化防止といえば、二酸化炭素などの温室効果ガスを削減することです。世界最大の二酸化炭素排出国は、これまでのアメリカから中国に移ったのですが、その中国はサミットのメン

北海道・洞爺湖サミットのG８首脳会合で円卓についた各国首脳（写真提供／共同通信社）

バーではありません。中国に続いて経済発展がめざましいインドもブラジルも、サミットの会議には参加していません。これでは、温暖化対策の実を上げることはできません。

このため、主要国首脳会議の翌日には、「主要排出国会議」（ＭＥＭ）も開かれました。この会議は、Ｇ８に中国やインドなどが加わった計一六か国で構成されています。これだけの数の国々が参加することで、ようやく地球温暖化防止について効果のある議論ができます。八か国では限界にきてしまったのです。

主要排出国会議では、先進国と途上国の立場の違いが浮き彫りにされました。前日の主要国首脳会議では、「二〇五〇年までに世界の温室効果ガスを五〇パーセント削減する」という方針を打ち出し、これには途上国も加わることを宣言しました。しかし、途上国は、削減の大部分は先進国が責任を負うべきだと主張したのです。

地球がここまで温暖化し、これから加速していくのは、過去に先進国が大量の温室効果ガスを排出してきたから。それによって豊かになっておきながら、「これから豊かになろう」という国に対して、「排出量を抑えろ」というのは、あまりにも勝手すぎる。これが途上国の主張です。

これには、「先に豊かになった」国々は、なかなか反論できません。地球温暖化対策をめぐって対立が明らかになった先進国と途上国の対立は、他のさまざまな分野でも同じように起きています。先進国対途上国。その対立を、どのように相互協力にまとめ上げることができるのか。従来のサミットの枠組みでは限界にきていることを、今回のサミットは示したのです。

投機マネーvs.途上国

先進国と途上国の対立は、投機マネーの対策をめぐっても深刻です。

二〇〇七年の夏、アメリカで発生したサブプライムローンの破綻。それをきっかけにニューヨーク株式市場を逃げ出した投機マネーは、まず原油先物市場へ、そして穀物先物市場へと流れ込み、石油価格の高騰、穀物価格の値上がりをもたらしたことは前にも述べました。

石油や穀物の価格高騰は、もちろん先進国にも大きな影響を与えますが、とりわけ深刻なのは、開発途上国です。

小麦やコメの価格が急騰し、一般庶民に深刻な事態をもたらした国々が出ています。二〇〇八年には、中米のハイチやアフリカのエジプト、ソマリアなど二〇か国以上で食糧を求めて暴動が発生。死傷者が出ました。

先進国の投資家の資金を集めて運用する、いわゆるヘッジファンドの多くは、これまで株式市場に資金を投じてきました。しかし、低所得者を対象にした住宅ローンであるサブプライムローンの破綻によって、金融不安が広がり、株式市場は暴落しました。

株式市場では資金運用で利益が上がらなくなったと判断した投機マネーは、株式市場を脱出。ニューヨークの原油先物市場に目をつけました。第4章で、投機マネーの流入によるサウジアラビアの経済発展について説明しましたが、事態はこれにとどまりません。

原油先物市場は、近い将来の原油の購入権を売買しています。原油そのものを売買しているのではないので、まるで株式のように誰でも売買できます。ここに投機資金が流入したのです。資金が流れ込めば、需要と供給の関係で、先物価格は上昇します。

先物の価格が上がると、それに引きずられるかたちで(これを裁定取引といいます)、現物の価格も上昇します。

ニューヨークの先物市場で売買されているのは、前にも触れたWTI(西テキサス産の中質油)

です。産出量は決して多くないので、売買される量も限られているのですが、自由な売買が行われているため、世界の石油価格の指標となっています。

ニューヨークで原油先物の価格が上がると、世界各地の原油価格が上がり、日本が中東から輸入する原油の価格も上昇します。投機マネーのために、世界中が原油価格高騰に悩まされるのです。

エタノールブームで食糧不足に

原油価格が上がれば、ガソリン価格も上昇します。ガソリンに代わるエネルギーへの需要が高まり、バイオエタノールの生産がブームになりました。

バイオエタノールは、北米の場合、トウモロコシを原料にして製造します。本来食用や家畜の飼料用のトウモロコシを燃料にしてしまうのですから、その分だけ食用や飼料用が不足します。ここでも価格高騰です。

トウモロコシの栽培で利益が上がるとなると、小麦や大豆生産農家もトウモロコシに転作します。かくして小麦価格も上昇。同じ穀類ということでコメ価格も上がります。

コメ価格が上昇するのを見て、東南アジアのコメ輸出国は、輸出規制に走ります。コメが品不足になり、思惑から買い占めも始まり、庶民はますます買えなくなるのです。

先進国の投機マネーの動きによって、途上国の人々が飢えてしまう。これぞ究極の先進国vs.途上国の姿でしょう。

この投機マネーの規制・管理については、二〇〇八年のサミットの場でも議論になりましたが、金融大国アメリカが規制に反対し、有効な手立ては打ち出せませんでした。ここでもサミットの限界を露呈したのです。

ii　北米 vs. 中南米

原油を武器にする

一九七五年の第一回サミットが開催されるきっかけになった第一次オイルショックは、中東戦争によって発生しました。中東の石油産出国が、イスラエルに味方する国には石油を販売せず、それ以外の国への売却代金も引き上げる方針を打ち出したことによってパニックになったのです。

石油産出国が、石油を武器にすることに目覚めた瞬間でもありました。

今回の石油価格高騰でも、石油を武器にしようという動きがあります。そのひとつは、第２章でも取り上げたように、ロシアです。東欧や西欧に売る石油や天然ガスの価格を引き上げ、値上げを認めないと、パイプを締めてしまうという嫌がらせをしてまで、輸出代金の獲得を進めています。

こうして得られた資金を国内の経済成長に注ぎ込むと共に、軍備増強に走っているのです。

南米でも、石油を武器にした動きが見られます。ベネズエラです。

ベネズエラのチャベス大統領は、反米の社会主義者として、中南米での反米ネットワーク作りに懸命です。その資金になっているのが、石油の売り上げです。ベネズエラ産の原油は重質油で、決して人気のある油種ではないのですが、世界的な原油価格高騰で、ベネズエラに入る石油代金も増大。しかも、この石油売り上げの多くは、対米輸出で稼いでいるのです。なんたる皮肉。アメリカが支払った資金が反米ネットワーク作りに使われているのですから。

北米vs.中南米の構図に

中南米は、アメリカにとっていわば「裏庭」のような存在でした。アメリカは、常に中南米への影響力を維持し、アメリカに逆らう国があれば、軍事介入してでも政権をひっくり返してきました。

しかし、時代は変わりました。いまやアメリカでも、そんな乱暴な手口は使えません。その間に、ベネズエラに続いてボリビアにも社会主義政権が誕生。天然ガスの外資系企業を一斉に国有化します。

　ベネズエラとボリビア、それにキューバによって、三角形の相互援助体制が形成されました。まずベネズエラは、経済危機に苦しむキューバを資金面で支援します。キューバは、レベルの高い医療を生かして、ボリビアに医師を派遣。医療の向上に貢献します。ボリビアは、その見返りにベネズエラとキューバに農産物を供給するのです。

　その後、中南米では、チリ、ペルー、ブラジル、アルゼンチン、ウルグアイ、エクアドル、ニカラグアにも左派政権が誕生しています。新しい反米ネットワークに、アメリカは悩まされることになります。

図24　中南米で左派政権が誕生した国

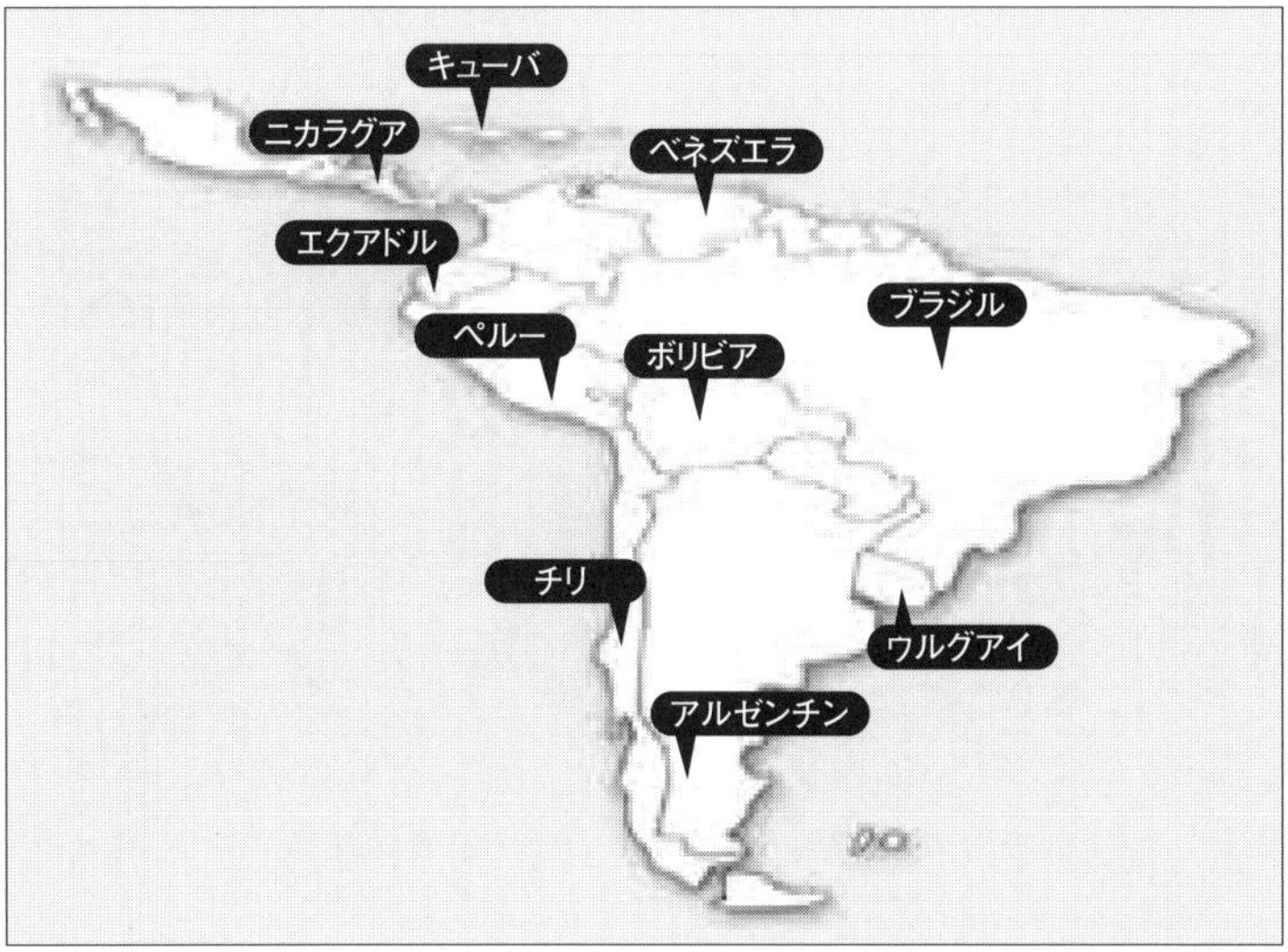

iii アメリカvs.イスラム

イラン情勢悪化で原油高騰

原油価格高騰のひとつの要因に、イラン情勢の悪化があります。イランが核開発を進め、これを阻止しようとするアメリカが動くたびに、原油先物市場は、思惑から価格が高騰するのです。

二〇〇八年六月、イスラエルは地中海上空で大がかりな軍事演習を実施しました。戦闘機や爆撃機一〇〇機以上が参加し、パイロット救出用ヘリコプターの長距離飛行も行われました。「イランが核開発を中止しないなら、イスラエル単独でも空爆する」という意思表

図25　原油価格の推移（月平均）

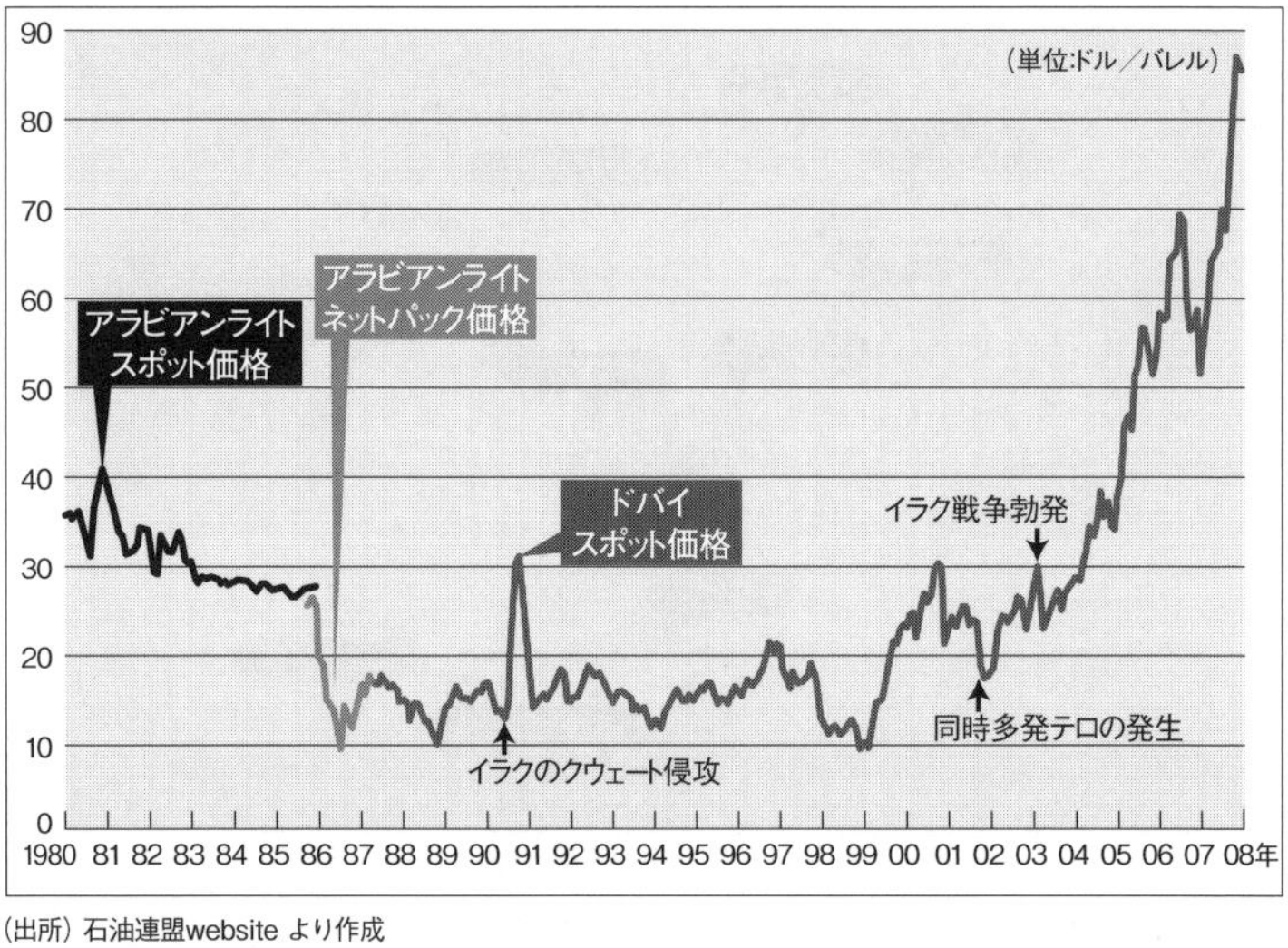

（出所）石油連盟website より作成

示でした。

これに対してイランは翌七月、革命防衛隊が長距離弾道ミサイルの発射演習をすることで応えました。「もしイスラエルが攻撃したら、弾道ミサイルで反撃する」という脅しでした。双方が応酬するたびに、原油価格は高騰を繰り返しました。

イランの南部にはホルムズ海峡があります。各国の石油タンカーが通る海上交通の要衝です。もしイランが戦火に見舞われれば、ホルムズ海峡は封鎖されます。石油が途絶してしまうのです。その思惑から、イラン情勢が悪化するたびに、石油が高騰します。

石油に頼った先進諸国が産油国に振り回される。そんな状況が、ここでも出現しているのです。

イスラム世界で支持失うアメリカ

アメリカは、ブッシュ政権の八年間で、国際的な影響力を大きく失いました。二〇〇〇年に行われた大統領選挙で、共和党の候補だったブッシュは、大統領に当選したら、「穏健な外交政策を採用する」という公約を掲げました。

ところが二〇〇一年九月の同時多発テロが発生すると、当初の公約はどこへやら、武力を使って他国を攻撃する方針を打ち出します。アフガニスタン、イラクへの相次ぐ攻撃でした。

それでもアフガニスタンへの攻撃は、「自国を攻撃したオサマ・ビン・ラディンへの反撃」という、国際社会から見て「正当防衛」の行動という解釈が可能でしたが、イラク攻撃に、そうした大義はありませんでした。

アメリカが攻撃の理由にした「大量破壊兵器」も発見されず、アメリカが石油目当てに自国の言うことを聞かない国の政権を攻撃したという構図が明白なものでした。

イラクのフセイン政権の暴虐ぶりは中東世界でも有名でしたから、フセイン政権が倒れたことに同情の声はありませんでした。しかし、その後のイラク国内の大混乱。原因が、イラクの国内情勢に無知で無頓着なブッシュ政権にあったことは明らかです。

悲惨な状態になったイラク国民に対して、同じイスラム教徒である中東の国々の同情が集まります。それは同時に、イスラム教徒に対する攻撃を仕掛けたアメリカに対する反発も意味します。

アメリカは、従来からパレスチナ問題ではイスラエル支持の立場を崩していません。その点において、パレスチナ人に同情的なイスラム教徒から反発を買ってはいたのですが、イラクでのアメリカの振る舞いは、その反発を敵意にまで高めました。第4章でも紹介したように、従来アメリカとは深い関係を築いてきたサウジアラビアまで、最近は冷たい態度です。

中東でのアメリカの影響力は地に落ちたのです。

北朝鮮の核問題で方針転換

二〇〇一年九月以降、ブッシュ大統領は、「悪の枢軸」として、イラク、イラン、北朝鮮の名前を挙げました。独裁者金正日とは交渉しないという方針まで打ち出しました。

ところが、北朝鮮が核実験を実施し、「核保有宣言」をすると、にわかに腰砕け状態となります。任期切れが近づいた二〇〇八年夏になると、北朝鮮の核の検証もそこそこに、「テロ支援国家」の指定解除の方針を打ち出す始末です。「北朝鮮の核問題を解決した」というのを、大統領時代の実績にしたかったからです。

アフガニスタンを攻撃してタリバンをいったんは撃退したものの、米軍の主力部隊をイラクに転戦させているうちに、アフガニスタンではタリバンが復活し、残っていた米軍に大きな被害を与えています。

イラク情勢は一向に改善されないまま、米兵の犠牲者は増え続けています。

イランは、アメリカがイラクの泥沼に足をとられているのを見て、露骨に核開発を推進しています。

そして北朝鮮の核保有宣言。ブッシュ政権時代に国際的影響力を失ったアメリカは、二〇〇九年の新政権によって、立て直しが図られることになるのです。

iv グローバリズムが世界を呑み込む

アメリカで住宅ローンが破綻すると、世界中で石油価格が上がり、食糧を求める暴動が頻発する。これぞ究極のグローバル化です。世界の遠くで起きたことによって、自国が大きく揺さぶられるのです。

資本主義vs.社会主義

第二次世界大戦後、長く続いた東西冷戦が終わったとき、世界の人々は、やっと平和な時代を迎えられると期待しました。ソ連や東欧諸国が相次いで民主化され、資本主義的経済体制に移行するのを見て、私たちの多くは「資本主義の勝利」を確信しました。

しかし、資本主義vs.社会主義の対決は、資本主義が勝利したのではありませんでした。社会主義が自滅しただけだったのです。

東西冷戦が終わり、社会主義諸国が崩壊。中国やベトナムは体制崩壊を避けるために経済政策を大きく転換。西側の資本主義経済圏に参加するようになりました。

その結果は、低賃金の豊富な労働力が大量に資本主義市場に流入することになりました。世界中の労働者が、単一の市場で競争を強いられることになりました。

世界が一つの市場になった

アメリカにしても日本にしても、多くの生産工場が開発途上国や中国に移転していきます。中国は、低賃金労働者が大量に存在しています。低賃金で採用し、本人の技能が向上し、賃金引き上げを要求すれば、その人物を解雇して、別の低賃金労働者を採用すれば済むということになります。「雇ってほしい人はいくらでもいるんだよ」という、マルクスが『資本論』で描いたイギリスの資本主義さながらの事態が出現したのです。

これまでの西側諸国の労働者にとって、突如として出現したライバルたち。それは、かつて社会主義体制の下で、低賃金で働いていた労働者たちでした。彼らが国際競争市場に参入してくることで、資本主義体制の中でもそれなりの労働条件を確保できていた労働者たちまでが、剝き出しの資本主義の競争に投げ込まれました。

海外で低賃金労働者を雇用して生産される商品に打ち勝つためには、国内でも低コストでの生産が必要になります。そのためには、派遣労働など労働条件の規制緩和が必要になります。

東西冷戦が終わり、「世界は一つになった」のかけ声と共に、グローバル化が進みます。それは、労働条件の規制が緩和されることも意味しました。働いても働いても豊かになることのできない

「ワーキングプア」と呼ばれる層を出現させることになったのです。

Ⅴ そして日本は

太平洋をめぐって対決するアメリカと中国。その間に位置する日本。日本の味方として中国と対抗してくれると期待していた台湾は中国側につこうとしています。

対北朝鮮包囲網を形成する上では、韓国の支持が欠かせませんが、韓国は北朝鮮を擁護する姿勢をしばしば見せます。北朝鮮の後見人を自認する中国は、北朝鮮への圧力をなかなかかけようとはしません。

対北朝鮮への圧力という点で唯一の頼りだったアメリカのブッシュ政権は、北朝鮮と手を結ぼうという気配まで見せています。

第二次世界大戦前の一九三九年、ドイツとソ連が独ソ不可侵条約を結んだと聞いた平沼騏一郎内閣は「欧州情勢は複雑怪奇」と声明して総辞職しました。日本の外交オンチぶりを象徴する出来事ですが、まさに「アジア情勢は複雑怪奇」と言うべき事態に立ち至りました。

こんな情勢の中で、日本はいかに進むべきか。

二〇〇九年一月、アメリカに新しい大統領が誕生します。それが民主党のオバマであれ、共和党のマケインであれ、いまのブッシュ政権の方針は手直しされることになります。

アメリカの新しいアジア政策は、いかなるものになるのか。アメリカが方針を打ち出すのを待つのではなく、日本にとって最良の方針をとるようにアメリカに働きかけること。これが、いま必要なことでしょう。

それとは別に、日本として、韓国、中国、ロシアとの関係改善が必要です。世界のさまざまな「対決」のただ中にあって、その対決を利用し、あるいは便乗し、自らの利益を確保していく。そんなしたたかな政策こそが、いまの日本に求められていることなのです。

主な参考文献

【第1章　中国vs.アメリカ】

●青木直人『敵国になり得る国・米国』ＰＨＰ研究所、二〇〇八年
●秋田浩之『暗流―米中日外交三国志―』日本経済新聞出版社、二〇〇八年
●浅川夏樹『円が元に呑み込まれる日』実業之日本社、二〇〇八年
●荒井利明『東アジアの日・米・中―平和と繁栄をどう確保するか―』日中出版、二〇〇七年
●石井吉徳『石油最終争奪戦―世界を震撼させる「ピークオイル」の真実―』日刊工業新聞社、二〇〇六年
●石田収『中国の大戦略―誰も書かなかった中国の深層―』光人社、二〇〇六年
●上田愛彦、重村勝弘、杉山徹宗他『危ない中国―二十一世紀の危険信号―』光人社、二〇〇六年
●宇野大介『覇権国アメリカの終焉―相場を通じて見える世界―』時事通信社、二〇〇七年
●江畑謙介『〈新版〉米軍再編』ビジネス社、二〇〇六年
●江畑謙介『米軍再編』ビジネス社、二〇〇五年
●大泉啓一郎『老いてゆくアジア』中公新書、二〇〇七年
●尾崎春生『中国の強国戦略』日本経済新聞出版社、二〇〇七年
●門倉貴史『中国が世界を買いあさる』洋泉社、二〇〇七年
●門倉貴史『中国経済大予測』日本経済新聞社、二〇〇四年
●金谷治訳注『孫子』岩波文庫、二〇〇〇年
●かのよしのり編著『中国軍vs.自衛隊―最新兵器データで比べる―』並木書房、二〇〇七年
●カレル・ヴァン・ウォルフレン『日本人だけが知らないアメリカ「世界支配」の終わり』徳間書店、二〇〇七年
●木村福成、石川幸一編著『南進する中国とＡＳＥＡＮへの影響』ジェトロ（日本貿易振興機構）、二〇〇七年
●喬良、王湘穂『超限戦―21世紀の「新しい戦争」―』共同通信社、二〇〇一年
●小峰隆夫／日本経済研究センター編『超長期予測 老いるアジア―変貌する世界人口・経済地図―』日本経済新聞出版社、二〇〇七年
●小森正彦『中国食品動乱―食の中国依存にどう対処すべきか―』東洋経済新報社、二〇〇八年
●小森正彦『国富ファンド・ウォーズ―「彼ら」は日本で何をしようとしているのか―』東洋経済新報社、二〇〇八年
●古森義久『日本に挑む中国―「いまそこにある危機」とは何か―』ＰＨＰ研究所、二〇〇七年
●（財）ディフェンス リサーチ センター 上田愛彦、杉山徹宗、藤本晶士編著『国際軍事データ２００７―２００８』朝雲新聞社、二〇〇七年
●（財）矢野恒太記念会編集・発行『世界国勢図会 ２００７／０８年版』二〇〇七年
●榊原英資『日本は没落する』朝日新聞社、二〇〇七年
●柴田明夫『エネルギー争奪戦争』ＰＨＰ研究所、二〇〇七年
●朝雲新聞社編集局編著『平成19年版 防衛ハンドブック』朝雲新聞社、二〇〇七年
●清水美和『「中国問題」の内幕』筑摩書房、二〇〇八年
●ズビグニュー・ブレジンスキー『ブッシュが壊したアメリカ』徳間書店、

二〇〇七年
●石平『これが本当の中国33のツボ』海竜社、二〇〇八年
●田村秀男『経済で読む「日・米・中」関係』扶桑社新書、二〇〇八年
●中国環境問題研究会編『中国環境ハンドブック[2007―2008年版]』蒼蒼社、二〇〇七年
●チャルマーズ・ジョンソン『アメリカ帝国の悲劇』文藝春秋、二〇〇四年
●沈才彬『「今の中国」がわかる本』三笠書房、二〇〇七年
●柘植久慶『断末魔の中国―粉飾決算国家の終末―』学研新書、二〇〇七年
●柘植久慶『日本人よ、やはり中国は危ない』PHP研究所、二〇〇七年
●ティエリー・ウォルトン『中国の仮面資本主義―党エリートに壟断される経済と社会―』日経BP社、二〇〇八年
●十市勉『21世紀のエネルギー地政学』産経新聞出版、二〇〇七年
●トビー・シェリー『石油をめぐる世界紛争地図』東洋経済新報社、二〇〇五年
●富坂聰『中国という大難』新潮社、二〇〇七年
●中嶋嶺雄、古森義久『米中新戦争―暴走する中国、封じ込めるアメリカ―』ビジネス社、二〇〇六年
●中西輝政『帝国としての中国―覇権の論理と現実―』東洋経済新報社、二〇〇四年
●中村好寿『軍事革命(RMA)』中公新書、二〇〇一年
●21世紀中国総研編『中国情報ハンドブック 2007年版』蒼蒼社、二〇〇七年
●日本経済研究センター編『大解説 中国経済―巨大経済の全容と未来―』日本経済新聞社、二〇〇五年
●日本貿易会「2015年アジア」特別研究会『2015年 アジアの未来』東洋経済新報社、二〇〇六年
●野村総合研究所、此本臣吾編著『2015年の中国―胡錦濤政権は何を目指すのか―』東洋経済新報社、二〇〇八年
●畑中美樹『石油地政学―中東とアメリカ―』中公新書ラクレ、二〇〇三年
●浜田和幸『チャイナ・コントロール―米中覇権戦争を見据えた日本の国家戦略―』祥伝社、二〇〇三年
●東一眞『中国の不思議な資本主義』中公新書、二〇〇七年
●久江雅彦『米軍再編―日米「秘密交渉」で何があったか―』講談社現代新書、二〇〇五年
●日高義樹『アメリカ狂乱―次の大統領は誰か―』徳間書店、二〇〇八年
●日高義樹『アメリカの新国家戦略が日本を襲う』徳間書店、二〇〇七年
●日高義樹『資源世界大戦が始まった―2015年日本の国家戦略―』ダイヤモンド社、二〇〇七年
●日高義樹『ブッシュのあとの世界―「甦る大国・日本」叩きが始まる―』PHP研究所、二〇〇七年
●日高義樹『米中石油戦争がはじまった―アメリカを知らない中国は敗れる―』PHP研究所、二〇〇六年
●日高義樹『米中冷戦の始まりを知らない日本人』徳間書店、二〇〇六年
●一橋総合研究所 http://www.h-ri.org/
●平松茂雄『中国は日本を奪い尽くす』PHP研究所、二〇〇七年
●平松茂雄『中国は日本を併合する』講談社インターナショナル、二〇〇六年
●藤井厳喜『米中代理戦争の時代』PHP研究所、二〇〇七年
●文藝春秋編『日本の論点2008』文藝春秋、二〇〇八年
●防衛省編『平成19年版 日本の防衛―防衛白書―』ぎょうせい、二〇〇七年

●マイケル・T・クレア『世界資源戦争』廣済堂出版、二〇〇二年
●三橋貴明『本当にヤバイ！中国経済 ―バブル崩壊の先に潜む双頭の蛇―』彩図社、二〇〇八年
●三菱総合研究所 産業・市場戦略研究本部編『全予測 2030年のニッポン』日本経済新聞出版社、二〇〇七年
●南 亮進、牧野文夫編『中国経済入門［第2版］―世界の工場から世界の市場へ―』日本評論社、二〇〇五年
●宮崎正弘『世界新資源戦争―中国、ロシアが狙う新・覇権―』阪急コミュニケーションズ、二〇〇七年
●武者陵司『新帝国主義論』東洋経済新報社、二〇〇七年
●毛里和子、増田弘監訳『周恩来キッシンジャー機密会談録』岩波書店、二〇〇四年
●楊中美／著、趙宏偉／監修『胡錦涛 ―21世紀中国の支配者―』日本放送出版協会、二〇〇三年
●吉岡桂子『愛国経済 ―中国の全球化（グローバリゼーション）―』朝日新聞出版、二〇〇八年
●山口正章、郭穎『チャイナマネーの時代』東洋経済新報社、二〇〇七年
●山本秀也『本当の中国を知っていますか？』草思社、二〇〇四年
●読売新聞中国環境問題取材班『中国環境報告―苦悩する大地は甦るか―』日中出版、一九九九年
●Richard C. Bush, Michael E. O'Hanlon"A War Like No Other / The Truth about China's Challenge to America" John Wiley & Sons Inc., 2007
●Shahid Yusuf and Kaoru Nabeshima『中国はこれからどうなるのか？』一灯舎、二〇〇七年
●『朝日新聞』
●『日本経済新聞』
●『週刊ダイヤモンド』
●『Foresight』
●『Newsweek』
●『SAPIO』
●外務省 http://www.mofa.go.jp/
●経済産業省 http://www.meti.go.jp/
●中国情報局 http://searchina.ne.jp/politics/
●中国総合研究センター http://crds.jst.go.jp/CRC/
●内閣府 http://www.cao.go.jp/
●NIKKEI NET http://www.nikkei.co.jp/
●The White House,The National Security Strategy of the United States of America,March 2006 http://www.whitehouse.gov/nsc/nss/2006/
●The Secretary of Defence,2006 Quadrennial Defence Review Report http://www.defenselink.mil/qdr/report/Report20060203.pdf
●World Economic Forum http://www.weforum.org/
●YOMIURI ONLINE http://www.yomiuri.co.jp/

【第2章 ロシアvs.アメリカ・EU】

●アレクサンドル・リトヴィネンコ、ユーリー・フェリシチンスキー『ロシア 闇の戦争 ―プーチンと秘密警察の恐るべきテロ工作を暴く―』光文社、二〇〇七年
●アレックス・ゴールドファーブ、マリーナ・リトビネンコ『リトビネンコ暗殺』早川書房、二〇〇七年

●アンナ・ポリトコフスカヤ『プーチニズム ―報道されないロシアの現実―』日本放送出版協会、二〇〇五年
●アンナ・ポリトコフスカヤ『チェチェンやめられない戦争』日本放送出版協会、二〇〇四年
●池田元博『プーチン』新潮新書、二〇〇四年
●上垣 彰『経済グローバリゼーション下のロシア』日本評論社、二〇〇五年
●植田 樹『チェチェン大戦争の真実』日新報道、二〇〇四年
●江頭 寛『プーチンの帝国』草思社、二〇〇四年
●榎本裕洋『ポケット図解 ロシア連邦がよ～くわかる本』秀和システム、二〇〇七年
●エレーヌ・ブラン『KGB帝国 ―ロシア・プーチン政権の闇―』創元社、二〇〇六年
●大矢吉之、古賀敬太、滝田豪編『EUと東アジア共同体 ―二つの地域統合―』萌書房、二〇〇六年
●木村 汎『プーチン主義とは何か』角川書店、二〇〇〇年
●木村 汎編『もっと知りたいロシア』弘文堂、一九九五年
●木村 汎、佐瀬昌盛編『プーチンの変貌？ ―9・11以後のロシア―』勉誠出版、二〇〇三年
●木村 汎、袴田茂樹編著『アジアに接近するロシア ―その実態と意味―』北海道大学出版会、二〇〇七年
●小森正彦『国富ファンド・ウォーズ』東洋経済新報社、二〇〇八年
●(財) 史料調査会編『世界軍事情勢 2007年版』原書房
●(財) ディフェンス リサーチ センター 上田愛彦、杉山徹宗、藤本晶士編著『国際軍事データ2007―2008』朝雲新聞社、二〇〇七年
●塩川伸明『ロシアの連邦制と民族問題 (多民族国家ソ連の興亡Ⅲ)』岩波書店、二〇〇七年
●塩原俊彦『ロシア経済の真実』東洋経済新報社、二〇〇五年
●塩原俊彦『ロシア資源産業の「内部」』アジア経済研究所、二〇〇六年
●塩原俊彦『ロシアの軍需産業 ―軍事大国はどこへ行くか―』岩波新書、二〇〇三年
●塩原俊彦『ロシアの「新興財閥」』東洋書店 ユーラシア・ブックレット、二〇〇一年
●朝雲新聞社編集局編著「平成19年版 防衛ハンドブック」朝雲新聞社、二〇〇七年
●下斗米伸夫、島田博編著『現代ロシアを知るための55章』明石書店、二〇〇二年
●寺谷ひろみ『暗殺国家ロシア ―リトヴィネンコ毒殺とプーチンの野望―』学研新書、二〇〇七年
●十市 勉『21世紀のエネルギー地政学』産経新聞出版、二〇〇七年
●トビー・シェリー『石油をめぐる世界紛争地図』東洋経済新報社、二〇〇五年
●中澤孝之『オリガルヒ ―ロシアを牛耳る163人―』東洋書店、二〇〇二年
●中津孝司『クレムリンのエネルギー資源戦略』同文舘出版、二〇〇五年
●中津孝司『ロシアマネー日本上陸 ―メドベージェフの野望―』創成社、二〇〇八年
●中村逸郎『帝政民主主義国家ロシア ―プーチンの時代―』岩波書店、二〇〇五年
●袴田茂樹『プーチンのロシア 法独裁への道』NTT出版、二〇〇〇年
●林 克明、大富 亮『チェチェンで何が起こっているのか』高文研、二〇〇四年
●防衛省編『平成19年版 日本の防衛 ―防衛白書―』ぎょうせい、二〇〇七

年
●マイケル・T・クレア『世界資源戦争』廣済堂出版、二〇〇二年
●松井弘明編『〈ロシア研究35〉9・11事件以後のロシア外交の新展開』日本国際問題研究所、二〇〇三年
●宮崎正弘『世界新資源戦争―中国、ロシアが狙う新・覇権―』阪急コミュニケーションズ、二〇〇七年
●本村眞澄『石油大国ロシアの復活』アジア経済研究所、二〇〇五年
●百濟勇『EU・ロシア経済関係の新展開』日本評論社、二〇〇三年
●横村出『チェチェンの呪縛』岩波書店、二〇〇五年
●ロデリック・ライン、ストローブ・タルボット『プーチンのロシア』日本経済新聞社、二〇〇六年
●『朝日新聞』
●『日本経済新聞』
●『Ｎｅｗｓｗｅｅｋ』
●『Ｆｏｒｅｓｉｇｈｔ』
●外務省 http://www.mofa.go.jp/
●MSN産経ニュース http://www.sankei.jp.msn.com

【第3章 EU vs.アメリカ】

●相沢幸悦『ユーロ対ドル』駿河台出版社、二〇〇三年
●石井伸一『現代欧州統合論―世紀を拓くヨーロッパ・モデル―』白桃書房、二〇〇五年
●植田隆子編『EUスタディーズ1「対外関係」』勁草書房、二〇〇七年
●梅津和郎『大欧州世界を読む』創成社新書、二〇〇六年
●太田稀喜、田中信世『新版 EUの動きがよくわかるQ&A100』亜紀書房、二〇〇一年
●大前研一『東欧チャンス』小学館、二〇〇五年
●大矢吉之、古賀敬太、滝田豪編『EUと東アジア共同体―二つの地域統合―』萌書房、二〇〇六年
●木下康司編『図説 日本の財政 平成17年度版』『図説 日本の財政 平成18年度版』東洋経済新報社
●ゲア・ルンデスタッド『ヨーロッパの統合とアメリカの戦略―統合による「帝国」への道―』NTT出版、二〇〇五年
●経済協力開発機構（OECD）編著『世界の医療制度改革―質の良い効率的な医療システムに向けて―』明石書店、二〇〇五年
●(財)矢野恒太記念会編集・発行『世界国勢図会 2005/06年版』『世界国勢図会 2007/08年版』
●財務省主計局調査課編『財政統計』各年度版、国立印刷局
●佐藤幸男監修、高橋和、臼井陽一郎、浪岡新太郎『拡大EU辞典』小学館、二〇〇六年
●ジェレミー・リフキン『ヨーロピアン・ドリーム』日本放送出版協会、二〇〇六年
●ジャン＝ドミニック・ジュリアーニ『拡大ヨーロッパ』白水社、二〇〇六年
●庄司克宏『欧州連合―統治の論理とゆくえ―』岩波新書、二〇〇七年
●ジル・ベルトラン、アンナ・ミシャルスキ、ルジオ・ペンク編著『ヨーロッパ2010』ミネルヴァ書房、二〇〇〇年
●竹崎孜『スウェーデンの税金は本当に高いのか』あけび書房、二〇〇五年
●辰巳浅嗣編著『EU―欧州統合の現在―』創元社、二〇〇四年
●田中素香『拡大するユーロ経済圏―その強さとひずみを検証する―』日本経済新聞出版社、二〇〇七年

●トム・リード『「ヨーロッパ合衆国」の正体』新潮社、二〇〇五年
●内閣府編『平成17年版 少子化社会白書』『平成18年版 少子化社会白書』ぎょうせい
●内閣府男女共同参画局編『少子化と男女共同参画に関する社会環境の国際比較報告書』国立印刷局、二〇〇五年
●中村健吾『欧州統合と近代国家の変容』昭和堂、二〇〇五年
●野口悠紀雄『超アメリカ整理日誌 ―スタンフォードから日米を見ると…―』ダイヤモンド社、二〇〇五年
●八谷まち子編『EU拡大のフロンティア ―トルコとの対話―』信山社、二〇〇七年
●羽場久　子『拡大ヨーロッパの挑戦』中公新書、二〇〇四年
●平島健司『EUは国家を超えられるか』岩波書店、二〇〇四年
●福島清彦『アメリカ型資本主義を嫌悪するヨーロッパ』亜紀書房、二〇〇六年
●藤原豊司『欧州統合の地平 ―拡大・深化・最終形態―』日本評論社、二〇〇二年
●ヘルムート・シュミット『ヨーロッパの自己主張 ―21世紀への展望―』シュプリンガー・フェアラーク東京、二〇〇六年
●マーク・レナード『アンチ・ネオコンの論理 ―ヨーロッパ発、ポスト・アメリカの世界秩序―』春秋社、二〇〇六年
●真野俊樹『日本の医療はそんなに悪いのか? ―正した方がいい30の誤解―』薬事日報社、二〇〇二年
●森井裕一編『国際関係の中の拡大EU』信山社、二〇〇五年
●安江則子『欧州公共圏 ―EUデモクラシーの制度デザイン―』慶應義塾大学出版会、二〇〇七年
●横山三四郎『ユーロの野望』文春新書、二〇〇二年
●和気洋子、伊藤規子編著『EUの公共政策』慶應義塾大学出版会、二〇〇六年
●OECD, OECD Health Data 2007
●WHO, The World Health Report 2000
●『朝日新聞』
●『日本経済新聞』
●『Foresight』
●『Newsweek』日本版
●『SAPIO』
●外務省 http://www.mofa.go.jp/
●総務省 http://www.soumu.go.jp/
●駐日欧州委員会代表部 http://deljpn.ec.europa.eu/
●日経ネット http://www.nikkei.co.jp/
●日経ビジネスオンライン http://business.nikkeibp.co.jp/
●ブルームバーグ http://www.bloomberg.co.jp/
●ロイター http://jp.reuters.com/
●CNN Money.com http://money.cnn.com/
●European Central Bank http://www.ecb.int/

【第4章 サウジアラビアvs.アメリカ】

●アントワーヌ・バスブース『サウジアラビア ―中東の鍵を握る王国―』集英社新書、二〇〇四年
●板垣雄三編『「対テロ戦争」とイスラム世界』岩波新書、二〇〇二年
●岡倉徹志『イスラム原理主義 ―神は恐ろしい教えを下したのか―』明石書店、二〇〇一年
●岡倉徹志『サウジアラビア現代史』文春新書、二〇〇〇年

●ジェイソン・バーク『アルカイダ—ビンラディンと国際テロ・ネットワーク—』講談社、二〇〇四年
●ジョン・L・エスポズィート『グローバル・テロリズムとイスラーム—穢れた聖戦—』二〇〇四年
●白水和憲『世界を動かす原油のことが面白いほどわかる本』中経出版、二〇〇八年
●ダグラス・ファラー『テロ・マネー—アルカイダの資金ネットワークを追って—』日本経済新聞社、二〇〇四年
●竹下節子『不思議の国サウジアラビア』文春新書、二〇〇一年
●田中 宇『イスラムvsアメリカ「これから」を読み解く5つの視点』青春出版社、二〇〇一年
●中堂幸政『石油と戦争—エネルギー地政学から読む国際政治—』現代書館、二〇〇六年
●トビー・シェリー『石油をめぐる世界紛争地図』東洋経済新報社、二〇〇五年
●内藤正典『イスラーム戦争の時代—暴力の連鎖をどう解くか—』日本放送出版協会、二〇〇六年
●中村 覚『サウジアラビアを知るための65章』明石書店、二〇〇七年
●畑中美樹『石油地政学—中東とアメリカ—』中公新書ラクレ、二〇〇三年
●パトリック・コバーン『イラク占領—戦争と抵抗—』緑風出版、二〇〇七年
●保坂修司『サウジアラビア—変わりゆく石油王国—』岩波新書、二〇〇五年
●マイケル・T・クレア『血と油—アメリカの石油獲得戦争—』日本放送出版協会、二〇〇四年
●松藤民輔『無法バブルマネー終わりの始まり—「金融大転換」時代を生き抜く実践経済学—』講談社、二〇〇八年
●宮田 律『「イスラム過激派」をどう見るか』岩波書店、二〇〇二年
●宮田 律『イスラム石油戦争』NTT出版、二〇〇六年
●宮田 律『イスラム超過激派—戦慄思想の全貌—』講談社、二〇〇五年
●宮田 律『イスラムに負けた米国』朝日新書、二〇〇七年
●宮田 律『中東がわかる8つのキーワード』平凡社新書、二〇〇五年
●宮田 律『中東 迷走の百年史』新潮新書、二〇〇四年
●レイチェル・ブロンソン『王様と大統領—サウジと米国、白熱の攻防—』毎日新聞社、二〇〇七年
●ロバート・ベア『裏切りの同盟—アメリカとサウジアラビアの危険な友好関係—』日本放送出版協会、二〇〇四年
●山内昌之『イスラムとアメリカ』岩波書店、一九九五年
●『朝日新聞』
●『日本経済新聞』
●『週刊エコノミスト』
●『Foresight』
●『Newsweek』
●CNET Japan http://japan.cnet.com/

【第5章 中国vs.日本】

●青木直人『敵国になり得る国・米国』PHP研究所、二〇〇八年
●秋田浩之『暗流—米中日外交三国志—』日本経済新聞出版社、二〇〇八年
●浅川夏樹『円が元に呑み込まれる日』実業之日本社、二〇〇八年
●荒井利明『東アジアの日・米・中—平和と繁栄をどう確保するか—』日中出版、二〇〇七年

●石井吉徳『石油最終争奪戦―世界を震撼させる「ピークオイル」の真実―』日刊工業新聞社、二〇〇六年

●石田収『中国の大戦略―誰も書かなかった中国の深層―』光人社、二〇〇六年

●上田愛彦、重村勝弘、杉山徹宗他『危ない中国―二十一世紀の危険信号―』光人社、二〇〇六年

●大泉啓一郎『老いてゆくアジア』中公新書、二〇〇七年

●大矢吉之、古賀敬太、滝田豪編『EUと東アジア共同体―二つの地域統合―』萌書房、二〇〇六年

●小川和久、坂本衛『日本の戦争力vs.北朝鮮、中国』アスコム、二〇〇七年

●尾崎春生『中国の強国戦略』日本経済新聞出版社、二〇〇七年

●広部和也、杉原高嶺 編修代表『解説条約集 2008』三省堂、二〇〇八年

●門倉貴史『中国が世界を買いあさる』洋泉社、二〇〇七年

●門倉貴史『中国経済 大予想』日本経済新聞社、二〇〇四年

●唐津一『中国は日本を追い抜けない!』PHP研究所、二〇〇四年

●川村亨夫、杉田弘毅『さまよえる日本―未来へのシナリオ―』生産性出版、二〇〇八年

●関 志雄『共存共栄の日中経済』東洋経済新報社、二〇〇五年

●木村福成、石川幸一編著『南進する中国とASEANへの影響』ジェトロ(日本貿易振興機構)、二〇〇七年

●黄文雄『2008年の国難』ビジネス社、二〇〇七年

●小峰隆夫/日本経済研究センター編『超長期予測 老いるアジア』日本経済新聞出版社、二〇〇七年

●小森正彦『中国食品動乱』東洋経済新報社、二〇〇八年

●古森義久『日本に挑む中国―「いまそこにある危機」とは何か―』PHP研究所、二〇〇七年

●(財)矢野恒太記念会編集・発行『世界国勢図会 2007/08年版』二〇〇七年

●榊原英資『日本は没落する』朝日新聞社、二〇〇七年

●塩川正十郎、水野 清『2020年 日本のあり方』東洋経済新報社、二〇〇八年

●朝雲新聞社編集局編著『平成19年版 防衛ハンドブック』朝雲新聞社、二〇〇七年

●柴田明夫『エネルギー争奪戦争』PHP研究所、二〇〇七年

●柴田明夫『食糧争奪―日本の食が世界から取り残される日―』日本経済新聞出版社、二〇〇七年

●清水美和『「中国問題」の内幕』ちくま新書、二〇〇八年

●朱建栄『胡錦濤 対日戦略の本音―ナショナリズムの苦悩―』角川書店、二〇〇五年

●沈才彬『「今の中国」がわかる本』三笠書房、二〇〇七年

●神保哲生、宮台真司他『中国―隣りの大国とのつきあいかた―』春秋社、二〇〇七年

●杉本信行『大地の咆哮―元上海総領事が見た中国―』PHP研究所、二〇〇六年

●ズビグニュー・ブレジンスキー『ブッシュが壊したアメリカ』徳間書店、二〇〇七年

●石平『これが本当の中国33のツボ』海竜社、二〇〇八年

●田岡俊次『北朝鮮・中国はどれだけ恐いか』朝日新書、二〇〇七年

●高貫布士『暴走する中国軍―日中激突のシナリオ―』並木書房、二〇〇七年

●田村秀男『経済で読む「日・米・中」関係』扶桑社新書、二〇〇八年

●柘植久慶『断末魔の中国―粉飾決算国家の終末―』学研新書、二〇〇七年
●柘植久慶『日本人よ、やはり中国は危ない』ＰＨＰ研究所、二〇〇七年
●ティエリー・ウォルトン『中国の仮面資本主義―党エリートに壟断される経済と社会―』日経ＢＰ社、二〇〇八年
●十市 勉『21世紀のエネルギー地政学』産経新聞出版、二〇〇七年
●トビー・シェリー『石油をめぐる世界紛争地図』東洋経済新報社、二〇〇五年
●富坂聰『中国という大難』新潮社、二〇〇七年
●中川八洋『亡国の「東アジア共同体」』北星堂書店、二〇〇七年
●中西輝政『帝国としての中国―覇権の論理と現実―』東洋経済新報社、二〇〇四年
●中村繁夫『レアメタル資源争奪戦―ハイテク日本の生命線を守れ！―』日刊工業新聞社、二〇〇七年
●21世紀中国総研編『中国情報ハンドブック ２００７年版』蒼蒼社、二〇〇七年
●日本経済研究センター編『大解説 中国経済―巨大経済の全容と未来―』日本経済新聞社、二〇〇五年
●日本貿易会「２０１５年アジア」特別研究会『２０１５年 アジアの未来』東洋経済新報社、二〇〇六年
●能勢伸之『ミサイル防衛―日本は脅威にどう立ち向かうのか―』新潮新書、二〇〇七年
●野村総合研究所 ２０１５年プロジェクトチーム『２０１５年の日本―新たな「開国の時代へ」―』東洋経済新報社、二〇〇七年
●東 一眞『中国の不思議な資本主義』中公新書ラクレ、二〇〇七年
●久江雅彦『米軍再編―日米「秘密交渉」で何があったか―』講談社現代新書、二〇〇五年
●浜田和幸『チャイナ・コントロール―米中覇権戦争を見据えた日本の国家戦略―』祥伝社、二〇〇三年
●日高義樹『アメリカの新国家戦略が日本を襲う』徳間書店、二〇〇七年
●日高義樹『資源世界大戦が始まった―２０１５年日本の国家戦略―』ダイヤモンド社、二〇〇七年
●日高義樹『ブッシュのあとの世界―「甦る大国・日本」叩きが始まる―』ＰＨＰ研究所、二〇〇七年
●日高義樹『米中冷戦の始まりを知らない日本人』徳間書店、二〇〇六年
●平松茂雄『中国は日本を奪い尽くす』ＰＨＰ研究所、二〇〇七年
●平松茂雄『中国は日本を併合する』講談社インターナショナル、二〇〇六年
●藤井厳喜『米中代理戦争の時代』ＰＨＰ研究所、二〇〇七年
●文藝春秋編『日本の論点２００８』文藝春秋、二〇〇八年
●防衛省編『平成19年版 日本の防衛―防衛白書―』ぎょうせい、二〇〇七年
●マイケル・Ｔ・クレア『世界資源戦争』廣済堂出版、二〇〇二年
●松谷明彦『２０２０年の日本人』日本経済新聞出版社、二〇〇七年
●三橋貴明『本当にヤバイ！中国経済―バブル崩壊の先に潜む双頭の蛇―』彩図社、二〇〇八年
●三菱総合研究所 産業・市場戦略研究本部編『全予測 ２０３０年のニッポン』日本経済新聞社、二〇〇七年
●南 亮進、牧野文夫編『中国経済入門［第2版］―世界の工場から世界の市場へ―』日本評論社、二〇〇五年
●宮川公男『シナリオ２０１９』東洋経済新報社、二〇〇七年
●宮崎正弘『世界新資源戦争―中国、ロシアが狙う新・覇権―』阪急コミュ

ニケーションズ、二〇〇七年
●楊中美／著、趙宏偉／監修『胡錦涛―21世紀中国の支配者―』日本放送出版協会、二〇〇三年
●山本秀也『本当の中国を知っていますか?』草思社、二〇〇四年
●吉岡桂子『愛国経済―中国の全球化（グローバリゼーション）―』朝日新聞出版、二〇〇八年
●山口正章、郭穎『チャイナマネーの時代』東洋経済新報社、二〇〇七年
●Shahid Yusuf and Kaoru Nabeshima『中国はこれからどうなるのか?』一灯舎、二〇〇七年
●『朝日新聞』
●『日本経済新聞』
●『文藝春秋』
●『Foresight』
●『Newsweek』
●『WiLL』
●外務省　http://www.mofa.go.jp/
●海洋政策研究財団　http://www.sof.or.jp/
●経済産業省　http://www.meti.go.jp/
●国立社会保障・人口問題研究所　http://www.ipss.go.jp/
●資源エネルギー庁　http://www.enecho.meti.go.jp/
●日本財団図書館　http://nippon.zaidan.info/
●農林水産省　http://www.maff.go.jp/
●広島平和記念資料館　http://www.pcf.city.hiroshima.jp/
●MSN産経ニュース　http://sankei.jp.msn.com/
●NIKKEI NET　http://www.nikkei.co.jp/
●The White House,The National Security Strategy of the United States of America,March 2006
http://www.whitehouse.gov/nsc/nss/2006/
●The Secretary of Defence,2006 Quadrennial Defence Review Report
http://www.defenselink.mil/qdr/report/Report20060203.pdf
●World Economic Forum　http://www.weforum.org/
●YOMIURI ONLINE　http://www.yomiuri.co.jp/

【結び】

●石油連盟　http://www.paj.gr.jp/

ブックデザイン　スタジオギブ
編集協力　眞 淳平(エコ・パブリッシング)
大井明子
鬼頭佐保子
図版作成　テラエンジン

大衝突《だいしようとつ》——巨大《きよだい》国《こつ》家《か》群《ぐん》・対決《たいけつ》の行方《ゆくえ》

2008年9月30日　第1刷発行

著　者　池上《いけがみ》　彰《あきら》
発行者　大谷和之
発行所　株式会社　集英社
〒101-8050 東京都千代田区一ツ橋 2-5-10
電　話　編集部 (03)3230-6141
販売部 (03)3230-6393
読者係 (03)3230-6080

印刷所　共同印刷株式会社
製本所　加藤製本株式会社

ISBN978-4-08-781396-8　C0095